# GELD
# ODER
# LEBEN?

GISELA KAISER

# GELD ODER LEBEN?

## Wie Geld unsere Beziehungen und Gefühle beeinflusst

Koehlers Verlagsgesellschaft
Hamburg

Mitarbeit und Beratung:
Barbara Strohschein

Ein Gesamtverzeichnis der lieferbaren Titel schicken wir Ihnen gerne zu.
Bitte senden Sie eine E-Mail mit Ihrer Adresse an:
vertrieb@koehler-books.de
Sie finden uns auch im Internet unter: www.koehler-books.de

Bibliografische Information der Deutschen Nationalbibliothek
Die Deutsche Nationalbibliothek verzeichnet diese Publikation in der Deutschen Nationalbibliografie; detaillierte bibliografische Daten sind im Internet über http://dnb.d-nb.de abrufbar.

ISBN 978-3-7822-1206-9
Koehlers Verlagsgesellschaft, Hamburg



Produktion: Inge Mellenthin
Druck und Bindung: Reálszisztéma Dabas Druckerei AG, Ungarn

Für Stephan, Katharina und Sebastian

# INHALT


## Vorwort

Warum ich dieses Buch schreibe .......... 11

## I. Teil: Die Wirkung des Geldes auf Beziehungen .......... 17

**1. Das Geld und ich** .......... 19
Ich arbeite und kaufe ein. Der Konsument in der freien Marktwirtschaft .......... 19
Ich habe alle Freiheiten. Die Zumutung, sich entscheiden zu müssen .......... 20
Die Ambivalenz in Sachen Geld: Ich brauche ... ist mir egal! .......... 24
Ich bin exklusiv! Die reichen Kunstsammler und die Gestylten .......... 28
Ich bin besser als andere! Die Konkurrenz als Stachel .......... 31
Wenn ich Geld ausgebe, werde ich anerkannt: Der Wunsch nach Prestige .......... 32
Ich spare! Die vermeintliche Selbstgenügsamkeit .......... 35
Warum soll ich etwas hergeben? Der Egoismus .......... 40
Ich leide am Geld. Die Einsamkeit der Reichen und Schönen .......... 47
Es ist nie genug. Narzissmus als Ursache für das Leiden .......... 49
*Resümee* .......... 52

**2. Reichtum, Moral und Ethik in Philosophie und Religion** .......... 53
Sinn und Unsinn des Geldes bei antiken Denkern .......... 56
Glück und Moral: Die Philosophen der Neuzeit .......... 59
Gottesglaube statt Geldanhäufung in den Weltreligionen .......... 62
Armut und Reichtum als Widerspruch
*Christentum, Islam, Buddhismus* .......... 63
*Resümee* .......... 69

**3. Die Liebe und das Geld** .......... 70
Geld – ein heißes Eisen in Partnerschaften .......... 70
Das Motiv, Partnerschaften einzugehen: Geld, Macht oder Liebe? .......... 72
Die Vor- und Nachteile, reich zu heiraten .......... 77
Geschlecht und Emanzipation: Moderne Beziehungen und alte Muster
oder warum Geld für Männer etwas anderes bedeutet als für Frauen .......... 82
Gründe und Anlässe für finanzielle Streitigkeiten: Wer zahlt wofür? .......... 87

Aufwiegen und Abwägen: Was investiere ich in dich? 95
Die emotionale Währung der Liebe: Was bist du mir wert? 98
Auf- und Verteilen von vorhandenen Mitteln 100
*Resümee* 102

**4. Wie Geld Freundschaften beeinflusst** 103
Was Freundschaft bedeutet 103
Freundschaft und unterschiedliche Besitzverhältnisse 104
Warum es für Reiche nicht einfach ist, Freundschaften zu schließen 107
Zahl du mal, alles Weitere mach ich dann ohne dich 110
Wie Freundschaften durch Geld ins Wanken geraten 112
Undank ist der Welten Lohn 115
Die Nachteile finanzieller Selbstlosigkeit 117
*Resümee* 119

**5. Die Familie als Keimzelle und Symptomträger von Problemen** 121
Die Not von damals und die seelischen Nöte von heute 123
Armut und Reichtum: Leid, Scham und Stress in Familien 124
Lust und Last eines Familienerbes 131
Der Verlust der Kindheit 134
Der Preis des Reichtums: Eine Familie berichtet 135

*Die Großeltern-Generation: Nöte, Krieg und Wiederaufbau* 136
*Die Nachkriegskinder-Generation:*
*Hineinwachsen in den Wohlstand* 141
*Die Enkel-Generation: Reich sein in Zeiten der Finanzkrise* 149

*Kommunikation* 155
*Gefühle* 157
*Rollen* 160
*Resümee* 163

II. Teil: Das Geld und die Gefühle in Beziehungen 164

**1. Angst und Verunsicherung durch die weltweite Finanzpolitik** 165
**2. Gier: ein natürliches Gefühl?** 172
Ein Film 174
Ein Roman 175
Ein Faktum 177

3. **Geiz und Reichtum: Verschwistert oder verschwägert?** ........ 178
4. **Neid** ........ 182
   Neid im Laufe der Geschichte ........ 184
5. **Schuld** ........ 193
6. **Geldmangel als Auslöser für Schamgefühle** ........ 198
*Resümee* ........ 201

III. Teil: Über die Möglichkeit, mit und ohne Geld ein glückliches Leben zu führen ........ 203

1. **Was ist Glück?** ........ 203
2. **Armut und Reichtum als Indikator für Glück** ........ 207
3. **Wohlstand und der Sinn des Lebens** ........ 209
4. **Glück durch Geben und Fördern** ........ 213
5. **Vom Glück zu geben und zu schenken** ........ 217
6. **Wie wir mit und ohne Geld glücklich leben können** ........ 220
*Resümee* ........ 224

Nachwort ........ 226

Literatur ........ 229
Danksagung ........ 232
Über die Autorinnen ........ 232

*Ich weiß, dass mir nichts angehört*
*Als der Gedanke, der ungestört*
*Aus meiner Brust will fließen*
*Und jeder günstige Augenblick,*
*Den mich ein liebendes Geschick*
*Von Grund auf lässt genießen.*

*Johann Wolfgang von Goethe,* Eigentum

*Geld ist das letzte soziale Band in einer*
*individualisierten Gesellschaft,*
*das Einzige, was unsere Erwartungen nicht enttäuscht.*

*Aldo Haesler*

*Geld nichtet alle Werte, weil es außer sich selbst*
*keinen Wert anerkennt …*
*Geld ist aber auch die einzige Sache, die ihre Qualität*
*allein an der Quantität bemisst.*
*Es ist in sich Mittel und Zweck zugleich und ebnet alles ein.*

*Richard David Precht*

# VORWORT

## Warum ich dieses Buch schreibe: Geld – ein Lebensthema

*Alles Gute hatte seinen Ursprung im Geld, das zugleich alles Böse schuf.*

*Emile Zola,* Das Geld

Zum Thema Geld sind gerade seit den beiden Wirtschaftskrisen des vergangenen Jahrzehnts, von denen uns die letzte noch immer fest im Griff hält, bemerkenswert viele Bücher veröffentlicht worden. In diesen wird meist untersucht, wie es dazu kommen konnte und was für Konsequenzen nun zu ziehen sind. Doch selten wird in ihnen ausgesprochen, wie der Umstand, Geld zu haben oder es nicht zu haben, uns und unsere Beziehungen beeinflusst.

Während meiner Kindheit, meiner Jugend und meines Studiums hat mich das Thema Geld nicht interessiert. Ich habe mir kaum Gedanken darüber gemacht. Ich hatte keine Geldsorgen, schwamm aber auch nicht im Geld. Das Geld für Reisen verdiente ich mir in den Semesterferien.

Als ich dann viele Jahre später von meinem Vater Anteile an einem mittelständischen Unternehmen überschrieben bekam, trat das Thema Geld plötzlich massiv in mein Leben. Die Beschäftigung mit Geld und auch Geldsorgen wurden meine ständigen Begleiter, ohne dass ich mir dessen bewusst war. Ich funktionierte einfach in dieser neuen Rolle.

Eines Tages, beim Mittagessen, machte meine Tochter die Bemerkung: Wir reden eigentlich beim Mittagessen und auch sonst fast nur immer über die Firma und über Geld. Irritiert stellte ich fest, dass das wirklich so war. Plötzlich wurde mir klar, wie ohnmächtig ich mich trotz meines Wohlstandes fühlte und dass meine ganze Familie vom Thema Geld unangemessen beherrscht wurde. In gewisser Weise war die Tatsache, dass meine Tochter diese provokante Aussage traf, auch meine Rettung, denn ich konnte mich jenseits meines tief verankerten Pflichtgefühls wieder auf das besinnen, was mir wirklich wichtig war: auf mein Interesse für Menschen, auf das, was sie tief im Inneren bewegt, auf das, was sie ausmacht und antreibt. Kurzum auf das, was mich vor meiner Rolle als Geschäftsfrau interessierte und ehemals auch zur Wahl meiner Studienfächer geführt hat.

Ich begann, mich mit der Thematik Mensch und Geld eingehender auseinanderzusetzen, und fragte mich: Wie wirkt sich Geld auf uns und unsere Beziehungen aus? Mit welchen Gefühlen ist Geld verbunden?

Bei meinen Recherchen stellte ich fest, dass meine Fragen ein kaum erforschtes Gebiet betrafen. Es gibt kaum Untersuchungen, wenig empirische Studien. Ich begab mich offensichtlich auf ein Terrain, das bisher nicht wirklich »ausgeleuchtet« worden ist und zu wenig im Fokus öffentlicher Diskussionen steht. Doch warum? Liegt es daran, dass die meisten Menschen sich zu Fragen ihres Umgangs mit Geld nur ungern äußern? Ist der Zusammenhang Mensch und Geld in all seinen Facetten so selbstverständlich und ein so fester Bestandteil unseres Lebensalltags, dass er nicht extra hinterfragt und erforscht werden muss? Oder glaubt man, nicht viel darüber sagen zu können und zu müssen?

Fast alle gängigen ökonomischen Theorien, die sich mit dem Thema »Geld« beschäftigen, handeln Geld als neutrales Phänomen ab. Doch in dieser gängigen Betrachtungsweise spiegelt sich etwas wider, was wir auch in anderen Zusammenhängen kennen: Der Mensch spielt in seiner Ganzheitlichkeit, seinen Gefühlen, seiner Lebensgeschichte, seinen Fähigkeiten, seinen Stärken und Schwächen überhaupt keine Rolle. Er wird in den öffentlichen Diskursen als neutraler Faktor abgehandelt, als ob seine Kultur und seine Geschichte, die menschliche Gesellschaft per se eine unveränderliche wären.

Ich hingegen denke, dass gerade die menschlichen und zwischenmenschlichen Aspekte im Zusammenhang mit Geld von allergrößtem Interesse sind – für jeden Menschen. Denn Geld ist alles andere als ein neutraler Faktor. Im Gegenteil. Durch Geld und im Umgang mit ihm werden Wertigkeiten und auch Werte geschaffen, welche die menschliche Gemeinschaft bis in die kleinste Einheit, die Zweierbeziehung, hinein bestimmen.

Geld hat einen vielschichtigen sozialen wie auch symbolischen Gehalt und spielt in persönlichen Beziehungen eine sehr große Rolle. Geld und das kapitalistische System, das auf Profitmaximierung ausgerichtet ist, formen unsere Gesellschaft von außen mit ihren Marktkräften und beeinflussen auf diese Weise unser aller Seelenleben. Man braucht nur an so gängige Redewendungen wie: »Wer zahlt, schafft an«, »Es jemand mit Zins und Zinseszins heimzahlen«, »Geld regiert die Welt«, »Geld allein macht nicht glücklich« zu denken, um zu sehen, was an menschlichen Gefühlen und Beziehungen hinter ihnen steckt: Macht, Rache, Hilflosigkeit, Glück und Unglück.

Doch nicht nur über »Geld und Beziehungen« gibt es kaum Untersuchungen. Auch über die Verteilung von Reichtum, über Leben, Denken, Fühlen und Handeln von Menschen und ihren Bezug zu Geld ist es schwierig, klare Aussagen zu treffen. »Reichtum« scheint sich bis heute der wissenschaftlichen Forschung zu entziehen.[1] Wirklich Reiche leben meist im Verborgenen und sprechen ungern über ihr Vermögen, sei es aus Angst, oder weil sie es satt haben, sich ständig dafür rechtfertigen zu müssen und gesellschaftlich an den Pranger gestellt zu werden.

Viele andere werden wiederum völlig zu Recht an den Pranger gestellt, weil sie dank ihres Geldes, das ihnen Macht und Sicherheit verleiht, Entscheidungen ohne Rücksichtnahme auf andere treffen und durchsetzen.

Arme Menschen wiederum hätten gerne mehr Geld, um sich genau diese Freiheit: Nein zu sagen und sich einem für sie unzumutbaren Anliegen zu entziehen, öfter »leisten« zu können.

Um mich dem komplexen Thema möglichst gut anzunähern, habe ich deshalb viele Zitate aus Büchern, Studien und Veröffentlichungen in meinen Text eingearbeitet, soweit sie für meine Fragestellungen relevant sind. Aber das Leben lehrt uns mehr als viele Bücher. Ich hatte das Privileg, mit vielen Menschen viele Gespräche über das Thema Geld führen zu dürfen, die mir allesamt offen und in sehr persönlicher Weise Auskunft gaben über ihre Lebensgeschichte, ihre Beziehungen untereinander und über ihr Verhältnis zum Geld. Alle Interviews und Gespräche haben mir gezeigt, dass es offenkundig viele Themen, Probleme und Fragen gibt, die viele Menschen auf ähnliche Weise beschäftigen: Wie gehe ich mit Geld um? Welche Rolle spielt Geld für mich und in meiner Familie? Welche Ängste, Freuden und Probleme sind mit Geld verbunden?

---

1 Eine Ausnahme sind die kanadische Journalistin Chrystia Freeland mit ihrem jüngst erschienenen Titel: Die Superreichen sowie der Autor und Soziologe Thomas Druyen mit seinem Buch: Goldkinder. Thomas Druyen ist einer der wenigen Forscher, die sich mit den Einstellungen der wirklich Vermögenden beschäftigen, gründete in Wien einen Lehrstuhl für Vermögensforschung an der privaten Sigmund Freud Universität. Auch er konstatiert, dass man sich an das »Forschungsobjekt« Reichtum der Reichen nur sehr vorsichtig und mit Diskretion heranwagen kann. Er hält es aber gesellschaftlich für von großer Bedeutung, herauszufinden, was die Vermögenden mit ihrem Geld machen, und hofft, über diese Art der Forschung auch einen positiven Einfluss nehmen zu können für den Umgang mit den Reichen.

Mit den Recherchen und dem Schreiben dieses Buches fing eine neue und spannende Phase in meinem Leben an. Die vielen Jahre vorher erlebte und erlitt ich das Thema Geld. Nun begann ich, konstruktiv damit umzugehen und stellte zunächst mir und danach so gut wie all meinen Gesprächspartnern die folgenden, teilweise durchaus ketzerischen Fragen, um eine aussagekräftige Vergleichbarkeit zu erreichen:

1. Hat der Umstand, über viel Geld und damit über eine größere Unabhängigkeit, mehr Freiheit und Luxus zu verfügen, bei Ihnen andererseits dazu geführt, dass Sie gleichzeitig oder zeitversetzt einen zunehmenden Verlust an Lebensqualität verspürt haben? Möglicherweise in Form von wachsender Unzufriedenheit, größerem psychischen Druck und/oder einem als unzureichend empfundenen Gefühlsleben?
2. Glauben Sie, dass unsere kapitalistische Gesellschaft mit ihrer Orientierung auf maximale Gewinnoptimierung das menschliche Miteinander aus den Augen verliert und im Ernstfall zu mehr Gleichgültigkeit, Rücksichtslosigkeit untereinander wie auch zu einer emotionalen Verarmung des Einzelnen führt?
3. Halten Sie es für möglich, dass es im Hinblick auf den Umgang mit Geld – dem Streben nach immer mehr Vermögen, mehr Besitz, mehr Statussymbolen, mehr Konsum – gar keine Unterschiede zwischen Superreichen, Reichen, Mittelstand und Vermögenslosen gibt? Und sich hinter diesem Streben nur die stets gleichen Gründe und Motive verbergen (Aufwertung des eigenen Ichs, geliebt werden wollen, Existenzangst, Geltungsbedürfnis usw.)? Der Unterschied also allein durch die Größe der jeweils zur Verfügung stehenden finanziellen Mittel bestimmt wird?

Die Antworten und konkreten Fallbeispiele habe ich danach vor dem Hintergrund theoretischer Bezüge und Vorgaben, wie zum Beispiel einer kleinen Kulturgeschichte des Geldes, interpretiert und analysiert. Ebenso wie ich zusätzlich noch Romane, Fernsehspiele, Filme, Artikel in Zeitungen und Frauen-Zeitschriften herangezogen habe, in denen diese und andere Fragestellungen zum Thema »Geld und Beziehungen« sehr oft auftauchen.

Bewusst habe ich meinen Fokus dabei stets auf das reale Leben gerichtet, nicht auf wissenschaftlich verklausulierte Untersuchungen. Ich wollte wissen, was all diese Medien zum Thema: Wie unsere Gesellschaft und jeder Einzelne von uns mit Geld umgehen, zu sagen haben und als Trends, Tendenzen und Ausschnitte der Wirklichkeit widerspiegeln.

Es kann daher durchaus sein, dass sich ein Leser in den vielen konkreten Beispielen, die ich im Buch bringe, wiedererkennt, ohne dass ich von ihm persönlich gesprochen habe. Diese Art von Identifikation ist durchaus beabsichtigt, hat aber lediglich damit zu tun, dass meine Fallbeispiele möglichst allgemeingültig und menschlich-alltäglich sein sollten. Viele Menschen haben in ihren Beziehungen mit den Gefühlen, die der Umgang mit Geld mit sich bringt, unweigerlich zu tun. Darüber hinaus sind wir alle geprägt durch die vielen Überlieferungen aus Geschichte, Religion und Philosophie, die allesamt unsere Geisteshaltungen zum Geld mit beeinflusst haben.

Ich danke all meinen Gesprächspartnern, die es mir ermöglicht haben, einen Blick auf ihre Einstellungen und ihr Seelenleben zu werfen, und dafür, dass sie oftmals über ihren eigenen Schatten gesprungen sind und sich auch mit unangenehmen Gefühlen auseinandergesetzt haben. Es ist vielleicht einfach, großzügig zu sein, wenn man wohlhabend ist. Aber ich habe in meinen Gesprächen wirkliche Helden des Alltags kennengelernt, und zwar diejenigen, die jeden Cent umdrehen müssen, trotzdem nicht den Mut verlieren und anderen großzügig geben können.

Denn meine These ist: Wie man mit seinen Gefühlen umgeht, so geht man auch mit Geld um! Und umgekehrt!

# I. TEIL

# DIE WIRKUNG DES GELDES AUF BEZIEHUNGEN

Spätestens seit dem Mittelalter gibt es in den europäischen Gesellschaften fest verankerte Tabus, die insbesondere unseren Umgang mit Sexualität, Tod und Geld betreffen. Die Art und Weise der Tabuisierung mag sich im Laufe der Zeit zwar verändert und verlagert haben – je nachdem, worauf die Menschen in einer Kultur, in einer Epoche besonderen Wert legten und achtgaben, um ihre Gesellschaft zusammenzuhalten. Aber sie ist mitnichten nicht mehr wirksam oder gar aufgehoben.

Selbst im aufgeklärten 21. Jahrhundert bestehen nach wie vor Tabus bezüglich Sexualität, Tod und Geld.

Werfen wir zunächst einen Blick auf das Thema Sexualität:

Die sexuelle Revolution und die Befreiung der Frau, die Ende der 60er-Jahre vor allem in Europa und den USA begonnen hatten, trugen dazu bei, dass das Tabu, über Sex zu reden, nicht mehr galt. Heute breiten sich Männer und Frauen äußerst freizügig, öffentlich über ihre Sexualpraktiken und sexuellen Vorlieben aus. Zahllose Bücher und Zeitschriften befassen sich mit diesen Themen. Autoren und Autorinnen sind umso erfolgreicher, je ungenierter sie sich darüber auslassen.[2] Dennoch bezweifeln viele Sexualforscher, dass wir deshalb tatsächlich aufgeklärter und zwangloser mit unserer Sexualität umgehen und ein freieres und glücklicheres Sexleben haben. Stattdessen stellen sie die Frage, ob nicht nach wie vor eine riesengroße Kluft zwischen dem öffentlichen darüber Reden-Sehen-Hören und dem eigenen Erleben besteht. Zwischen fiktiver Realität und gelebter Praxis. Und ob, anders herum betrachtet, die ständige Thematisierung von Sex und die steigende Nachfrage nach erotischen und pornographischen Filmen, Romanen und vor allem

2 Vgl. dazu zum Beispiel die Bestseller: Charlotte Roche: Feuchtgebiete. Sowie E. L. James: Shades of Grey

Sexratgebern nicht ein Zeichen dafür sind, dass noch längst nicht alle sexuellen Unsicherheiten, Ängste und Hemmungen verschwunden sind.

Über den Tod, vor allem über das Sterben, wird heute dagegen nach wie vor angstvoll geschwiegen. Alter, Krankheit und Siechtum werden nun einmal mit dem Ende des Lebens verbunden, der Umgang damit fällt schwer. Sie passieren den anderen, nicht uns. Es wird so getan, als gäbe es die Tatsache »Tod« nicht. Man sieht gewohnheitsmäßig und unentwegt im Film und Fernsehen – hinsichtlich der medialen Öffentlichmachung bestehen durchaus Parallelen zur Sexualität –, wie Menschen getötet werden und töten, aber der eigene Tod wird ausgeblendet. Doch die Gründe dafür zu erforschen, ist nicht Thema dieses Buches, auch wenn hier enge Zusammenhänge bestehen.

Über Geld und die damit verbundenen Gefühle zu reden, ist ebenfalls verpönt. Zumindest kommt es in Deutschland einer Selbstentblößung gleich, über die eigenen finanziellen Verhältnisse reden zu müssen oder reden zu wollen. Nicht ohne Grund gilt hier das geflügelte Wort »Über Geld spricht man nicht«. In anderen Ländern jedoch, wie in den USA, wird gezeigter Reichtum als Indiz dafür angesehen, dass es sich lohnt, Leistung zu erbringen. Und dass es im Prinzip jeder vom Tellerwäscher zum Millionär schaffen kann, wenn er sich nur genügend anstrengt. Dabei spielt es keine Rolle, ob der amerikanische Traum für die große Masse der Menschen auch tatsächlich erreichbar ist.

Obwohl Geld zuerst einmal nichts anderes ist als bunt bedrucktes Papier, erwerben wir damit nicht nur materielle Güter. Wir benutzen und setzen es auch gezielt dazu ein, unsere Beziehungen zu anderen damit zu regeln. So können wir uns – um bei den zuvor genannten tabuisierten Themenfeldern zu bleiben – durchaus Sex und einen schönen Abend in angenehmer Gesellschaft kaufen. Ebenso wie wir uns zum Teil Gesundheit sowie ein längeres Leben erkaufen können.

Geld hat in all unseren Beziehungen mit anderen einen großen Stellenwert. Es steht dabei, je nachdem in welcher Menge wir über es verfügen und wofür wir es einsetzen, sowohl für alle guten wie auch schlechten Dinge im Leben – und sagt nicht zuletzt viel über die Beziehung aus, die wir zu uns selbst haben.

Zwischen dem altruistischen und dem selbstsüchtigen Umgang mit Geld, zwischen anderen geben und nehmen, Selbst- und Nächstenliebe, materiellen und ideellen Werten, Wünschen und Bedürfnissen liegt zwar ein weites Feld. Doch zwischen den Polen dieses Feldes spannt sich unser gesellschaftliches Miteinander auf. Es ist daher nur legitim zu fragen, welche Folgen es hat, wenn das Gleichgewicht zwischen den beiden Polen nicht mehr vorhanden ist, wenn Geld nur noch zur Befriedigung eigener Wünsche eingesetzt wird und jeden Aspekt des Lebens bis in unsere engsten Beziehungen hinein durchdringt und bestimmt.

Wer sich an diese Themen heranwagt, läuft Gefahr, Menschen zu verärgern und zu verletzen. Doch mit meinem Buch will ich weder das eine noch das andere. Vielmehr möchte ich Sie einladen, über die Wirkung des Geldes in Beziehungen und den sinnvollen Umgang mit Geld nachzudenken.

# 1. Das Geld und ich

**Ich arbeite und kaufe ein. Der Konsument in der freien Marktwirtschaft**

Jeder Mensch ist als Teil einer Gesellschaft nicht nur Betroffener, sondern auch Handelnder. Von klein auf lernt und verinnerlicht er mehr oder weniger bewusst, was von ihm erwartet wird und wie er sich anderen gegenüber verhalten soll: in der Familie, im Kindergarten, in der Schule, im Beruf, also auf Schauplätzen, an denen gesellschaftliche Regeln, Werte und Forderungen weitergegeben und eingeübt werden.[3] Diesen erlernten, verinnerlichten Erwartungen versuchen Menschen durch ihr Handeln, auch im Umgang mit Geld, zu entsprechen. In westlichen Industriestaaten bedeutet das heute vornehmlich: Sich durch Arbeiten, Kaufen, Konsumieren, Besitzen und mit den anderen zu konkurrieren, immer mit dem Ziel, sich Anerkennung und Achtung zu verschaffen, etwas Besonderes zu sein: Sei perfekt, passe dich an, sei aber immer besser als der andere, und funktioniere.

Das vermeintlich autonome Individuum, das Geld für sich ausgibt, ja, heute mit Geld machen kann, was es will, steht im Kreuzfeuer des Marktes. Es ist gezwungen, Geld zu verdienen und Geld auszugeben. Das Streben nach Geld und immer noch mehr Geld ist dabei zum Selbstzweck verkommen. Und wir scheinen vergessen zu haben, dass wir uns nicht nur über Dinge definieren, die wir uns kaufen können. Angesichts dieses »Zwanges« scheint es fraglich, inwiefern man noch von wirklicher Selbstbestimmtheit sprechen kann. Von diesem Druck kann sich kaum ein Mensch befreien.[4]

Das, was der Markt angeblich vom Menschen verlangt, geht zudem noch weit über den Zwang, Geld zu verdienen, um es wieder auszugeben, hinaus: Leistungsorientierung, Gewinnmaximierung und kontinuierliches Wirtschaftswachstum sind die genuin anmutenden Grundpfeiler unseres Wirtschaftssystems, in dem Menschen als »Wirtschaftsfaktoren« und »human resources«, als Humankapital, betrachtet werden. Doch Mitarbeiter sind weit mehr als ein wirtschaftlicher Faktor. Sie bestehen nicht nur aus ihrem Wissen und verschiedenen verwertbaren

3 Vgl. dazu: Barbara Strohschein: Befreiung aus dem Denkgefängnis. Mit gelebter Wertschätzung von Mensch und Natur. In: Forum Nachhaltigkeit, 4/2010

4 Es sei denn, er entscheidet sich bewusst gegen Verdienst und Konsum.

Fähigkeiten. Menschen sind, anthropologisch gesehen, offene Wesen, mit einer Lebensgeschichte, individuellen Bedürfnissen, Träumen, Hoffnungen und Begabungen. Die menschliche Vielfalt, jeder einzelne Mensch mit seinen Stärken und Schwächen, ist auf dem »Markt« aber nicht von Interesse, allenfalls unter dem Aspekt, wie seine Wünsche und Bedürfnisse mittels Werbung für den Konsum »angeteasert« und wirtschaftlich genutzt werden können. Die heutige Fragestellung lautet nicht mehr: Was kann der Markt, die Wirtschaft, für mich und die Gesellschaft tun? Sondern: Was kannst du und jeder Einzelne für die Wirtschaft tun? Wirtschaftswachstum und damit Geldvermehrung ist die neue Religion, das »Goldene Kalb«, das angebetet wird.

Im Kontext geltender Konsumstandards wird in der Arbeitswelt und in der Wirtschaft aber nicht darüber reflektiert, dass Menschen nicht nur auf den Einbahnstraßen des Konsums unterwegs sind und eben keine perfekt funktionierenden Leistungsträger sind. Menschen haben Fehler, sie scheitern, werden alt, verlieren dadurch an Attraktivität und Leistungsfähigkeit, und »... bald schon wird ihr Bemühen, einen Beitrag zur Steigerung des Bruttosozialproduktes zu leisten, der Frage weichen, was sie selber sich leisten können, ja, sich selbst zu leisten geradewegs schuldig sind«.[5]

Mit diesen kritischen Anmerkungen will ich keineswegs die Chancen und Vorteile der Arbeitswelt außer Acht lassen, die Menschen heute im Vergleich zu früher haben. Dennoch ist es mir wichtig, auf diese Reduktionen hinzuweisen, die in unserem Arbeitsalltag so selbstverständlich geworden sind. Auch die Frage, ob es uns in ideeller, emotionaler Hinsicht – nicht in materieller – wirklich besser geht als früher, muss in diesem Zusammenhang erlaubt sein. Denn immer mehr Untersuchungen zeigen, dass die psychischen Belastungen und Erkrankungen im Beruf seit zwanzig Jahren rapide ansteigen. Und auch der DAK-Gesundheitsreport 2009, der sich mit »Doping am Arbeitsplatz« zur Steigerung der Leistungsfähigkeit befasst, sowie der im August 2013 veröffentlichte AOK Report zeigen, dass immer mehr Arbeitnehmer in Deutschland zu Alkohol und anderen aufputschenden Mitteln greifen, um den Arbeitsalltag überstehen zu können.

### Ich habe alle Freiheiten: Die Zumutung, sich entscheiden zu müssen

Aus einer Reihe von alltäglichen Bemerkungen lässt sich ersehen, wie Menschen sich in Beziehung zu Geld setzen, warum sie wofür Geld ausgeben oder nicht ausgeben wollen.

---

5 Eugen Drewermann: Von der Macht des Geldes, S. 16

*»Wenn ich immer im selben Kleid erscheine, dann denken die Leute, ich verdiene nicht genug Geld. Und außerdem muss ich immer gut aussehen. Sonst kriege ich Stress.«* Eine 33-jährige Direktionsassistentin, die im Vorzimmer des Chefs Klienten empfängt.

*»Ich find es richtig toll, mit meiner Freundin am Sonnabend durch die Boutiquen zu ziehen und zu shoppen. Papa hat nichts dagegen. Mit tausend Euro Taschengeld im Monat, no problem.«* Ein 15-jähriger Teenager aus einer wohlhabenden Familie.

*»Wenn ich früher in der DDR ins Geschäft ging, um Orangen zu kaufen, hieß es immer: ›Gibt es nicht‹. So war es auch mit Seidenstrümpfen, Klopapier und Kaffee. Als ich dann das erste Mal in ein Westkaufhaus kam, war ich völlig erschlagen: Da gab es alles und das auch noch im Überfluss. Ich wusste gar nicht, was ich mit mir anfangen sollte. So viele Waren – für wen?«* Eine 50-jährige Wissenschaftlerin aus der ehemaligen DDR.

*»Ich weiß gar nicht, wofür ich Geld ausgeben soll. Ja gut, für Essen und Getränke und die Miete. Aber sonst? Ich habe alles. Mir geht die Lust am Einkaufen einfach ab. Es widert mich geradezu an. Und wenn ich mal ein neues Jackett kaufen muss, um nach außen hin entsprechend meiner Stellung auftreten zu können, bin ich froh, wenn ich wieder aus dem Geschäft draußen bin.«* Ein 65-jähriger Direktor eines Institutes für Geschichte der Neuzeit.

Die unendlich vielen Möglichkeiten des Konsumierens in unserer marktwirtschaftlich orientierten Gesellschaft wecken unentwegt Bedürfnisse und versetzen den einzelnen Menschen in die Lage, sich täglich neu entscheiden zu können und zu müssen. Kaufe ich dies oder jenes? Oder gar nichts? Spare ich, oder spare ich nicht? Ist mein Geld bald nichts mehr wert, und kaufe ich mir deshalb jetzt nicht besser ein neues Auto?

Selbst für diejenigen, die nicht unbedingt konsumieren wollen, ist das Konsumieren zu einem Zwang geworden. Es entspricht den Notwendigkeiten unserer Marktwirtschaft: ohne Konsum – kein Verbrauch, ohne Verbrauch – keine Produktion und ohne Produktion – kein Mehrwert, kein Gewinn – und damit für den Arbeitenden keine Verbesserung des Lebensstandards, keine sichtbar erbrachte Leistung, keine Anerkennung.

In den vier vorangegangenen Beispielen wird das Geldausgeben jeweils unterschiedlich bewertet. Im ersten Fall dient es dazu, etwas zu kaufen, um den Erwartungen anderer zu entsprechen. Im zweiten dient Geldausgeben dem eigenen Lustgewinn und der Befriedigung von Wünschen. Im dritten Fall verunsichert das Warenangebot. Und im letzten wird das Geldausgeben verweigert und ist mit

Unlustgefühlen wie auch mit der sozialen Verpflichtung, modisch repräsentabel auftreten zu müssen, verbunden.

In allen Fällen geht es aber keineswegs nur darum, eigenen Wünschen und Bedürfnissen zu entsprechen, sondern um viel mehr. Es geht um den sozialen Rahmen, in dem das Geldausgeben stattfindet, um das eigene Selbstverständnis und die Wirkung, die wir auf andere haben. Wem möchten wir durch den Besitz welcher Konsumgüter etwas zeigen und warum? Stehen vielleicht tiefer liegende Bedürfnisse hinter dem Wunsch, etwas zu kaufen? Etwa das Anliegen zu zeigen, was man sich selbst und anderen wert ist? Mit anderen Worten: Inwiefern erschafft die Wirtschaft erst unsere Wünsche und Bedürfnisse, die sie dann mit immer neuen Produkten in einer nach oben hin offenen Endlosspirale zu befriedigen sucht?

Genügten unseren Vorfahren noch ein voller Magen, ein Dach oder eine Höhle über dem Kopf und ein Feuer, um sich zufrieden zu fühlen und in Frieden beheimatet zu sein, lässt sich bei uns in Mitteleuropa der als normal geltende Lebensstandard längst nicht mehr auf die bloße Befriedigung der Grundbedürfnisse eingrenzen.

In unserer heutigen mitteleuropäischen Konsumgesellschaft sind vielmehr das physische Überleben: – Nahrung, Wärme und Schutz – für die allermeisten Menschen gewährleistet. Unser Konsum lässt sich so gesehen längst nicht mehr auf die Befriedigung basaler Bedürfnisse reduzieren. Er geht darüber weit hinaus. Tatsächlich wollen wir nicht mehr einfach nur ein Dach über dem Kopf haben, wir wollen ein eigenes Haus. Wir wollen nicht nur genug zu essen haben, sondern jederzeit Nahrungsmittel aus allen Teilen der Erde genießen können. Erdbeeren und Ananas im Winter. Nicht nur einfaches Rindfleisch, sondern ein Stück Wagyu-Filet, Hummer und Austern statt einer simplen Forelle. Wir möchten nicht einfach nur ein Auto, wir wollen einen Porsche.

Der Gebrauch und Verbrauch von Konsumgütern hat schon lange eine Art symbolischer Bedeutung angenommen, seitdem »sich im Zuge der Industrialisierung und der mit ihr verbundenen wirtschaftlichen Prosperität für immer mehr Gruppen ein Zugang zu Gütern, die eine Befriedigung über den lebensnotwenigen Bedarf hinaus ermöglichen« eröffnet hat. Doch: »Mit zunehmender Sättigung der sogenannten Grundbedürfnisse kommt es zu einer Steigerung statusbedingten Konsums.«[6]

Durch neue Produkte, Wirtschaftswachstum und steigendes Einkommen verändern sich unsere Bedürfnisse. Hohe, erlebnis- und genussorientierte Konsumstandards etablieren sich, da sich immer mehr Menschen nach außen hin wirkende Statussymbole leisten können. Selbst wenn Menschen aufgrund von Arbeitslosigkeit

6 Rolf Haubl: Neidisch sind immer nur die anderen. Über die Unfähigkeit, zufrieden zu sein, S. 16

über so gut wie kein Geld mehr verfügen: Der neue Fernseher muss her, ein neues Kleid muss gekauft werden – nur damit der Selbstwert nicht noch weiter auf den Nullpunkt sinkt.

Aber auch reiche Menschen sind von dem Phänomen, die ihrem Vermögen entsprechenden Statussymbole um jeden Preis vorzuweisen, nicht ausgenommen. So erzählte mir der Vermögensberater eines Geldinstituts, der Familien ab einem Vermögen von 20 Millionen betreut, dass es bei seinen Kunden gang und gäbe sei, einen eigenen Reitstall und eine Yacht zu unterhalten. Das koste natürlich, bei einer Yacht müsse man pro Jahr mit circa 10 Prozent des Anschaffungswertes rechnen. Oft würden sich dann Verarmungsängste bei seinen Klienten einstellen, wenn sie jährlich Unterhaltskosten von 3 Millionen bei nur 2 Millionen Einnahmen aufbringen müssen. Aber die Yacht oder etwas anderes werde trotzdem nicht verkauft.

Dass sich Menschen über alle Einkommensklassen hinweg immer mehr über die zu ihrem Besitzstand gehörigen Statussymbole definieren und repräsentieren, ist so evident, dass sich die Frage stellt: Warum so viel Geld ausgeben für ein bisschen Anerkennung? Viele Menschen laufen unter anderem wegen dieses »mehr Schein als Sein« sogar in eine Schuldenfalle, wie anhand der steigenden Konsumentenkredite in Deutschland ab den 70er-Jahren erschließbar wird. Konsumenten werden auch dazu erzogen: »Kaufe heute, zahle morgen« oder wie mit dem Bankslogan: »Wir machen den Weg frei!« Hier tritt eine Veränderung des Kaufverhaltens zu Tage, die dem früher vorherrschenden Wirtschaftsethos vollkommen zuwiderläuft. Früher gaben die privaten Haushalte nur das Geld aus, das sie de facto besaßen, wodurch es eine genaue Relation gab zwischen dem, was verdient wurde, und dem, was für Konsum ausgegeben wurde. Der Rest wurde gespart und auf die berühmte »hohe Kante« gelegt, sei es für schlechte Zeiten, für die nachkommende Generation oder für irgendetwas Besonderes, von dem man träumte und das man sich irgendwann einmal leisten wollte.

Doch inzwischen ist die Kreditaufnahme von Privathaushalten zu einer Selbstverständlichkeit geworden und korrespondiert mit der Einstellung, zu keiner Zeit auf Konsum verzichten zu müssen. Eine Einstellung, die vom kapitalistischen System geradezu gewollt und gefördert wird. So werden mit immer neuen Kreditformen die entsprechenden Möglichkeiten, sich zu verschulden, nicht nur geschaffen, sondern auch beworben, denn ohne den ständigen Konsum aller käme es in der Wirtschaft zu Absatz- und Umsatzeinbrüchen.

Schulden in den privaten, öffentlichen wie auch staatlichen Haushalten sind ein probates Mittel geworden, um den Kreislauf des Geldes aufrecht zu erhalten. Das Bewusstsein, dass mit Schuldenmachen auch Haftung und das Versprechen auf Rückzahlung verbunden sind, ist dagegen immer mehr verloren gegangen.

Dass wir dennoch an unseren hohen Konsumstandards festhalten, liegt daran, dass wir über Statussymbole unsere gesellschaftliche Stellung verdeutlichen und soziales Ansehen gewinnen. Jedes Absenken des Standards wird daher als Verlust sozialer Wertschätzung betrachtet, mit dem sowohl Ängste als auch Selbstwertkrisen verbunden sind.

Die Möglichkeiten, sich als Konsument frei entscheiden zu können, erweisen sich damit gleichzeitig als großer Druck, dem verinnerlichten gesellschaftlichen Anspruch: Jemand und etwas zu sein, genügen zu müssen. Aber warum, ließe sich an dieser Stelle fragen. Ist der Mensch sich selbst etwa nicht genug?

## Die Ambivalenz in Sachen Geld: Ich brauche … ist mir egal!

*»Neulich hat mich meine Mutter gefragt, warum ich so sauer bin. Erst wollte ich es ihr nicht sagen, aber sie hat so gebohrt. Ich hab ihr dann gesagt, dass ich es scheiße finde, kein iPad zu haben. Alle anderen aus der Klasse haben eins. Sie hat nur gesagt: ›Dann kauf dir doch eins.‹ Und ich hab gesagt: ›Kann ich nicht, wovon denn?‹ Sie hat mit den Schultern gezuckt.«* Ein 16-jähriges Mädchen, das in einem Elitegymnasium ein Stipendium hat.[7]

*»Jedes Mal, wenn ich mir diese teure Hautcreme wieder kaufen muss, habe ich ein schlechtes Gewissen. 85 Euro nur für Creme … dabei haben wir nicht mehr als 500 Euro Haushaltsgeld im Monat. Aber mein Mann hat neulich wieder so eine dumme Bemerkung gemacht, dass ich auch nicht gerade jünger werde und mit meinen Stirnfalten wirklich mal was machen könnte.«* Eine 43-jährige Angestellte, Ehefrau und Mutter.

*»Einmal in der Woche gehe ich putzen bei einem Professor und seiner Frau. Sie sind sehr nett und auch ziemlich großzügig, Dabei weiß ich, so dicke haben sie es nicht, mit drei erwachsenen Kindern. Aber der Professor hat kein Portemonnaie. Und das Geld fällt ihm einfach aus der Hosentasche. Ich sammle jedes Mal Cent-Stücke vom Boden oder aus den Sofaritzen, ja sogar mal einen 10 Euro-Schein. Ihm scheint Geld ziemlich egal zu sein. Für mich sind 10 Euro schon viel Geld.«* Eine 34-jährige, als Reisekauffrau ausgebildete, arbeitslose Haushaltshilfe.

7 Die Daten, die als Grundlage für den nachfolgenden Text genommen wurden, basieren auf ausgearbeiteten und ausgewerteten Leitfaden-Interviews, auf Selbstzeugnissen, Gesprächen und Dokumenten. Alle Angaben sind anonymisiert. Falls sich der eine oder andere Leser wiederfindet, so wäre dies ein Zeichen dafür, dass die hier geschilderten Prozesse und Strukturen sehr typisch sind.

*»Ich kann mich wirklich nicht beklagen, dass ich kein Geld hätte. Mein Mann ist mehrfacher Millionär. Aber es ist mir zuwider, für eine Handtasche von Prada tausend Euro oder mehr auszugeben. Wir hatten zuhause früher, mit fünf Geschwistern in der Familie, nicht einmal Taschengeld bekommen. Und dann soll ich, nur um auf einer Party anzugeben, mir so eine Tasche kaufen oder einen Fummel, der 2.000 Euro kostet? Das ist es mir nicht wert.«*
Die 60-jährige Frau eines Unternehmers, die als ausgebildete Lehrerin nicht berufstätig ist.

Geld hat verschiedene, vor allem ambivalente Bedeutungen im Leben jedes einzelnen Menschen. Es ist Mittel zum Zweck, sich Sicherheit, Anerkennung und Prestige zu verschaffen. Das ist die eine Seite. Auf der anderen Seite kann Geldausgeben auch mit innerer Abwehr und Gleichgültigkeit besetzt sein. Insbesondere Männer, die in festen Anstellungen sind, genug verdienen und nicht um Geld »kämpfen« müssen wie auch Intellektuelle, denen alles andere wichtiger ist als Geld, kümmern sich weder um eine sparsame Haushaltsführung noch um die herumfliegenden Cents in ihrer Hosentasche.

Die Befriedigung durch Kaufen und Konsumieren, der Widerwille dagegen, viel Geld auszugeben, und die Gleichgültigkeit gegenüber Besitz haben sich in all meinen Gesprächen als die drei wesentlichen Einstellungen gegenüber Geld herauskristallisiert. Welche der drei Positionen der Einzelne heute einnimmt, hängt dabei stark von seiner Lebensgeschichte ab. Die ältere Generation, die noch den Krieg und damit Leid, Armut und Verzicht erlebt hat oder in der Nachkriegssituation groß geworden ist, gründet ihr Selbstwertgefühl weit weniger auf Geldausgeben als vielmehr auf Geldsparen. Im Deutschland der Nachkriegsjahre wurde gespart. Sparen galt als Tugend und Pflicht.

Der Widerwille, viel Geld für Konsum auszugeben, hängt dagegen meist mit einer kritischen Sicht auf unsere durchökonomisierte Welt und dem Glauben zusammen, dass wir durch unsere Art mit Geld umzugehen, letztendlich unsere Erde zugrunde richten und den eigentlichen Sinn des Lebens verkennen. Menschen, die dieser Ansicht sind, verweigern den Konsum daher soweit als möglich und setzen ihre Prioritäten meist auf ein erfülltes Familien- und Liebesleben. Im Extremfall werden sie sogar zu Aussteigern.

*Nikolaus und Anne, beide dreißig Jahre alt, haben sich vor zwei Jahren bei einer Ausbildung zum Bergführer kennen und lieben gelernt. Aus den oben genannten Gründen haben sie sich schon bald dazu entschlossen, ein möglichst naturnahes und einfaches Leben zu führen.*

*Nun leben sie mit ihrer einjährigen Tochter Sofie in einem umgebauten Heustadel im Allgäu inmitten von Wiesen und Feldern, nahe eines Baches, aus dem sie auch das Wasser, das sie benötigen, mit Eimern schöpfen.*

*Auf die Toilette gehen sie zu einem in der Nähe gelegenen, von Freunden bewohnten Bauernhof.*

*Sie kochen auf einem alten Eisenofen, ernähren sich von selbst angebautem biologischen Obst, Gemüse und Getreide, und ab und zu gibt es ein Ei von ihren frei laufenden Hühnern. Natürlich ist es in ihrem Stadel, den sie mit gewalkter Schafwolle vor Windzug und Kälte isoliert haben, vor allem im Winter nicht immer angenehm. Aber die gute Luft, die Nähe zur Natur und zu sich selbst, ihre Gemeinschaft und der Blick in den weiten Sternenhimmel entschädigen sie für vieles.*

*Sie fühlen sich, wie sie sagen, eins mit sich und der Natur und sind froh, dieses einfache Leben jenseits des Geldes gewählt zu haben. Insgesamt kommen sie mit fünftausend Euro im Jahr aus, die sie sich mit geführten Wanderungen verdienen.*

Doch selbst Aussteiger können sich dem kapitalistischen Gesellschaftssystem nicht völlig entziehen. Wir alle leben heute – zumindest in den hochindustrialisierten Staaten – in einer Zeit der von Konsumzwängen geprägten Pseudoindividualisierung, die beabsichtigt/unbeabsichtigt zu einer Destabilisierung des Selbstwertes bei vielen Menschen führt, die hinter ihrer kühlen Fassade um psychische Integrität und Balance ringen.[8] Denn meiner Meinung nach wird eine »wahre« und gesunde Individualisierung nur durch ein Miteinander, gesamtgesellschaftliche Werte, Empathie und Verantwortung für andere konstituiert, nicht durch rücksichtsloses egoistisches Geldscheffeln und permanentes Konsumieren. Doch was bedeutet das genau? Und was passiert, wenn unser Wirtschaftssystem genau diese Art von Individualisierung torpediert, weil sie der unentwegten Geldvermehrung und dem Konsum abträglich ist, und sie stattdessen neu zu definieren und zu regeln versucht?

Durch Konsumieren können individuelle Selbstbestätigung wie auch Selbstwertbestimmung durchaus schnell erfahren werden: Der Kauf und das Zur-Schau-Stellen von Konsumgütern verschafft dem Käufer nicht nur das Gefühl unmittelbarer Kaufbefriedigung. Der Käufer glaubt, durch seinen Kauf auch den Eindruck, den er bei seinen Mitmenschen hinterlässt, auf positive Weise verändern oder bestimmen zu können. So will er sich zum Beispiel als zu einer Gruppe dazu-

8 Vgl. dazu: Barbara Strohschein: »Integrität als Qualität in Politik und Wirtschaft. Warum es um mehr geht, als nur Regeln zu befolgen.« In: Institut für Strategie- Politik- Sicherheits- und Wirtschaftsberatung (ISPSW), Issue 180, April 2012

gehörig zeigen oder anderen seinen gesellschaftlichen Aufstieg demonstrieren. Fast alle Waren, die man kaufen kann, bewirken deshalb, dass man sich gut und besser fühlt, sobald man sie besitzt: Kleider, Autos, Einrichtungsgegenstände, Kunstwerke, Schmuck usw.

Kleider machen Leute, heißt es zu Recht. Aber stellen wir uns einmal vor, dass wir alle ohne Kleider und all die anderen Dinge, die wir uns kaufen können, nackt in einer Reihe stehen: Was würde dann jeden Einzelnen von uns ausmachen? Womit könnten wir uns noch von anderen unterscheiden? Allenfalls durch unser Wissen und unsere Fähigkeiten. Und worauf würde sich dann unser Selbstwertgefühl gründen, wenn nichts Äußerliches mehr auf unsere materiellen Ressourcen und unseren gesellschaftlichen Status schließen ließe?

Nahezu jeder Mensch möchte heutzutage einem bestimmten Image entsprechen, durch das er Zugehörigkeit zu einem bestimmten Lebensstil oder einer Statusgruppe ausweisen kann. Selbst diejenigen, die sich in den von mir erwähnten Beispielen dem Imagezwang entziehen und dem Konsum verweigern, spiegeln dies in ihrem Protest und dem Wunsch, sich von der Gruppe der Konsumierenden abzugrenzen, wider.

Halten wir also fest: Geld- und Gütergebrauch dienen vordergründig der Selbstverwirklichung, wodurch sie zur Bildung einer Pseudoidentität beitragen. Sie dokumentieren zugleich eine bestimmte Gruppenzugehörigkeit und damit einen Unterschied zu anderen Gruppen, von denen man sich abheben möchte.

»Die Statussymbole, mit denen man sich umgibt, geben einen Hinweis darauf, welche gesellschaftliche Position man einnehmen möchte. In einer fest gefügten Gesellschaft, wie der ständischen des Mittelalters, sind die Statussymbole unmittelbar mit einer gesellschaftlichen Position verknüpft. In der durchlässigen Konsumgesellschaft sind Statussymbole dagegen prinzipiell für jedermann frei verfügbar. Nicht mehr die durch Geburt zugeschriebene oder durch Leistung erworbene Position ist ausschlaggebend, der Status wird in der Hauptsache von den Objekten repräsentiert, die man besitzt. Prestige ist also käuflich. Der gesellschaftliche Aufsteiger etwa wird sich mit Statussymbolen umgeben, die ihn aus seiner Herkunftsgruppe herausheben und zugleich mit der Gruppe, zu der er sich Zutritt erhofft, assoziiert sind.«[9]

Das lässt sich unterstreichen durch den Satz von M. Binswanger: »Das Bedürfnis, andere Menschen mit Hilfe von Statussymbolen zu beeindrucken, ist das

---

9 Carlo Michael Sommer und Thomas Wind: Verführungen im Warenparadies. Rauschrisiken in der Erlebnisgesellschaft. In: Kemper, Peter; Sonnenschein, Ulrich (Hrsg): Sucht und Sehnsucht. S. 70

wichtigste Bedürfnis, welches den Konsum auch in einer gesättigten Wirtschaft vorantreibt.«[10]

### Ich bin exklusiv! Die reichen Kunstsammler und die Gestylten

Bevor ich auf die seelischen Auswirkungen des Konsumierens eingehe, möchte ich einen kleinen Ausflug in die Welt der individuellen Vorlieben der Reichen machen. Denn gerade hier zeigt sich in zugespitzter Form deutlich, wie sich Konsum und Gier mit dem Ziel, etwas »ganz Besonderes« zu sein, verbinden.

Bekanntlich gibt es eine Reihe von Gütern, die nur in sehr begrenztem Umfang vorhanden sind und sich gerade deshalb als Statussymbole besonders gut eignen, wie etwa Häuser und Wohnungen in einer bestimmten Lage, teure Autos und vor allem: Bilder berühmter Künstler. Mit dem Erwerb dieser Dinge, die nur für eine kleinere Gruppe von Menschen erschwinglich sind, kann man sich von der Masse der übrigen Bevölkerung abheben und demonstriert seinen besonderen Status, seinen Reichtum und seine eigene Bedeutung nach außen oder innerhalb seiner sozialen Gruppe.

Gleichgültig, ob es sich um Bauunternehmer aus Miami, Industrielle aus Südamerika oder um reiche Russen handelt, es gibt weltweit ungefähr 500 Menschen, die in großem Stil zeitgenössische Kunst sammeln.

Diesen scheint es nicht mehr zu genügen, einfach »nur« reich zu sein. Wer etwas auf sich hält und auch intellektuell und kulturell dazugehören will, legt sich eine private Kunstsammlung oder gleich sein eigenes Kunstmuseum zu – und damit ein anderes Lebensgefühl. Um die raren Spitzenwerke, die auf Jahre hin vorbestellt sind, wird unter den Multi-Millionären ein erbitterter Kampf geführt. Denn das Sammeln von Kunst stellt in der Gruppe der Superreichen den sozialen Aufstieg vom »langweiligen« Millionär zum angesehenen Kunstmäzen dar.

Ein konkretes Beispiel dazu: »*Wer auf sich hält unter uns Reichen, versucht, sich eine Kunstsammlung oder gleich ein Privatmuseum zu errichten«, meint die 60-jährige New Yorkerin Jane, Witwe eines Bauunternehmers. Für ihr neues Hobby nimmt sie einiges in Kauf: Sie buhlt sogar mit ihren reichen Konkurrenten um die Gunst der Galeristen, um an eines der raren Meisterwerke zu kommen. Ihr genügt es nicht mehr, ihren unglaublich teuren Schmuck und ihre Kleidergröße Zero auf Wohltätigkeitsempfängen zu präsentieren. Wie viele ihrer reichen Bekannten baut sie mit Hilfe einer professionellen Kunstberaterin eine eigene Sammlung auf. Dafür*

10 Mathias Binswanger: Die Tretmühlen des Glücks, S. 59

*scheut sie keine Kosten und Mühen. Um bei einem der angesagten Dinners in einer der angesagten Galerien andere Sammler auszustechen, schickt sie schon mal ein paar Blumenbouquets für 2.000 Dollar vorbei. »Wenn ich ein bestimmtes Kunstwerk nicht bekomme, heule ich schon mal vor Wut«, sagt sie.*

Die Gier der Sammler, die durch die weltweite Finanzkrise noch verstärkt wurde, spült Künstler an die teure Oberfläche, deren Werke in ein paar Jahren vielleicht nur noch so viel wert sind wie die Leinwand, auf die sie gemalt wurden.

Dennoch fliegt jedes Jahr kurz vor Weihnachten alles, was Rang und Namen hat, mit seinen Privatjets nach Amerika zur »Miami Beach Art« und im Frühsommer zur »Art Basel«. Und unter dem Jahr werden zahlreiche Kunstmessen und Galerien besucht, um an begehrte Bilder und Installationen zu kommen. Die Galerien, die angesagte Künstler wie Luc Tuymans, Jeff Koons oder Gerhard Richter verkaufen, können sich vor der großen Nachfrage nach ihren Millionen Dollar teuren Bildern gar nicht mehr retten. »Auf zehn Werke der großen zeitgenössischen Künstler haben wir 200 Anfragen von Sammlern«, äußert sich ein angesehener Galerist.

Zwischen den Messebesuchen und Empfängen genießt man die lauen Abende und Nächte in schicken Restaurants, bei Partys am Meer oder in einem der weißen Art-Deco Wolkenkratzer mit einem Glas Champagner in der Hand. Zu dieser Zeit öffnen die Privatsammler dort nach Vorankündigung ihre Wohnungen, die voller Kunstwerke sind.

Ich selbst war in Privathäusern, wo sogar die Wände der Kinderzimmer mit moderner teurer Kunst gepflastert waren. Ganz lässig sitzen die Kinder der Familie am Eingang und führen Strichlisten, damit nicht zu viele Besucher das Haus stürmen. Die erfolgreichen Eltern sitzen in ihrem Garten an einer Lagune und plaudern angeregt mit ihren meist fremden Gästen und bewirten diese mit Bagels, Orangensaft und Kaffee. Eine andere Sammler-Familie, die ursprünglich aus Kuba stammt, hatte ihr riesiges modernes Haus fast ausgeräumt, um für ihre unzähligen Kunstwerke Platz zu schaffen. Am Eingang bekommt man einen Grundriss des Hauses in die Hand gedrückt, in dem die Hängung und Lage der Kunstwerke eingezeichnet sind. Sogar die winzigen Zimmer der Hausangestellten, in denen nur ein Blechspind, ein Bett und ein Stuhl standen, waren überall mit Zeichnungen bestückt.

Durch das viele Geld, das die Betreffenden für Kunst ausgeben, zeigen sie: Schaut her, wer ich bin! In jeder Ecke meines Hauses zeige ich mein Geld und meinen Kunstverstand. In Europa ist diese Art der Zurschaustellung noch selten. Aber in

Amerika öffnen die Reichen ganz selbstverständlich ihre Häuser, um Interessierten stolz die Kunst, die sie sammeln, zu zeigen.

Doch nicht nur das Sammeln von Kunst ist ein Mittel, um sich von anderen abzuheben. Auch die Neigung, sich selbst zu einer Mode-Ikone zu stilisieren, ist ein Weg, durch Konsum das Besondere an sich herauszustellen und zu einer bestimmten Gruppe zu gehören, gerade wenn man nicht über sehr viel Geld verfügt.

*Charlotte versucht, ihren Freundinnen und allen anderen Frauen in Sachen Mode und Stil immer einen Schritt voraus zu sein. Deshalb hat sie die trendigsten Modejournale der Welt abonniert. Es ist ihr wichtig, schöner und schicker als alle anderen zu sein, die sie kennt. Darauf ist sie extrem stolz. Konsumentscheidungen trifft sie schnell, sicher und mit schwarzer Kreditkarte. Es scheint, dass die Lektüre der amerikanischen und französischen Vogue »ein inneres ästhetisches Selbstkonzept« unbewusst vorprogrammiert. Charlotte arbeitet in der Marketing-Abteilung einer großen Hotelkette. Nichts ist ihr wichtiger als ihr Aussehen, in das sie investiert wie in ein nobles Gut. Sie kauft nur die teuersten Parfüms und Cremes, macht regelmäßig Diäten, um mit ihren 1,80 m in Kleidergröße 36 zu passen. Sie geht dreimal in der Woche zum Sport, um geschmeidig und fit zu bleiben und um der Schwerkraft entgegenzuwirken. Falten werden, seitdem sie dreißig ist, mit Botox und Fillern ausgemerzt. Die teuren Kollektionen der teuren Designer werden nach einer Saison weggegeben. Stolz ist sie auch darauf, dass es nur sehr selten Frauen gibt, die so groß und schlank sind wie sie. Frauen, die zehn Zentimeter kleiner sind und Größe 38 tragen, bezeichnet sie als »mollig«. Charlottes wirkliches, wahres Gesicht werden ihre Freunde und Bekannten nie sehen, denn es ist immer geschminkt. Ihr Seelenzustand »blitzt nur kurz auf«, wenn sie zu müde ist oder zu erschöpft, um eine Maske aufzusetzen.*

Charlotte ist ein gutes Beispiel für die heute weitverbreitete Pseudoindividualisierung, bei der die eigentliche Person hinter einer perfekt aufgebauten Fassade aus Geld und Statussymbolen zurücktritt. Doch was steckt hinter dieser Fassade? Nach dem, was mir Charlotte über sich erzählt hat, ist sie eine extrem unsichere Frau, die in ihrer Kindheit von ihrer Mutter wie eine Puppe schön gekleidet wurde, damit diese stolz auf sie sein konnte. Sobald Charlotte sich weigerte, bekam sie den Missmut der Mutter zu spüren, die Charlotte brauchte, um sich selbst durch die schöne Tochter aufzuwerten. Charlotte ist bis jetzt in diesem System, das ihr ihre Mutter vorgab, gefangen und muss deshalb ständig ihr Aussehen kontrollieren. Ihre dauernden Anstrengungen, durch den Kauf stylischer Kleidung perfekt zu sein, gründen eigentlich auf dem Gefühl, »fehlerhaft« zu sein: So wie ich bin, bin ich nicht in Ordnung. Dass Menschen, die sich ständig anderen gegenüber profilieren müssen, extrem anstrengend sind, ist ihr nicht bewusst. Sie ist dem Druck, den ihre Mutter auf sie ausgeübt hat, nie wirklich ausgewichen. Für ihre Mutter galt nur: Sei schön und erfolgreich! Und nach diesem Prinzip richtet Charlotte nun mit viel Aufwand, Kraft und Geld ihr Leben aus.

### Ich bin besser als andere! Konkurrenz als Stachel

Nicht nur das »Etwas-gelten-Wollen« spielt eine Rolle für die Menschen, die sich mit Geld den Wunsch nach Anerkennung erfüllen können. Wie heißt es in einer alltäglichen Redewendung: »Konkurrenz belebt das Geschäft.« Sie belebt aber nicht nur das Geschäft, sie feuert einen Menschen auch an und setzt ihn gleichzeitig unter Stress. Vor allem, wenn es ums Geldverdienen und Geldmachen geht. Denn: Wer am meisten Geld macht und darin besser ist als alle anderen, ist der Sieger.

Mathias Binswanger zitiert in seinem Buch »Die Tretmühlen des Glücks« den amerikanischen Hedgefonds-Manager James Cramer: »*Gute Fonds-Manager vergleichen sich immer untereinander. Als ich bei Cramer Berkowitz arbeitete, schaute ich jeden Tag, wie erfolgreich die anderen Fonds-Manager waren, und ich konnte es nicht ertragen, von ihnen geschlagen zu werden. Ich wurde wahnsinnig, wenn Richie Freeman von Smith Barney Aggressive Growth oder Paul Wick an einem Tag mehr Gewinn machten als ich. Ich verfolgte ihr Abschneiden, so wie man im Sport seinen Gegner während eines wichtigen Spiels beobachtet. Ich war nicht zufrieden damit, wenn ich Gewinne erzielte. Meine Gegner mussten verlieren, damit es ein wirklich guter Tag für mich war. Gewannen hingegen die anderen und verlor ich selbst, dann musste ich die Tränen zurückhalten.*«[11]

Empirische Umfragen in den USA unterstreichen die hohe Bedeutung, die das relative Einkommen im Leben von vielen hat schon 1991: »Bei einer Umfrage … gaben 46 % der Befragten an, dass sie in Zukunft zu den Spitzenverdienern (den reichsten 6 %) gehören wollten, die im Durchschnitt 250.000 Dollar im Jahr verdienten. Und weitere 49 % gaben an, dass sie zumindest zu den Gutverdienenden gehören wollten … Nur 15 % der Befragten waren zufrieden damit, in Zukunft zur Mittelklasse zu gehören.«[12]

Ein Großteil der Menschheit besitzt natürlich nicht die finanziellen Ressourcen, um an einem Wettbewerb mit Statussymbolen ab einer Größenordnung von

11 Mathias Binswanger, S. 56
12 Mathias Binswanger, ebd.

250.000 Dollar teilzunehmen. Doch letztendlich geht es in jeder Einkommensklasse darum, sich von anderen, in der gleichen Liga Mitspielenden zu unterscheiden, indem man sie übertrumpft und überflügelt. Das gilt auch für die amerikanischen Kunstsammler. Auch für sie wird der eigene Konsum immer mehr zur Vergleichsgröße mit anderen Reichen und kann damit zu einer erstrangigen Quelle für Unzufriedenheit und Neid werden. In Amerika geht man meiner Erfahrung nach nur lockerer und entspannter mit seinem Reichtum um.

Dank den gesteigerten Möglichkeiten eines großen Vermögens, den eigenen Status zu zeigen, weitet sich die exklusive Konsumpraxis zu einem äußerst exklusiven Lifestyle aus. Im Prinzip geht es aber auch hier immer nur darum, besser, schöner und interessanter dazustehen als die anderen – oder zumindest nicht schlechter.

Die relevanten anderen, die Gruppe von Menschen, die man beeindrucken möchte und von denen man sich zugleich abheben will, sind dabei meist Freunde oder Bekannte gleich hohen Vermögensstandes. Auf das Thema Neid werde ich später noch eingehen. Hier nur so viel dazu: Wir neigen dazu, uns mit den Menschen zu vergleichen, mit denen wir die meiste Zeit verbringen, und das sind in der Regel Freunde oder Arbeitskollegen, die einen ähnlichen sozialen und beruflichen Hintergrund haben wie wir. Auch in Zeiten der Globalisierung wird sich ein Arbeiter, ein Arzt oder Manager, was sein Gehalt anbelangt, an seinen Kollegen orientieren oder an Menschen, die in ähnlichen Bereichen in anderen Firmen arbeiten, nicht aber an der Verdiensthöhe eines vergleichbaren Jobs in China.

»Die Grundlage des ganzen Wettbewerbs um Status bildet das Einkommen, denn ohne entsprechend zu verdienen, kann man auch keine Statusgüter erwerben. Also versuchen die Menschen auf dem Arbeitsmarkt, ihren Status durch entsprechende Karriereschritte zu verbessern. Wenn man einen Job mit hohem Prestige und entsprechend hohem Einkommen hat, dann macht das ungeheuren Eindruck, und der Neid der Umgebung ist einem bereits sicher. Man muss schon sehr attraktiv oder sehr berühmt sein, damit man bei seiner Umgebung die gleiche Wirkung erzielt. Und das Einkommen selbst wird dabei zunehmend zum Statussymbol.«[13]

## Wenn ich Geld ausgebe, werde ich anerkannt: Der Wunsch nach Prestige

Wie ambivalent und konfliktträchtig die Bedürfnisbefriedigung zur Sicherung von Ansehen und Anerkennung ist, zeigen ein paar alltägliche Beispiele:

13 Mathias Binswanger, S. 55

*Karin ist dreiundzwanzig und arbeitet als Verkäuferin in einem Kaufhaus. An freien Samstagen zieht sie mit ihrer Freundin los, um einzukaufen. Bei »Hennes & Mauritz« ersteht sie eine neue Jacke, ein Kleid, eine Handtasche, Unterwäsche und Schmuck. Dann geht es weiter in eine teure Parfümerie. Für mehr als hundert Euro kauft sie Makeup, Lippenstift und eine Tagescreme.*

*Insgesamt hat sie an diesem Tag vierhundert Euro ausgegeben. Als ihre Mutter sie am Sonntag fragt, ob sie ein Geburtstagsgeschenk für ihre Tante besorgt hat, zuckt Karin die Schultern: Kein Geld. Sie stellt fest, dass sie ihr Konto weit über den Dispo-Kredit überzogen hat. Eine Familienkrise bahnt sich an, doch Karin besteht darauf, dass es in ihrem Job nicht anders geht, als »gut auszusehen«. Dafür brauche sie eben Klamotten und Schminke. Doch die Sachen, die sie gekauft hat, liegen in einer Ecke im Schrank. Sie gefallen ihr nicht mehr.*

Auch solche Beispiele sind nicht selten: *Tanja, 30 Jahre alt, Tochter aus reichem Hause, hat grenzenlos Geld zur Verfügung. Sie stylt sich mit den Attributen einer Punkerin, ohne eine zu sein. Ihr Aussehen ist eher ein Protest gegen die elegante Mutter.*

*Sie hat keine Lust, ihr Studium zu beenden, sondern hauptsächlich Langeweile. An vielen Nachmittagen geht sie in der Innenstadt von einer teuren Boutique zur anderen. Schnell sind zweitausend Euro ausgegeben. Zu Hause wirft sie die Tüten in den Schrank, der schon überquillt. Sie selbst läuft in einer Punk-Aufmachung herum und legt wenig Wert auf gutes Aussehen. Auf die Frage ihres Vaters, ob sie sich zum Abendessen mit Freunden der Familie nicht einmal hübsch anziehen möchte, bemerkt sie schnippisch: »Auch das noch! Mutter sieht doch schon aus wie eine feine Superdame.«*

Der Erwartungsdruck von außen erzeugt Konsumzwang, wie im nächsten Fall deutlich wird: *Herr F. ist im mittleren Management tätig. Da er drei Kinder hat, die auf eine Privatschule gehen, verfügt er nicht über so viel Geld wie sein unverheirateter Vorgesetzter. Eines Tages, als Herr F. mit seinem alten BMW in die Firmengarage fährt, kreuzt sein Chef seinen Weg. Noch am Vormittag bittet der Chef Herrn F. in sein Büro. Er macht Herrn F. auf eine sehr abwertende Weise klar, dass er »mit dieser alten Kiste wohl keine Kundenbesuche machen« will? Da es auch andere Kommunikationsschwierigkeiten mit dem Chef gibt, und Herr F. befürchtet, dass womöglich sein Stuhl wackelt, entschließt er sich, einen Kredit für einen neuen Wagen aufzunehmen. Ihm ist das Gespräch mit dem Chef sehr unangenehm, er hat Angst vor Sanktionen und fürchtet sich vor der Kündigung. Er braucht diesen Job, und zudem ist er nicht mehr der Jüngste. Doch mit dem Kauf eines neues Mercedes ist es nicht getan … die Konflikte halten an.*

Karin versucht, sich durch Kleider und Kosmetik anzupassen und »gut auszusehen«, und läuft in die Schuldenfalle, ohne dass eine wirkliche Befriedigung eintritt.

Tanja verschafft sich durch Einkäufe einen Kick und kompensiert ihre Langeweile. Gut auszusehen ist für sie nicht wichtig. Doch durch Konsumieren löst sie ihre Probleme nicht, sondern verdrängt sie nur.

Herr F. gibt klein bei aus Angst und begibt sich damit in neue, andere Konflikte, mit seiner Frau zum Beispiel, die seine Anpassung an die Forderungen des Chefs nicht nachvollziehen kann und ihn für einen »Schwächling« hält. In allen hier genannten Beispielen hätten andere Lösungen gefunden werden können, die natürlich wiederum in anderer Weise konfliktträchtig sein können und deshalb gescheut werden:

Die Mutter von Karin hätte zu ihrer Tochter sagen können: »Du bist vollkommen okay und zudem hübsch. Du brauchst deshalb nicht immer wieder neue Sachen, du hast eh genug. Spar dein Geld lieber für eine Reise.«

Der Vater von Tanja hätte eingreifen und ihr sagen können: »Du bekommst nur weiter so viel Geld von mir, wenn du dein Studium beendest, dich anständig zu einer Familienfeier anziehst und aufhörst, weiter herumzuhängen und dir sinnlos Klamotten zu kaufen.«

Und Herr F. hätte seinem Chef sagen können: »Was wollen Sie eigentlich? Ich leiste gute Arbeit, wie mein Wagen aussieht, ist dabei wirklich nicht entscheidend.«

Dass all diese Alternativen nicht ergriffen werden, hängt in allen drei Beispielen nicht nur mit der Uneinsichtigkeit, Gleichgültigkeit und Bequemlichkeit der Handelnden zusammen. Sondern mit einer mangelnden Akzeptanz von unguten und negativen Gefühlen, mit dem Mangel an Mut sowie mit der fehlenden Bereitschaft, sich mit einem Menschen liebevoll wie kritisch auseinanderzusetzen und seinen Standpunkt zu vertreten. Im allerschlimmsten Fall kommt man dem Druck zu konsumieren auch deshalb nach, weil man tatsächlich an die segensreiche Wirkung des Konsums glaubt oder keine Gegenbeispiele anderen (Konsum-) Verhaltens kennt.

Es hat also seine Gründe, warum solch naheliegende Lösungen gar keiner Überlegung wert zu sein scheinen. Vor allem sind die mit dem Kaufverhalten verbundenen Gefühle wie Angst, Schuld, Gier, Anerkennung usw. an und für sich nie ein Thema, sondern nur Antrieb. Sie zu thematisieren würde bedeuten, miteinander in Kontakt zu gehen und möglicherweise auch einen Streit auszuhalten.

Die Toleranz gegenüber unguten und negativen Gefühlen ist uns nahezu komplett verloren gegangen. Streit, Kummer, Wut, Langeweile, Trauer gehören scheinbar nicht in eine Zeit, in der, was nicht passt, eben passend gemacht und alles Negative und Beschwerliche ausgeblendet wird.

*In München gibt es eine kleine feine Szene kunstbeflissener Förderverein-Mitglieder großer Museen, Sammler und Galeristen, die sich regelmäßig bei kulturellen Events treffen. Das schicke Ehepaar in den besten Jahren, das ich interviewe, ist in dreien solcher Vereine engagiert. Es ist permanent damit beschäftigt, Events wie Versteigerungen, Bälle, Führungen und Diskussionen zu organisieren oder zeitgenössische Bilder von Künstlern einzukaufen. Für das Ehepaar, das immer zusammen auftritt, zählt Design weit mehr als Sein. Seinen erwachsenen Kindern geht es möglichst aus dem Weg, deren Probleme interessieren es nicht, es will »mit so etwas nicht behelligt werden«.*

*Das Paar lebt am Starnberger See in einem Luxus-Altenheim.*

*Untereinander haben sie verabredet, sich gegenseitig nie über ihre allmählich beginnenden körperlichen Gebrechen und Beschwerden auszulassen. Für sie zählen nur Schönheit und Ästhetik. »Wir umgeben uns nur mit Menschen und Dingen, die uns gut tun. Das ist gelebte Psychohygiene«, meint er und fügt hinzu: »Nächste Woche geht's in die Alpen zum Entschlacken und zum Yoga. Zehn Tage für 5.000 Euro«, betont er und sie ergänzt: »Und dafür gibt's nur Brühe ...«*

Der positive Effekt des Verdrängens oder eines Einkaufs, wie die Anhebung des Selbstwertgefühls und das Gefühl: alles ist gut, ist jedoch meist nach kurzer Zeit wieder verflogen. Wie bei einer Suchterkrankung muss der Kick wieder von neuem gesucht werden. Trotzdem findet man niemals eine dauerhafte Befriedigung seiner Bedürfnisse, meist bringt die Befriedigung durch Konsum nur neue Bedürfnisse hervor.

### Ich spare! Die vermeintliche Selbstgenügsamkeit

Wie schon gesagt: Nicht nur durch Geldausgeben, sondern auch durch Geldsparen fühlen sich Menschen in ihrem Leben sicherer. Es sind zwei Seiten einer Medaille, und Geld evoziert eben beides: Beruhigung und Befriedigung sowie Unruhe und Angst. Sowohl das eine wie das andere wirkt sich aus und führt zu Forderungen und Regeln, die schon in der Kindheit vermittelt werden und oft ein Leben lang verinnerlicht bleiben und haften. Die in jungen Jahren stattfindende unbewusste Verinnerlichung von Verhaltensmustern und Regeln, die in der Familie vorgelebt werden, sind dabei ein Punkt, auf dessen Bedeutung gar nicht oft genug hingewiesen werden kann. Denn das, was für uns ganz selbstverständlich ist, weil wir es nicht anders gelernt haben und kennen, hinterfragen wir auch nicht. Doch was bedeutet es, wenn unser kapitalistisches, auf Gewinnmaximierung und unentwegten Konsum ausgelegtes Wirtschaftssystem auf diese Weise unbewusst in unsere Herzen und Köpfe einzieht und unser Handeln und unsere Beziehungen beeinflusst?

Richard David Precht, der Philosoph und Bestsellerautor, meint dazu: »Geld ist in sich Mittel und Zweck zugleich und ebnet alles ein. Die Folgen reichen weit in unser persönlichstes Denken und Handeln hinein. Wir wollen immer den optimalen Ertrag, selbst für unsere Gefühle und unser Privatleben. Wir sind Kapitalisten unserer selbst geworden … Wäre jeder Millionär, würde gewiss die Scheidungsrate massiv zunehmen. Ehen sind gerade in der Mittelschicht nach wie vor Wirtschaftsgemeinschaften. Man baut zusammen ein Haus und kann sich nicht mehr ohne Weiteres trennen, weil es wirtschaftliche Probleme aufwerfen würde, und ein enormer Statusrückgang damit einherginge. Millionäre trennen sich und bauen sich ein neues Haus.[14]

Und Drewermann stellt fest, dass die gängige Lebensphilosophie unserer Gesellschaft über die Familie und die Medien hinweg schon Kindern im Vorschulalter vermittelt wird: Hast du Geld, dann bist du etwas. Und: Du musst dich nur anstrengen, fleißig sein und arbeiten, dann bekommst du auch, was du willst. Als Subtext in diesem Erziehungsprogramm in Sachen Geld läuft mit: Dann kannst du Geld ausgeben und zeigen, was du alles hast. Und du kannst es anhäufen und dich damit sicher fühlen. Dann kann dir im Leben nichts mehr passieren. Zudem gilt auch noch der Spruch: Wer Geld hat, der hat Macht (Freiheit, bzw. Unabhängigkeit). Besitz und Eigentum sind folglich die Grundlagen dafür, die eigene Beziehung zu sich selbst auf eine ganz besonders exklusive Weise gestalten, vor allem aber: sich selbst positiv bewerten zu können.

Doch wie alles andere im Leben ist Eigentum nicht nur ein Grund zur Freude und inneren Befriedigung. Eigentum macht auch Angst – Angst, das Geld wieder zu verlieren. Es verengt den Blick auf das Leben: Es geht nur noch ums Geld. Es bringt seinen Besitzer in Entscheidungsnöte, die ein armer Mensch so nicht hat. Der Aufwertungsweg über Geld wird dadurch durchaus dornenreich.

Schauen wir uns zunächst die vermeintlich erfolgreichen Wege persönlicher Aufwertung durch Geld an. Drewermann nennt die weit verbreitete Sehnsucht und Gier nach Geld »das Ideal der Rothschilds«. Dazu analysiert er einen Roman des russischen Schriftstellers Dostojewski, den dieser 1875 geschrieben hat, »Der Jüngling«.

Das größte Ziel im Leben des Jünglings Arkadij ist es, zu viel Geld zu kommen.[15] Weshalb er, laut Drewermann, den Kapitalismus aus psychischen Gründen erfindet: »Ich brauche das Geld nicht … und nicht einmal die Macht; ich brauche nur das, was man durch Macht erwirbt und was man auf keine Weise ohne Macht erlangen kann; und das ist die erschöpfendste Bezeichnung dessen, was man ›Freiheit‹

14 Richard David Precht, SZ vom 4. Oktober 2013, S. 26.

15 Vgl. dazu Eugen Drewermann: Von der Macht des Geldes

nennt. Im Grunde erhofft Arkadij durch den Besitz von Geld, den Mangel seiner unehelichen Geburt tilgen zu können.«[16] Hier ist Geld ein zentrales Mittel, um das eigene Ungenügen auszugleichen.

Wie wichtig gerade die Aufwertungs-Funktion (mehr Schein als Sein) des Geldes ist, zeigt auch der große Kapitalismus-Analytiker Karl Marx. Das Zerrbild des »bedürftigen Reichen« beschreibt er wie folgt: »Was durch das Geld für mich ist, was ich zahlen, d.h. was Geld kaufen kann, das bin ich, der Besitzer des Geldes selbst. So groß die Kraft des Geldes ist, so groß ist meine Kraft. Die Eigenschaften des Geldes sind meine, seines Besitzers Eigenschaften und Wesenskräfte. Das, was ich bin und vermag, ist also keineswegs durch meine Individualität bestimmt. Ich bin hässlich, aber ich kann mir die schönste Frau kaufen. Also bin ich nicht hässlich, denn die Wirkung der Hässlichkeit, ihre abschreckende Kraft ist durch das Geld vernichtet. Meiner Individualität nach bin ich lahm, aber das Geld verschafft mir 24 Füße; ich bin also nicht lahm. Ich bin ein schlechter, unehrlicher, gewissenloser, geistloser Mensch, aber das Geld ist geehrt, also auch sein Besitzer. Das Geld ist das höchste Gut, also ist sein Besitzer gut … Ich, der durch das Geld alles, wonach ein menschliches Herz sich sehnt, vermag, besitze ich nicht alle menschlichen Vermögen? Verwandelt also mein Geld nicht all mein Unvermögen sein Gegenteil?«[17]

Demnach haben die starke Sehnsucht nach Reichtum und die Gier nach Geld ihre Wurzeln in einem tiefen Gefühl der Minderwertigkeit, das man durch den Besitz von Dingen aufzuheben versucht.

Doch nicht nur das: Auch durch Sparen kann man seine Angst in Schach halten und Stärke empfinden, wie das folgende Beispiel zeigt: *Ein junger, erfolgreicher Unternehmer, gut aussehend, erklärt eines Tages einer Freundin, die ihn fragt, warum er immer nur in T-Shirt und Strickjacke herumläuft: »Ich habe überhaupt keine Lust, mir irgendetwas zu kaufen. Wozu Geld ausgeben?« Als sie weiter nachfragt, warum er so spart, antwortet er: »Ich spare doch nicht. Wenn Freunde kommen, lade ich doch immer ein.« Sie hakt weiter nach: er hätte Geld genug, also könne er es doch ausgeben – auch für sich. Daraufhin bemerkt er: »Meine Stärke sehe ich darin, mich nicht so wichtig zu nehmen. Ich brauche keinen Luxus.« Im Laufe des Gespräches wird jedoch deutlich, dass es nicht nur um Stärke geht, sondern um Angst. Das tritt auch ganz klar in einem Nebensatz zu Tage, in dem er zugibt, er fürchte, seine Existenzgrundlage zu verlieren, sobald er Geld ausgibt.*

16 Eugen Drewermann, S. 50
17 Zitiert nach Thomas Druyen, S. 27

Hier wird das »Geld-Behalten« zur Manifestierung der eigenen Sicherheit gebraucht. Geld-Ausgeben verschafft keine Befriedigung, stattdessen wird Geld-Haben und Sparen symbolisch zur Gestaltung eines inneren Sicherheitsraumes verwendet. Nur in diesem Sicherheitsraum erfährt sich das Individuum als etwas wert. Ganz einfach deshalb, weil es nur so ohne Angst leben und erfolgreich arbeiten kann.

Wird dieser Sicherheitsraum durch Geldausgaben geschwächt, die der junge Unternehmer für sich selbst als nicht gerechtfertigt ansieht, ist es auch mit seiner Kreativität nicht mehr weit her. Die Angst bestimmt dann den Alltag und vermindert die Leistungsfähigkeit.

Wir wissen nicht nur aus Romanen, sondern auch aus der Lebenswirklichkeit nur zu gut, dass die Aufwertungsversuche mittels Geldes für einen Menschen allein nur sehr bedingt und vorläufig positiv wirken. Dies zeigt folgendes Beispiel:

*Herr O., etwas über 65 Jahre alt, war ein gut verdienender Ingenieur in einem großen Unternehmen. Er wohnt in einer stattlichen Villa in einem eleganten Vorort einer Großstadt. Jeden Tag lässt er sich von einer Firma für 3–4 Euro eine Mahlzeit bringen. Das Essen ist nicht besonders gut, aber das stört ihn nicht. Wenn er seine Haushälterin bittet, Wein einzukaufen, macht er ihr klar, dass sie nicht mehr als 5 Euro für eine Flasche ausgeben soll. Das reiche völlig aus.*

*Reisen unternimmt er nie. Er sitzt zuhause, überprüft ab und zu seine Kontoauszüge und guckt in den Garten. Herr O. ist als Kind einer vielköpfigen Familie in bescheidenen Verhältnissen aufgewachsen. In seinem sehr anstrengenden Beruf war er tüchtig.*

*Zeit zum Leben hatte er nicht. So hat er nie gelernt, was gutes Essen ist, wie gute Weine schmecken, und wie herrlich es sein kann, eine Reise nach Italien oder auf die Malediven zu unternehmen. Er empfindet auch keinen Mangel, weil er nichts anderes kennt als das, was er lebt.*

Geld bietet in diesem Fall, obwohl ausreichend vorhanden, keinen Weg in ein lustvolleres Leben, weil so ein Leben weder erfahren noch gedacht oder erwünscht wurde. Der Selbstwert von Herrn O. definiert sich durch Arbeit und Geldverdienen, aber nicht durch Genießen und Geldausgeben. Sicher spielen in diesem Lebensprogramm alte gelernte Sätze eine Rolle: Sei tüchtig. Geld ist nicht so wichtig. Sei sparsam und leg etwas auf die hohe Kante.

Aber Herr O. hat sein Geld auf eine so hohe Kante gelegt, dass er nicht mehr daran kommt, um es für sich auszugeben. Dabei wird er von seiner Verwandtschaft weder als gierig noch als geizig oder machtbesessen geschildert.

Das letzte Beispiel liefert eine weitere Variante für den individuellen Umgang mit Geld: Weder geht es hier um Sehnsucht nach Anerkennung oder Wunscherfüllung. Auch wird nicht Geld gehortet, um Macht auszuüben. Bei Herrn O. zeigt sich schlichtweg die Unmöglichkeit, zwischen sich selbst und dem Geld eine positiv besetzte, ja, kreative Beziehung herzustellen, die es ermöglicht, sich selbst etwas Gutes zu tun.

Schauen wir uns abschließend nun noch den Fall von Frau S. an, in dem Reichtum dazu eingesetzt wird, Macht über andere auszuüben und damit das eigene Wohlbefinden und Selbstwertgefühl zu steigern. Herr S. erzählt mir die folgende unglaubliche Geschichte:

*Seitdem ich Mitte zwanzig war, haben meine Eltern, die damals um die 60 herum waren, vor jeder Reise und jedem Flug ihr Testament abgeändert, um es den aktuellen familiären Gegebenheiten anzupassen. Was nichts anderes heißt, als dass vor allem mein Vater, wann immer er meinte, das Verhalten eines seiner Kinder missbilligen zu müssen, sei es weil er seiner Ansicht nach zu wenig Aufmerksamkeit von dessen Seite erhielt oder ihm dessen Lebensführung nicht passte, er das Erbe dementsprechend neu zwischen uns drei Geschwistern verteilte oder einen von uns sogar ganz davon ausschloss.*

*Als meine Schwester heiratete und meinen Eltern ihr Schwiegersohn nicht passte, haben sie sie dazu gezwungen, eine Erbverzichtserklärung beim Notar zu unterschreiben. Wie es ihr dabei ging, kann man sich gut vorstellen. Jahre später, als sich die Wogen geglättet hatten, wurde sie als Erbin dann wieder in das Testament aufgenommen.*

*Genauso erging es meinem Bruder. Als er sein Jura-Studium abbrach, um Philosophie zu studieren, löste das bei meinem Vater ebenfalls Missbilligung aus, und er wurde für mehrere Jahre enterbt.*

*Momentaner Stand der Dinge ist, dass auch ich enterbt werden soll, weil ich meine Frau nach vielen Jahren des Unglücklichseins verlassen habe.*

Als ich Herrn S. an dieser Stelle unseres Gesprächs unterbreche und nachfrage, welche Gefühle das Verhalten seines Vater in ihm ausgelöst hat, antwortet er mir:

*Traurigkeit und Wut. Traurigkeit, weil er mir nicht gönnen kann, dass es mir gut geht, wenn es ihm gleichzeitig nicht so gut geht. Und Wut, weil er sich mit seinen fast neunzig Jahren einbildet, immer noch Kontrolle über mein Leben ausüben zu müssen, und darein seine ganze Energie steckt.*

Das vorhandene Vermögen und seine Verteilung im Erbfall wird hier dazu eingesetzt, Macht und Einfluss auf die bereits erwachsenen Kinder auszuüben und diese zu einem den Eltern wohlgefälligen Verhalten zu bewegen. Die Grenzen zwischen Egoismus, Tyrannei und Absurdität sind dabei fließend, wobei der Mutter aus der Kontrolle über das Leben ihrer Kinder zusätzlich auch noch Befriedigung zu erwachsen scheint.

## Warum soll ich etwas hergeben? Der Egoismus

Selbstverständlich gibt es einen gesunden Egoismus, der es einem Menschen erlaubt, sich im Leben zu behaupten und sich selbst nicht aus dem Auge zu verlieren.

Dennoch wird sich in der Regel kein Mensch als Egoist bezeichnen, denn der Begriff ist bis heute negativ besetzt und wird aus diesem Grund so gut wie immer anderen zugeschrieben – meist verbunden mit dem Vorwurf: Wie kann der oder die nur so egoistisch und selbstbezogen sein!

Die Gefühle, Gedanken und Handlungen eines Egoisten drehen sich primär um sich selbst: Sein Fortkommen, sein Erfolg, sein Geld, seine Sichtweisen und Bedürfnisse sind wichtiger als alles andere. Unser kapitalistisches Wirtschaftssystem fördert die negativen Eigenschaften, die mit einer Ich-Bezogenheit, sprich mit Egoismus, einhergehen – rücksichtsloses Fortkommen, Raffen von Geld, immer auf eigene Vorteile bedacht.

In der kapitalorientierten Leistungsgesellschaft wird von den Menschen verlangt, noch länger und schneller zu arbeiten als die anderen, wenn sie erfolgreich sein wollen. Die Arbeitenden haben einander zu überflügeln, sie können es sich nicht leisten, dabei Rücksicht zu nehmen, müssen das Letzte aus sich herausholen. Bleibt hier Platz für Altruismus? Gibt es hier wirklich einen anderen Weg als nur den, sich selbst der Nächste zu sein, um zu »über«-leben? Diesen Weg gibt es durchaus, dennoch zeigt sich in der Praxis immer wieder, dass nicht der einzelne Arbeitende – der Mensch und seine ganz persönliche Situation – im Vordergrund steht, wenn es um betriebliche Entscheidungen geht oder um das interne Weiterrücken in eine höhere Position. Rücksicht, Hilfsbereitschaft und ein gleichberechtigtes Miteinander gelten wenig, sobald es um die Kosten-Nutzen-Rechnung einer Firma geht. Dann sind die genannten Eigenschaften nicht mehr als menschliche Werte in schöne Worte verpackt, die im Gegenteil eher hinderlich sind, wenn man Erfolg haben will. Gefragt sind stattdessen: Ellenbogen, Durchsetzungsvermögen und Rationalisierung. Gewinnoptimierung wird so gut wie immer vornehmlich über Mitarbeiterabbau erreicht. Die Gefühlswelt steht hier definitiv in einem unversöhnlichen Gegensatz zur Arbeitswelt.

Schlimmer noch: Die in der Arbeitswelt geltenden Anforderungen und Regeln werden als verinnerlichte Erwartungen an sich selbst übernommen und in den Privatbereich mit hineingetragen, wo sie erheblich dazu beitragen, den Egoismus unbemerkt zu generalisieren: Beziehungen werden aus egoistischen Gründen eingegangen, es geht dabei nur um Selbstbestätigung. Man sieht nur noch das »Humankapital« in potentiellen Lebenspartnern und Freunden: Besitz, Einkommen, Kontakte und nutzbare individuelle Wertpotentiale wie Kunstwerke, Schmuck, Kenntnisse, Fähigkeiten und damit verbundene Handlungsoptionen. Menschen werden unter dem Aspekt ausgesucht, ob sie nützen, irgendeinen Vorteil verschaffen und einen weiterbringen.

Sogar vor Kindern macht das geltende Leistungsprinzip nicht halt. Dass dabei nicht immer die Sorge der Eltern im Vordergrund steht, ihr Nachwuchs könnte bei wirtschaftlich schweren Zeiten im Leben scheitern, sondern oftmals nur die eigene Wertigkeit und pures Statusdenken, machen immer mehr Psychologen klar. Sie warnen in ihren Studien vor der Art frühkindlicher Förderung, wie sie von immer mehr Eltern schon von der Wiege an und bis zum Abitur hin praktiziert, überwacht und ständig optimiert wird. Mit den entsprechenden Konsequenzen für die Kinder, die nicht mehr Kind sein dürfen und auf den zunehmenden Druck und Förderwahnsinn mit Angststörungen, Aggression und Verweigerung reagieren. Dazu die beiden folgenden Beispiele:

*Als Maximilian zur Welt kommt, sind seine Eltern schon über vierzig und als Juristen in einer großen Kanzlei tätig.*

*Jahrelang hat das erfolgreiche Paar versucht, ein Kind zu bekommen, und ist überglücklich, dass es nun endlich geklappt hat. Maximilian soll alle Liebe und Förderung bekommen, damit aus ihm einmal ein glücklicher und erfolgreicher Mensch wird. Schon als sie schwanger ist, hörte Maximilians Mutter CDs mit Entspannungsmusik wie zum Beispiel »Mozart für das Ungeborene«.*

*Mit zwei kommt Maximilian in einen deutsch-englischen Kindergarten, mit vier lernt er Geige zu spielen und mit sechs wird er in eine internationale Ganztagesschule eingeschult.*

*Als er in die Pubertät kommt, wird immer offensichtlicher, dass er nicht nur schulische, sondern auch seelische Probleme hat. Er kann sich nur schlecht konzentrieren und bekommt ein Medikament gegen seine Aufmerksamkeitsdefizit-Störung.*

*Aber seine Eltern kapitulierten nicht vor seinen schulischen Schwierigkeiten. Mit sechzehn schicken sie ihn in ein Internat in Oxford, wo er auch das Abitur schafft, um danach in den USA seinen Bachelor in Wirtschaftswissenschaften zu machen. Maximilian erlebt sich selbst, wie er sagt, als ein »Getriebener«, dem seine Eltern immer wieder sagen, »wie viel sie in ihn investiert haben«, der aber einfach ein »Unglücksrabe« sei, weil ihm jegliche innere Ruhe fehle.*

*Claus von M. ist ein begnadeter Sänger, der meist in Kanada lebt, aber überall auf der Welt, z.B. auch bei den Salzburger Festspielen, auftritt. Seine Frau Cornelia hat ihren Beruf aufgegeben, um Claus zu managen.*

*Ihrer gemeinsamen Tochter Anna-Teresa wollen sie ebenfalls ein Leben im Rampenlicht und Glanz der Öffentlichkeit ermöglichen. Anna, die schon in der Schule eine Klasse übersprungen hat, machte mit 18 Jahren deshalb nicht nur das Abitur, sondern legte gleichzeitig auch den Bachelor of Arts im Bereich Schauspiel ab. Beides war nur möglich, weil sie in einem Internat in Österreich unter ständiger Aufsicht und Übung darauf vorbereitet wurde.*

*Das Abschlussfest für das junge Genie war rauschend und seine Eltern unglaublich stolz.*

*Nach diversen darauf anschließenden Praktika in Kunstgalerien in London und New York steht Anna-Teresa mit zwanzig Jahren nun kurz davor, an einer renommierten Hochschule in Edinburgh ihren Master in Kunstgeschichte abzuschließen.*

*Und wieder berichten mir ihre Eltern voller Stolz über ihr geniales Kind.*

*Ihre begabte Tochter fühlt sich jedoch, wie sie mir gegenüber zugibt, die meiste Zeit über furchtbar einsam in all den fremden Städten.*

*»Eigentlich bin ich ein Mensch, der ganz viel Geborgenheit braucht«, betont sie. Mit ihrem Freund, der in Berlin lebt, skypet Anna deshalb jeden Abend stundenlang. Viel Zeit für ihr Privatleben oder gar Entspannung hat sie nach wie vor nicht, sie muss die nächste Hürde auf dem Weg zum beruflichen Erfolg nehmen …*

Auch die weiteren Fallbeispiele zeigen klar, wie sich der kapitalorientierte Egoismus – Ich bin mir selbst der Nächste und man muss nur effizient sein – auswirkt und gelebt wird. Diesmal allerdings nicht nur in Bezug auf andere, sondern auch auf sich selbst.

*Der Leiter eines Investmentfonds, der sich in »Emerging Markets« einkauft, verwaltet und investiert rund 50 Milliarden Dollar an Vermögen. Er ist fast siebzig Jahre alt, kahlköpfig, gut in Form und blickt von seinem Schreibtisch auf die Hochhauslandschaft von Singapur, wo er auch lebt. Er hat seinen Firmensitz in Singapur angesiedelt, weil die Steuern für Firmen dort äußerst gering sind. Der Investor betont in dem Interview mit mir, dass man es sich im Umgang mit anderen nicht leisten könne, großzügig zu sein. Er glaubt nicht, dass er als Investor für Ethik und »solche Sachen« zuständig ist. Er hat auch kein Problem damit, wenn eine Firma, in die er investiert, die Umwelt verschmutzt. Das Einzige, was ihn persönlich interessiert, ist: Wachstum. Ihm ist völlig klar, dass eine sehr große Anzahl der Menschen in Indien und China arm sind und auch arm bleiben werden, weil diese Länder auf jeden Fall »Standortvorteile« bieten müssen, um wettbewerbsfähig zu bleiben. Der Investor meint, dass man am besten dann kauft, wenn Blut auf den Straßen klebt. Er will diesen Satz nur symbolisch verstanden wissen. »Sie verstehen schon«, lächelt er. »Leute, die auf dem Tiefpunkt kaufen, machen viel Geld.« Der Investor ist sehr effizient.*

Don DeLillo, einer der bedeutendsten amerikanischen Schriftsteller der Gegenwart, hat in seinem 2003 erschienenen Roman »Cosmopolis« nicht nur ein grandioses Bild der Stadt New York und ihrer Bewohner gezeichnet, sondern darüber hinaus auch das eindrucksvolle und drastische Psychogramm eines Egoisten.[18] Sein Protagonist, der 28 Jahre alte Eric Packer, Milliardär, Währungsspekulant und Finanzgenie, steht dabei exemplarisch für alle Finanzhaie, die im Jahr 2008 die Finanzkrise mit verursacht haben. Er lebt in einer Wohnung, die über hundert Millionen Dollar wert ist und sich über die obersten Stockwerke eines 300 Meter hohen Hochhauses erstreckt. Eric ist immerzu angespannt und meist unfähig, ruhigen Schlaf zu finden, abgeschottet von der normalen Welt, in der es Gefühle gibt: »Ringsherum existierte nichts. Nur das Geräusch in seinem Kopf, der Geist der Zeit. Mit seinem Tod würde nicht er zu Ende gehen, die Welt würde zu Ende gehen.« Bewacht von einer Armada von Angestellten, Fitnesstrainern und Experten, die ihm rund um die Uhr zur Verfügung stehen, beschließt er eines Morgens nach einer weiteren Nacht, in der er schlaflos durch seine 48 Zimmer irrte, seine Enklave zu verlassen, um sich beim Friseur seiner Kindheit an der schäbigen West Side die Haare schneiden zu lassen. Er steigt in seine Stretch-Limousine, die schallgedämpft, mit Marmorboden und mit allen technischen Raffinessen ausgestattet ist. Zahlreiche Monitore halten ihn über die weltweiten Finanzdaten ständig auf dem Laufenden. Während seiner Fahrt durch New York steigen mehrere Personen zu, so lässt er sich zum Beispiel von seiner Chefvolkswirtin beraten und von seinem Urologen untersuchen. Er unterbricht die Fahrt, um sich mit seiner Geliebten zu treffen, kommt in eine Demonstration von Globalisierungsgegnern. Nach und nach entwickelt sich seine Fahrt zu einem Höllentrip, an dessen Ende tödliche Schüsse fallen. Erics Charakter verdichtet sich zu einem Prototyp des modernen Finanzkapitalismus. Er lebt ohne bedeutsame Beziehungen. Seine Eltern werden im Roman nicht erwähnt, seine frisch angeheiratete Frau erscheint wie eine Chimäre. Man weiß nur, dass sie ebenfalls reich ist und dichtet. Er selbst

---

18 Siehe dazu: Don DeLillo: Cosmopolis

dagegen interessiert sich nur für die Zahlen, die über seine Bildschirme flimmern. »Hier fand er Schönheit und Präzision, verborgene Rhythmen in der Fluktuation einer Währung.« Er ist rücksichtslos, effizient, kalt und mit einem Raubtierinstinkt ausgestattet, der die Gefährlichkeit des Finanzkapitalismus verkörpern soll. »Wie ein Odysseus der globalisierten Welt ist er nirgends zuhause, nicht mal in sich selbst.« Er liebt das Leuchten der Bildschirme, das Leuchten des strahlenden und verführerischen Cyberkapitals, dass milliardenfach und in Nanosekunden um die Welt gejagt wird. In einem Dialog mit seiner Finanzexpertin, die ebenfalls in seine Limousine einsteigt, führt er ein Gespräch über die Bedeutung des Geldes. »Geld hat eine Wendung genommen. Reichtum ist zum Selbstzweck geworden. Es gibt keine andere Form großen Reichtums ... Geld führt nur noch Selbstgespräche, das Cyberkapital erschafft die Zukunft.« Eric denkt über die Gegenwart nach: »Aber was ist mit der Gegenwart? Die Gegenwart ist schwieriger zu finden. Sie wird aus der Welt gesaugt, um Platz zu schaffen für die Zukunft der unkontrollierten Märkte und riesigen Investitionspotentiale.« Auch Eric Packer ist ein Süchtiger des Leverage-Effekts, der Gier, durch Erhöhung des Fremdkapitals die Rendite einer Finanzanlage nach oben zu treiben. Eric leiht sich Yen zu extrem niedrigen Zinssätzen und benutzt dieses Geld, um mit Aktien zu spekulieren, die potentiell hohe Gewinne versprechen. Aber je stärker der Yen wird, desto mehr Geld braucht er, um die Darlehen zurückzuzahlen. Und das ist sein Verhängnis, der Yen steigt immer weiter, er hat ihn nicht im Griff und verliert während dieser Autofahrt in jeder Minute Millionen, fühlt sich dadurch entleert, »nur eine Ahnung von unvergleichlicher Stille war übrig, von unvermeidlichem Schicksal, das ihm objektiv und frei vorkam«. Als ihm bewusst wird, dass er seine Milliarden verloren hat, verspielt er noch das Geld seiner Frau, die ihm finanzielle Hilfe anbietet, die er zunächst nicht annehmen wollte: »Sonst droht der tiefinnere Seelentod.« Er verliert am Ende sein Leben.

In DeLillos »Cosmopolis« wird dem Leser die Fixierung auf Geld, die mit einem gnadenlosen Egoismus gegenüber anderen einhergeht, vor Augen geführt. Womit der Autor unsere gegenwärtige, nicht vom Himmel gefallene, sondern von Menschen gemachte Finanzkrise hellsichtig dargestellt und vorweggenommen hat.

Erics Finanzberaterin erinnert diesen an die Tatsache, dass es nicht vorhersehbare Trends und Kräfte gibt, und stellt am Ende klug die Diagnose: »Sie wenden Mathematik und andere Disziplinen an, okay. Aber letzten Endes haben Sie es mit einem System zu tun, dass außer Kontrolle ist. Hysterie in Hochgeschwindigkeit Tag für Tag, Minute für Minute. Die Menschen in freien Gesellschaften brauchen die Pathologie des Staates nicht zu fürchten. Wir schaffen unseren eigenen Wahnsinn, unsere eigenen Massenverkrampfungen, angetrieben von Denkmaschinen, über die wir letztlich keine Macht haben. Der Wahnsinn ist meistens kaum zu merken. Er liegt einfach darin, wie wir leben.«

Eric Packer merkt den Wahnsinn des Systems nicht mehr, weil er ihn lebt, ihn verinnerlicht hat und nicht mehr reflektiert. Er ist perfektionistisch, was seinen Körper und seine Seele anbelangt. Er trainiert stoisch seine Brustmuskeln, um die Zwänge des Tages abzubauen, und meditiert regelmäßig, wodurch er »jede Sekunde tiefer in sein kaltes Herz geschickt« wird. Völlig ungeborgen in seiner kalten Welt, ist er stolz darauf, nichts zu spenden. Er sammelt moderne Kunst, um sich beim Anblick eines Gemäldes für Sekunden lebendig zu fühlen, ist sexsüchtig und beziehungsunfähig, nicht dazu in Lage, Liebe und Hilfe anzunehmen. Er ist ein kalter Mensch mit einem kalten Herzen. Wie zuvor schon einmal angemerkt, tritt auch bei ihm die völlige Trennung von Arbeits- und Gefühlswelt voll zutage.

Weil andere keine Bedeutung für ihn haben, denkt er, dass der Zerstörungsdrang ein kreativer Drang ist, ein Erkennungsmerkmal kapitalistischen Denkens, und verschmilzt mit diesem kalten Kapitalismus: Alte Märkte müssen wie alte Beziehungen eliminiert und neue erobert werden.

Auf den ersten Blick mag es zwischen dem fiktiven Eric Packer und dem real existierenden jungen Mann, dessen Einstellung ich nun wiedergebe, nur wenig Gemeinsamkeit geben, sind sie charakterlich doch grundverschieden. Nichtdestotrotz haben sich beide dem Prinzip eines leistungsorientierten, absolut durchgeplanten und durchstrukturierten Lebens unterworfen und sind letztendlich beziehungsunfähig.

*Leopolds Vater war viele Jahre lang leitender Geschäftsführer einer großen, international tätigen Beratungsfirma. Schon als kleiner Junge wollte Leopold seinem Vater, der sein großes Vorbild war, unbedingt nacheifern. Am Wochenende durfte er mit Papas Aktenkoffer spielen, war fasziniert von all den Reisen in fremde Länder und der geheimnisvollen, gewichtigen Aura, die seinen Vater dadurch umgab. Und so wünschte sich Leopold zu seinem 18. Geburtstag, Papas Aktenkoffer benutzen zu dürfen, und bekam von diesem eine Rolex geschenkt, die sein ganzer Stolz ist, verbindet sie ihn doch mit seinem Vater und der Welt effektiver Männer, der Leopold gleich seinem Vater bald anzugehören denkt, wie er mir verrät.*

*Abitur, Studium der Mathematik und der Betriebswirtschaft, Master in Zürich. Mit seinen 26 Jahren arbeitet er schon bis zu 14 Stunden am Tag. Er hat eine attraktive Freundin mit einem ähnlich anspruchsvollen Job und Lebensmodell.*

*Nächstes Jahr werden sie heiraten und planen mit 35 Jahren das erste gemeinsame Kind. Bis dahin wollen sie jeweils eine Position in der Geschäftsführung einer weltweit operierenden Firma einnehmen. Sie sehen und sprechen sich kaum, arbeiten sogar an den Wochenenden. Auf die Frage, ob Leopold seine Freundin liebt, antwortet er mir: »Aber sicher doch, schließlich verfolgen wir doch die gleichen Ziele.«*

Wie aus »anständigen« Jungen aus gutem Haus Egoisten werden, zeigt auch Susanne Schmidt in ihrer Autobiographie, in der sie u.a. über ihr Leben in der Finanzmetropole London berichtet. Susanne Schmidt, promovierte Nationalökonomin und Tochter des ehemaligen deutschen Bundeskanzlers Helmut Schmidt, die viele Jahre lang selbst Teil des kapitalistischen Finanzsystems war und bei verschiedenen Banken in der Londoner City gearbeitet hat, bestätigt das von De-Lillo entworfene Bild aus eigener Erfahrung. In ihrem lesenswerten Buch »Markt ohne Moral« rechnet sie rigoros mit jener Finanzwelt ab und beschreibt dabei den »typischen« Investmentbanker wie folgt:[19]

Zuerst einmal sind die aktiven Finanzmanager fast ausschließlich Männer. In der Londoner Finanzcity werden »Chauvinismus und Rassentrennung täglich praktiziert«. Farbige Menschen gehören nur zu den Putzkolonnen. Hier gilt das Recht des Stärkeren. Der typische Finanzmanager ist jung, aggressiv und arrogant. Wie Eric Packer leidet er unter Schlafmangel und Anspannung, er ist stressgeschädigt, da er täglich 12–14 Stunden arbeitet. Er hat endlose Besprechungen, oft auch am Wochenende. Weit verbreitet sind hoher Alkoholkonsum und Drogen aller Art, um dem großen Druck dieses Haifischbeckens standhalten zu können, denn »die Konkurrenz schläft nicht«.

Schmidt beschreibt auch den »Jugendkult«, der in der Finanzbranche herrscht. »Der Jugendkult der City mag ein Grund dafür sein, dass viele Citymanager arrogant sind. Viel Geld verdienen mündet nicht selten in Arroganz, und wer schon mit Ende zwanzig Hunderttausende verdient, dem kann das leicht den Charakter verbiegen.« Hier wird das Rad täglich neu erfunden: »... Jugendlicher Schwung und Elan sind zwar hilfreich, wenn es um neue Ideen, ums Zupacken und Ärmelaufkrempeln geht, aber ein abgewogenes Urteil basiert auf anderen Voraussetzungen.«[20]

Ab Mitte dreißig sind viele Manager dem täglichen Stress nicht mehr gewachsen, und ab vierzig gehören sie zum alten Eisen. Für Bloomberg hat Schmidt jahrelang viele Interviews mit Vertretern der Finanzbranche geführt und konstatiert: »Die Veränderung bei einigen der erfolgreichen war erstaunlich. Manche haben es locker geschafft, innerhalb kürzester Zeit von einem netten Menschen zum arroganten Schnösel zu mutieren.«[21]

---

19 Susanne Schmidt: Markt ohne Moral, S. 36 f.

20 Ebd. S. 43

21 Ebd. S. 45

Schmidt konstatiert, dass sich das Selbstverständnis der im Finanzbereich Beschäftigten in den Jahren ihrer Tätigkeit sehr stark verändert hat. Die Einstellung, Dienstleister für die Realwirtschaft zu sein, ist der Einstellung gewichen, dass Banken vor allem für sich selbst und ihre Branche arbeiten. Der Hauptgrund dafür ist wahrscheinlich, dass die Investmentbanker für das Spekulieren und Eingehen von Risiken so gut bezahlt werden, dass sie diese nicht mehr adäquat und vorsichtig genug bewerten, sondern bewusst ignorieren und mit den Scheuklappen der geringen persönlichen Haftung nur noch die Chancen und den eigenen Profit sehen.

### Ich leide am Geld. Die Einsamkeit der Reichen und Schönen

Viele individuelle psychische Probleme stehen mit Geld in unmittelbarem, aber oftmals unerkanntem Zusammenhang. Wer Geld hat, ist oft einsam. Kann er sich darauf verlassen, dass sich ihm Menschen aus reinem Interesse um seiner selbst willen nähern? Muss ein Reicher sich nicht auch mehr oder weniger dem Lebensstil der Reichen verschreiben? Führt nicht die Differenz zwischen Arm und Reich wie von selbst zu zwischenmenschlichen Konflikten, die wiederum die seelische Verfasstheit der Betroffenen beeinflussen?

Ein Beispiel erzählt davon: *Ich sitze mit Roxane am Fenster der »Sky Bar« im 25. Stock des Hotels »Mandarin Oriental« am Central Park in New York.*

*Roxane kommt aus einer der reichsten Familien Amerikas, die mit dem Schah von Persien in die USA kam. Die vierzigjährige, schöne Roxane hat im obersten Stock des Hochhauses ein 500 m² großes Apartment mit Blick auf den Central Park, das sie alleine bewohnt. Ihr noch wenig bekannte Menschen wie mich empfängt sie in der »Sky Bar« des darunterliegenden Hotels, wo ihr immer ein Tisch und ein Glas Champagner zur Verfügung stehen.*

*Als Kunsthistorikerin und Betriebswirtin an den besten Universitäten des Landes ausgebildet, war sie jahrelang als Geschäftsführerin bei Sothebys angestellt. Jetzt musste sie eine Auszeit nehmen, weil sie erschöpft und seelisch ausgebrannt war. Auf meine Frage, was der Grund für ihre Erschöpfung wäre, antwortet sie: »Du musst verstehen: New York ist eine extrem anstrengende, kraftraubende und harte Stadt für die Menschen, die in ihr leben. Es gibt lauter unterschiedliche Kreise, die Künstler, die Milliardäre, die Millionäre, die Intellektuellen, die Banker, die Kunstsammler, die Investoren. Man versucht überall, mitzuhalten, sich anzupassen, um dann zu erkennen, dass man zu keiner Gruppe gehört und letztendlich einsam ist.« Mit Männern hat sie massive Probleme, da sie noch keinen Mann kennengelernt hat, der akzeptiert hätte, dass sie so reich ist. Die einzige Möglichkeit sieht sie darin, einen*

*Mann zu finden, der noch reicher wäre als sie, meint aber, die seien spärlich gesät. Sie hat gerade ihre dritte Psychotherapie angefangen und bittet mich dann, halb im Spaß, halb im Ernst, doch nach New York zu ziehen, um dort eine Psychotherapiepraxis zu eröffnen und mich als »shrink« (die umgangssprachliche Bezeichnung für einen Therapeuten) niederzulassen. Ich hätte dann gleich eine große Auswahl und Anzahl an Patienten, die sie mir zuführen könnte. Denn letztendlich fühlten sich die meisten Reichen, die sie kenne, einsam.*

Roxane, eine schöne und begabte Frau, zweifelt an sich und ihrem Leben und findet keinen Lebenspartner. Sie hat keine Lust mehr auf ihr oberflächliches Luxusleben und kann sich dennoch nicht von ihm verabschieden, wie sie sagt. Sie hat eine massive Midlife-Krise und muss sich emotional neu orientieren. Eine der Hauptursachen dafür – ihr Luxusleben – hat sie durchaus erkannt, ist aber nach wie vor in ihm gefangen. Roxane ist für mich ein Beispiel dafür, dass zu viele Möglichkeiten, zu viele Rollen, die man spielen kann, einen Menschen auch unglücklich machen können und dass Männer massive Probleme mit Frauen haben, die reicher sind als sie. (Siehe dazu auch das Kapitel »Die Liebe und das Geld«).

Wer viel Geld hat, ist oft einsam. Doch wer zu wenig davon hat, ist es ebenfalls, wenn auch unter anderen Vorzeichen.

*Roman war früher einer der bestbezahlten Redakteure einer Hochglanz-Modezeitschrift und liebte sein Glanz- und Glamourleben inmitten des Mode-Business. Er wohnte in einem schönen Altbauhaus in einer angesagten Hamburger Gegend mit seiner zweiten Frau und den beiden Töchtern. In den Ferien fuhr man in ein gemietetes Wochenendhaus auf Sylt.*

*Durch Umstrukturierungen in der Redaktion und intrigante Kollegen verlor er mit 50 Jahren seinen Job und konnte keinen neuen finden, der ihm adäquat erschien. Kompromisse wollte er nicht eingehen.*

*Seinem beruflichen Abstieg folgte, wie dies oft der Fall ist, auch der soziale.*

*Er konnte die Zinsen für sein Haus in Eppendorf nicht mehr bezahlen. Es wurde von der Bank versteigert. Seine Frau verließ ihn mit den Kindern, weil sie seine »ewige Unzufriedenheit« nicht mehr ertragen konnte. Vielleicht aber auch, wie Roman vermutet, weil sie den sozialen Abstieg und Verlust an Lebensqualität nicht ertrug.*

*Zehn Jahre später lebt er von Hartz IV in einem Hamburger Vorort in einem Ein-Zimmer-Appartement. Seine Töchter sieht er nur noch selten. Sie sind inzwischen 14 und 16 und haben keine Lust, die Wochenenden mit ihrem Vater in seiner kleinen Wohnung zu verbringen, und vermissen dann außerdem ihre Freunde.*

*Im Laufe der Jahre zog sich Roman immer mehr zurück. Er kann es sich nicht mehr erlauben auszugehen. Er kann sich auch nicht vorstellen, noch einmal eine Beziehung einzugehen, weil er nur noch schlechte Erfahrungen mit Frauen gemacht hat. »Kaum erfahren sie von meiner finanziellen Situation, ziehen sich alle zurück.« Er hat deshalb seit acht Jahren kein Liebesbeziehung mehr gehabt.*

*Claudia, von Beruf Physikerin, versuchte viele Jahre lang, die Medizintechnikfirma, die ihr ihr Vater hinterlassen hatte, vor der Insolvenz zu retten.*

*Doch nach fast zehnjährigem Kampf und endlosen Gesprächen mit Investoren und den finanzierenden Banken musste sie aufgeben. Konkurrenzprodukte aus China und Südkorea waren einfach günstiger, sie bekam keine neue Kreditlinie mehr, die dringend nötig gewesen wäre. Der Kampf, die ererbte Firma und damit auch die Arbeitsplätze für ihre Angestellten zu erhalten, die ihr leid taten, zermürbte die Mutter von drei Kindern.*

*Die Insolvenz des Familienunternehmens war zwar vorhersehbar, aber dennoch ein schwerer Schlag für sie.*

*»Wenn ich damals meinen Mann nicht gehabt hätte, der mich durch diese schwere Zeit hindurch begleitete, wäre ich total vereinsamt. Ich bin nur noch zwischen dem Betrieb und unserer Wohnung hin- und hergependelt und hatte jahrelang keine Energie mehr, um Freunde zu treffen oder auszugehen. Mein gesamtes emotionales Leben war auf einem Nullpunkt angekommen.«*

## Es ist nie genug. Narzissmus als Ursache für das Leiden

Der Narzissmus, oftmals als Schwester des Egoismus bezeichnet, ist wie dieser per se nichts Schlechtes, sondern stellt in der psychoanalytischen Theorie zunächst ein notwendiges Stadium innerhalb der kindlichen Entwicklung dar, in der sich das Kind Schritt für Schritt aus der bislang als Einheit empfundenen Beziehung zu Mutter und Vater löst und sich als eigenständiges Individuum mit eigenen Gefühlen, Vorlieben und Interessen erfährt.

Erst wenn diese Ablösung nicht in hinreichendem Maße stattfinden kann, weil das Kind vonseiten der Eltern nur wenig Liebe und Anerkennung erfährt, seine Ablösung und Selbstwerdung nicht gefördert oder es nicht selten schon früh überfordert wird, kann von einer narzisstischen Störung gesprochen werden. Das Kind versucht nun nicht nur, sich den Wünschen der Eltern anzupassen, um deren Anerkennung und Liebe zu erfahren, sondern bleibt, gerade weil es nicht zu einem eigenständigen Individuum heranwachsen kann, auf sich selbst zurückgeworfen und ist unfähig, sich mit jemand anderem als sich selbst in Beziehung zu setzen.

Eine »narzisstische Störung« wird heute bei Patienten diagnostiziert, deren in Wirklichkeit schwaches Selbstwertgefühl sich nach außen hin entweder in einer übersteigerten Selbstbezogenheit, verbunden mit übermäßigem Geltungsstreben, oder aber in Depressionen und (Auto-)Aggressionen äußert.

Interessant ist dabei vor allem der unmittelbare Zusammenhang, den Psychotherapeuten zwischen narzisstischen Störungen und kapitalistisch strukturierten Gesellschaften gegeben sehen. Sie stellen geradezu eine Wechselwirkung zwischen dem Streben westlicher Industriestaaten nach immer mehr Wachstum und Geld und einer Gesellschaft her, in der jeder Einzelne unter Selbstverwirklichung zunehmend den Gewinn persönlicher Vorteile versteht und dabei seine Mitmenschen aus den Augen verliert. Narzisstische Konsumgesellschaften zeichnen sich dadurch aus, dass Eigennutz vor Gemeinnutz tritt.

Die Gier nach Geld oder anderen Lebensvorteilen ist dabei Ausdruck einer narzisstischen Störung.

Der narzisstische Mensch ist im Kern ein um Liebe, Anerkennung und Bestätigung ringender Mensch, der durch Konsum, Besitz und vordergründige Aktion zu kompensieren versucht, was ihm in seiner Kindheit nicht zuteil wurde.

Er ist, wie ich an den Beispielen der reichen und armen Egoisten gezeigt habe, außerstande, etwas anderes wahrzunehmen als sich selbst und seine Interessen. Er ist unempfindlich für andere, für die Umwelt, für das, was in der Welt geschieht, außer es handelt sich um Geld.

Seine Gier ist demnach weniger eine Charaktereigenschaft, sie ist vielmehr als ein Symptom der emotionalen Bedürftigkeit der meisten Bürger in westlichen Konsumgesellschaften zu verstehen.

»Die häufigste seelische Störung unserer Industriegesellschaften lässt sich umgangssprachlich als innere »Leere« bezeichnen, ein Symptom der narzisstischen Störung«, diagnostiziert in diesem Sinne auch Wolfgang Schmidbauer.[22]

Weitere narzisstische Symptome sind Labilität des Selbstgefühls, Abhängigkeit von äußerer Bestätigung und Befriedigung, verbunden mit der mangelnden Fähigkeit selbst zu lieben und sich in diesem aktiven Lieben geborgen zu fühlen. Die narzisstische Fixierung drückt sich in dem Bemühen aus, die Ursituation – eine vollkommene Einheit mit einem anderen Menschen – wiederherzustellen. Das gelingt jedoch nicht, weil zu einer wirklichen Liebe nur Menschen fähig sind, die sich selbst als eigenständige Subjekte wahrnehmen können und nicht als nichtakzeptierter Teil einer nichtvorhandenen Einheit.

22 Wolfgang Schmidbauer: Die Ohnmacht des Helden. Unser täglicher Narzissmus, S. 9

»Das narzisstisch geschädigte Individuum sucht ... wiederzuerlangen, was es nie ausreichend besessen hat (die bestätigende Spiegelung seiner realen Gefühle durch ihm zugewandte Erwachsene während der Kindheit). Es schafft aus seiner eigenen Person, dem zurückgezogenen und geschrumpften Selbst des verschreckten, ungeborgenen Kindes ein grandioses Gegenbild, das alles enthält, was ihm fehlt ... das »falsche Selbst« muss durch Leistung und Bewertung stabilisiert werden; doch der narzisstische Gewinn lässt hungrig. Dem Betroffenen geht es wie König Midas: In seinen Händen verwandelt sich alles in Gold, und so droht er inmitten seines scheinbaren Reichtums zu verhungern.«[23]

Die Themen aus der Kindheit reichen so ins Erwachsenenleben hinein und führen unweigerlich zu Konflikten mit und in der Realität. Das in Wirklichkeit nicht vorhandene grandiose Selbstwertgefühl bedarf permanenter Rückbestätigung.

Der narzisstische (wie der übertrieben egoistische) Mensch ist auf ständige Bewunderung von außen angewiesen. Er muss, um sich gut zu fühlen, der Überlegene sein, wodurch er weiteren Abstand zwischen sich und anderen Menschen schafft, anstatt wahre Nähe zu finden. Er wird niemals satt, kann keine seelischen Vorräte ansammeln für magere Zeiten. Er ist darauf festgelegt, immer die Makellosigkeit seiner Fassade aufrechtzuerhalten. (Siehe das Beispiel Charlotte.) Vermeintliche Geborgenheit findet er nur in den von ihm erworbenen Besitztümern, Design- und Prestigeobjekten.

In diesem Sinne stellt auch Julian ein typisches Beispiel für den narzisstisch Pseudoindividualisierten dar:

*Julian, der sein Studium mit einem Master in Markenentwicklung abgeschlossen hat, ist beruflich sehr erfolgreich und betreut für eine große Werbeagentur vor allem Kunden in China und ganz Asien. Seine Welt sind die First Class Lounges, Leihwägen und Luxusartikel namhafter Designer, die er sich gönnt. Ein Anzug von Armani, dazu eine Krawatte von Hermes, ein teures Parfüm und handgenähte Lederschuhe geben ihm das Gefühl sich »von der Masse abzuheben«, wie er mir erzählt. Und er fügt hinzu: »... dass ihm das Tragen einer teuren Uhr ein komplett anderes Lebensgefühl gäbe, fast als schlüpfe er dadurch in eine andere Identität.«*

*Für private Kontakte hat er kaum Zeit. Sehnsucht nach Nähe oder einer engen Beziehung kennt er mit seinen beinahe 40 Jahren nicht. Seine sexuellen Bedürfnisse hat er bis vor ein paar Jahren stets mit attraktiven Stewardessen befriedigt, die ihm mit der Zeit aber »zu aufdringlich und romantisch« wurden.*

23 Wolfgang Schmidbauer, ebd. S. 98/99

Vermeintliche Geborgenheit nimmt Julian nur durch erworbene Besitztümer und Prestigeobjekte wahr und meint sich nur dann sicher und gut fühlen zu können, wenn er sich durch diese von der Masse abhebt. Genau diese Art von Überlegenheitswünschen sind der eigentliche »Motor« für das Ausgeben oder Einsparen von Geld – wie ich es an den genannten Beispielen gezeigt habe. So ist der Umgang vieler Menschen mit Geld oftmals geprägt und bedingt durch einen ihnen unbewussten, ungelösten narzisstischen Konflikt: Ich fühle mich nicht viel wert und weiß nicht, wie ich mir selbst und anderen wertvoll sein kann. Geld wird dann zum Mittel und Substitut, um einen tiefen seelischen Mangel zu beheben.

Viele Kinder, die erwachsen geworden sind, haben wenig Liebe und Anerkennung in ihren Familien erlebt. Nicht etwa, weil die Eltern sich keine Mühe gegeben hätten, sondern weil die Kinder oftmals nicht um ihrer selbst willen geliebt wurden. So ist der Mangel an Anerkennung und Liebe ein Grund dafür, dass Geld einen so hohen emotionalen Stellenwert für Menschen bekommen hat. Sowohl das (sinnlose) Ausgeben wie auch das (sinnlose) Anhäufen und Zurückhalten von Geld sind mit dem sehnlichen Wunsch nach Nähe und Sicherheit verbunden. Insofern steckt ein narzisstischer Egoist psychisch immer noch in der Kindheit fest und verlangt nach etwas, was er nie bekommen hat. Deshalb hortet und verschwendet er Geld als Ersatzmittel für das, was ihm fehlt und nicht eingeholt werden kann: Liebe, Aufmerksamkeit und Anerkennung. Gerade diese emotionalen Defizite machen es ihm fast unmöglich, sich mit schwachen, benachteiligten Menschen zu solidarisieren. Jeder schwache Mensch erinnert den erfolgreichen Narzissten an seine eigene Schwäche, seine eigene emotionale Bedürftigkeit – und genau das muss er unbedingt (unbewusst) vermeiden.

Auch die narzisstisch Bedürftigen, die es nicht geschafft haben, erfolgreich zu sein und Geld zu haben, befinden sich – psychisch gesehen – noch in der Kindheit: Sie haben den (aus ihrer Sicht absolut berechtigten) Anspruch, von den Reichen und Erfolgreichen versorgt zu werden. Der Reiche soll mit ihnen ebenso selbstverständlich teilen, wie Eltern ihren Besitz mit ihren Kindern teilen sollten.

### *Resümee*

Die Art und Weise, wie wir mit uns selbst und anderen umgehen, wird erheblich durch Geld bestimmt. Wir alle lernen als Kinder sehr früh und indirekt, wie unsere Eltern mit Geld umgehen, wie sie Geld bewerten und welche Gefühle sie mit Geld verbinden. Diese ersten Erfahrungen wirken ein Leben lang nach.

Unser konsumorientiertes System fordert zudem direkt wie indirekt jedem Einzelnen etwas ab, was bis in die Seele hineinwirkt: Leistung zu erbringen und

Erfolg zu haben, sind die Maßstäbe, an denen wir heutzutage alle gemessen werden. Diese Ansprüche haben viele Menschen verinnerlicht und versuchen, gleich wo sie gesellschaftlich stehen, wie viel Geld sie besitzen oder verdienen, diesen Ansprüchen zu genügen: um der Anerkennung willen. Ja, noch weiter: um geliebt zu werden, um »jemand zu sein«, um sich selbst etwas wert zu sein.

Man kann die Beziehung des modernen Menschen zu sich selbst in der Tat unter diesem Aspekt betrachten. Sie ist kein privates Phänomen. Im Gegenteil: Es ist unvermeidlich, neben dem Blick auf die Kindheit auch einen Blick auf die Gesellschaft und das Wirtschaftssystem zu werfen, wenn man verstehen will, wie Menschen heute mit sich selbst und Geld umgehen. Der Mangel an Liebe, die gesellschaftliche Fixierung auf den individuellen Eigennutz anstelle des Gemeinnutzens und ein instabiles, krisengeschütteltes System wirken erheblich auf die Seele ein, vielfach ohne dass über die Folgen dieser Wirkung nachgedacht wird.

Aber sind wir wegen unseres konsum- und kapitalorientierten Wirtschaftssystems heute wirklich egoistischer und narzisstischer als unsere Vorfahren? Gab es nicht schon zu allen Zeiten ethische, emotionale Fragestellungen im Zusammenhang mit Geld? Sind Gier und Geiz, Neid, Eitelkeit, Geltungs- und Verschwendungssucht denn nicht schlichtweg typisch menschliche Eigenschaften, die uns nun einmal unabdingbar zu eigen sind?

Oder lässt sich die Geschichte der Menschheit auch als eine Geschichte der wachsenden Macht des Geldes lesen, in der de facto eine Wechselwirkung zwischen weltweit wachsendem Kapitalismus und zunehmendem Eigennutz und Entmenschlichung besteht?

Ein kurzer Blick auf die Entstehung der Geldwirtschaft und die Überlegungen und Betrachtungen von Philosophen und Religionsstiftern (mit Schwerpunkt auf das christliche Europa) schafft hier Klarheit, bevor wir uns wieder der Wirkung des Geldes auf unsere intimsten Beziehungen und Gefühle zuwenden.

## 2. Reichtum, Moral und Ethik in Philosophie und Religion

Schon gleich zu Beginn unseres kurzen Ausfluges in die Philosophie und Religion zeigt sich, dass Geld bereits in den Anfangszeiten seiner Entstehung ein Tauschmittel war, aber im Gegensatz zu heute einen ganz anderen Charakter hatte.

Die ersten bekannten Formen des Geldes vor 25.000 Jahren waren neben Gold und Silber zudem Steine und Muscheln. Erst ab 3.000 vor Christi Geburt werden auch Metallwerkzeuge verwendet. Und ab 1.700 v. Chr. gab es in Babylonien dann

Metallmünzen, allerdings keine geprägten, die erst circa 750 v. Chr. im vorderasiatischen Bereich aufkamen.

Mittels dieser Tauschmittel regelten Menschen in sehr frühen Zeiten zuerst ihr Verhältnis zu den Göttern, erst sehr viel später dann auch den Austausch und Handel mit Waren und ihre zwischenmenschlichen Beziehungen.

Doch zunächst wurde Geld den Göttern allein als Opfergabe dargebracht, um sich dadurch ihre Gunst, ihr Wohlgefallen, eine gute Ernte oder Fruchtbarkeit zu sichern. Bei den Pharaonen und Persern ermöglichte es seinen Besitzern nach ihrem Tod zudem den Eintritt in die Welt der Toten.

Das heißt: Geld hatte eine ursprünglich primär symbolische Bedeutung, im Sinn einer Gabe an ein höheres Wesen oder einen Gott. Von daher verwundert es auch nicht, dass viele noch heute verwendete Begriffe aus der »Geldsphäre« religiöser oder magischer Natur sind. So ist das Wort »money« zum Beispiel vom Namen der römischen Fruchtbarkeitsgöttin Juno Moneta abgeleitet. Dass auch Tiere in der Antike als Tauschmittel und Opfergabe an die Götter eine Rolle spielten, drückt sich in dem Wort »pekuniär« aus, das auf das lateinische pecus (= Vieh) zurückgeht. Ebenso leitet sich der Begriff »Kapital« von diesem Ansatz ab (lat. caput, capitis = Kopf). In Texas und anderen Viehzüchtergesellschaften werden »Köpfe« immer noch als Maßeinheit verwendet, und einen reichen Mann definiert man wie ehemals Homer über die Anzahl der Rinder, die er besitzt. Bei afrikanischen Hirtenvölkern wie den Wakamba oder den Watussi war das schon immer so.

Begriffe haben also eine Geschichte und erzählen dadurch, wie und wofür Geld durch die Jahrhunderte hindurch auf verschiedenste Weise eingesetzt, gehandhabt und: vor allem vermehrt wird. Die Vermehrung des Geldes ist heute auf der ganzen Welt das wichtigste Ziel.

Aber dass diese Kapitalisierung der gesamten Welt nicht vom Himmel gefallen ist, sondern eine lange Geschichte hat, können wir ebenfalls mit einem Blick in die Vergangenheit und die Entwicklung verschiedener Geldformen feststellen.

Kehren wir also zu Homer und ins 8. Jahrhundert vor Christus zurück, der den Reichtum eines Menschen noch dadurch ausdrückte, dass er die Anzahl von Vieh benannte, die dieser besaß. Der gleichzeitig aber auch in einer Zeit lebte, in der geprägte Münzen ihren Siegeszug in der gesamten damals bekannten Welt antraten und den bislang üblichen, nicht in Münzen zu bemessenen Gabentausch als soziales Bindungsmittel zunehmend ersetzten.

In der griechischen und römischen Gesellschaft zu Zeiten Homers stellte der Gabentausch die übliche Form dar, freundschaftliche Beziehungen zwischen verschiedenen sozialen Gruppen und Menschen zu knüpfen und zu festigen.

Dazu reiste, besuchte und gewährte man sich gegenseitig nahezu unbegrenzte Gastfreundschaft. Homer beschreibt dieses wechselseitige System des Gebens und Nehmens, bei dem der eine dem anderen über Wochen und Monate hinweg freie Kost und Logis gewährt und ihn zudem noch reichlich – oft mit Gaben aus seinem eigenen Haushalt – beschenkt, ausdrücklich in seiner »Odyssee«.

So schenkt z.B. Menelaos dort dem Telemachos einen silbernen Mischkrug, den er vom König von Sidon erhalten hat. In anderen Fällen sind es feine Stoffe, Metallgegenstände, Silber und Gold, ein Schwert, ein Dreifuß, die gegeben werden. Jeder schenkt dem anderen das, was er je nach Stand, an Besitztümern und Schätzen sein eigen nennt.

Natürlich folgt auf die Gaben nach dem Gesetz der Gastfreundschaft die Erwiderung der Gabe durch eine Gegengabe, aber bei Homer wird deutlich, dass diese Gaben-Beziehungen eben mehr darstellen, als eine Art primitiver Handelsbeziehung – Ware gegen Zahlungsmittel.

Der Gabentausch stellte in Wirklichkeit einen Brauch dar, der nicht primär auf den Gewinn von Reichtum oder persönlichem Nutzen ausgerichtet war. Da hier nur Güter in Form von Gabe und Gegengabe ausgetauscht wurden, lag der Gewinn nur im Gebrauchswert des einzelnen geschenkten Gegenstandes. Darüber hinaus gab es im Gegensatz zu heute keinen »Mehrwert«.

Der Gabenaustausch diente dem Aufbau eines Netzes sozialer gegenseitiger, unauflöslicher Verbindlichkeiten. Man gab, um eine Gegengabe zu erhalten. Wer nichts mehr besaß, das er dem anderen schenken konnte, war entehrt. Als öffentliche Strafe kannte man dementsprechend den Entzug all seiner Besitztümer.

Doch der Gabenaustausch – Ware gegen Ware – wurde zunehmend durch den Tausch Münzen gegen Ware verdrängt. Und spätestens seitdem in Europa das System des Wechsels und das stofflich wertlose Papiergeld eingeführt wurden und unsere Währungen außerdem seit dem 20. Jhdt. nicht einmal mehr von physisch vorhandenem Gold gedeckt werden, ist Geld an keine real existierende und bestimmbare Ware mehr gebunden.

In unserem Eurosystem unterliegt das Gelddrucken keinen Deckungsvorschriften. Es lässt sich beliebig vermehren. Auch ist ein Wechsel oder Kredit keine Ware, sondern ein Vertrag, der keine verlässlichen Sicherheiten mehr bietet, sondern auf der hoffentlich vorhandenen Bonität der Vertragspartner beruht. Es geht damit weit über die reine Tauschwirtschaft hinaus.

Bleiben also die Fragen: Wie sollen wir umgehen mit Geld? Welchen Wert dürfen wir ihm beimessen? Was mit ihm tun oder nicht tun?

Es sind Fragen, um die es schon immer ging, seitdem es »Geld« gibt, und denen sich deshalb auch die Religionsstifter und Philosophen zu jeder Zeit gewidmet haben.

## Sinn und Unsinn des Geldes bei den antiken Philosophen

Wie wir vorher gesehen haben, waren die früheren Gesellschaften, die ökonomischen Strukturen, der Handel und die persönlichen Beziehungen vollkommen anders geartet als heute. In der Antike existierten noch keine »Märkte«, von denen die Menschen sprechen, als ob sie eigenständige, von ihnen unabhängig agierende Mächte wären. Es gab auch noch keine Individualisierung und Industrialisierung – und einen daraus resultierenden Leistungs- sowie Perfektionsanspruch, wie er an den heutigen arbeitenden Menschen gestellt wird.

Umso interessanter ist es, dass es offenbar schon immer bestimmte philosophische Überlegungen und Grundeinstellungen zum Thema »Geld-Haben oder Nicht-Haben« gegeben hat, die sich durch die Jahrhunderte hindurchgezogen haben und auch von heutigen Menschen noch gedacht und gelebt werden, wenn auch in zeitgemäßem Gewand.

So proklamierte der griechische Philosoph Diogenes, der mehr als 200 Jahre vor Platon und Aristoteles lebte, schon damals, worauf sich noch heute so manch moderner Mensch besinnt, der sich weigert, die Anhäufung von Geld als Lebensziel anzuerkennen: ein Leben in Einfachheit und ohne Ansprüche. Diogenes' Ideal des »einfachen Lebens« wirkt tatsächlich seit der Antike ungebrochen bis in unsere Zeit hinein.

Diogenes gilt als klassischer Repräsentant der Bedürfnislosigkeit. Etwa 412 v. Chr. in Sinope am Schwarzen Meer geboren, kam er als Flüchtling nach Athen, wo er aus seiner Armut eine Tugend machte – und in einem Fass lebte. Sein einziger Besitz war eine Kürbisschale, mit der er Wasser schöpfte. Als ihn jemand darauf aufmerksam machte, dass nicht einmal Hunde dieses Hilfsmittel zum Trinken bräuchten, warf er seine Schale auch noch weg. Er war ein Außenseiter und ein provokanter Querulant, der die wohlhabenden Bürger Athens, die er als verweichlicht empfand, mit seinen skurrilen Scherzen herausforderte. Um sich abzuhärten, wälzte er sich im Sommer im glühenden Sand und umarmte im Winter eiskalte Marmorstatuen. Überliefert ist auch jene bekannte Anekdote, nach der Diogenes gerade auf einem Sportplatz in der Sonne lag, als Alexander der Große auf ihn zutrat und ihn bat, einen Wunsch zu äußern, den er ihm natürlich erfüllen werde. Worauf Diogenes nur entgegnete: »Geh mir aus der Sonne.«

Diogenes hat mit seiner praktizierten Armut die kynische Lehre, eine philosophische Richtung der damaligen Zeit, persönlich gelebt.

Die Kyniker zogen wie Landstreicher von Polis zu Polis und lehnten die bestehende Gesellschaft und Kultur komplett ab, die sie ad absurdum führen wollten. Ihrer Ansicht nach legte die staatliche Ordnung dem Menschen Gesetze auf, die seiner Natur nicht entsprachen und mit denen er nichts zu schaffen hatte. Der ganze Plunder der Zivilisation verschüttete für sie die wahre Natur des Menschen, nämlich die, ein tugendhaftes und einfaches Leben zu führen. Für sie galt: Wer nicht ehrgeizig ist, sich nicht von weltlicher Macht beeinflussen lässt, ordnet sich auch nicht unter und macht sich nicht von der Meinung anderer abhängig. Die Kyniker sahen sich als Weltbürger. Und die einzig wahre Staatsverfassung lag für sie im Weltall, im Willen der Götter. Auf die Frage nach seinem Heimatort soll Diogenes dementsprechend geantwortet haben: »Ich bin Weltbürger.«

Auch Sokrates (469 v. Chr. bis 399 v. Chr.) meinte, dass die Bedürfnislosigkeit der göttlichen Vollkommenheit am nächsten käme. Er griff auf, was schon die Kyniker vor ihm als »gut« und »richtig« ansahen.

Ebenso betrachtete Platon (428 v.Chr. bis 348 v.Chr.) ein tugendhaftes Leben in diesem Sinne als oberstes Ziel. Jedoch forderte er einen allgegenwärtigen und mächtigen Staat, der die Bedingungen für dieses tugendhafte Leben schaffen sollte.

Sowohl die Ablehnung des Staates (seitens der Kyniker) als auch die Befürwortung des Staates (wie bei Platon) haben also eine lange Tradition, die bis heute nachwirkt.

In seiner »Politeia« erklärte Platon, wie das Geld als notwendiges Tauschmittel entstand, um damit die Ungleichheit verschiedener Waren im Austausch auszugleichen. »Der anfängliche Tauschhandel hatte einen durchaus natürlichen Ursprung, indem die Menschen von einem Gegenstand mehr und von einem anderen weniger haben, als sie bedürfen.«

Der Grund für diese philosophischen Reflexionen waren konkrete historische Hintergründe: Innerhalb größerer Ansiedlungen wurde zunehmend immer mehr Arbeitsteilung notwendig. Es gab nicht mehr nur Bauern, sondern auch Handwerker und Händler. Was den einen mangelte, wurde gegen das, was man im Überfluss besaß, eingetauscht. Die Verwendung von Geld erleichterte die Art von Tauschgeschäften, die man nun miteinander pflegte. Somit wurde Geld ein Geburtshelfer des Handels und brachte Fortschritt in der Geschichte.

Aristoteles sieht den Sinn und Zweck des Geldes ebenfalls darin, dass es als Wertmesser und Tauschmittel bei Warengeschäften dient, denn alles, was man tauschen kann, muss auf irgendeine Weise vergleichbar sein. Da es Geld nicht von

Natur aus gibt, sondern es vom Menschen allein zum Zweck des Warenaustauschs geschaffen wurde, kann der Mensch es auch verändern oder wertlos machen.

Ökonomie ist für Aristoteles deshalb die Lehre, wie man einen Haushalt richtig führt. Dazu gehört für ihn neben der Regierung eines Hauses auch die sittliche Lehre und Anleitung zum gedeihlichen Zusammenleben aller zum Haus gehörenden Menschen. Ökonomie ist für ihn daher auch die Kunst des Erwerbs, der Verwaltung und Mehrung des häuslichen Besitzes.

Geld selbst erzeugt bei Aristoteles nur Geld, also etwas an sich »Unfruchtbares«. In der aristotelischen Vorstellung dient es nicht dazu, einem Lebensbedürfnis direkt abzuhelfen. Das geschieht allein durch den Reichtum an Gebrauchsgütern. Denn die Haushaltskunst hat ihren Zweck darin, Nahrung und Versorgung der Menschen sicherzustellen. Dagegen hat Reichtum in Form von Geldbesitz für Aristoteles kein natürliches Ziel, keinen Zweck an sich, und kennt deshalb auch keine Schranken. Er hat also zum Zins-Geldgeschäft eindeutig Stellung bezogen: Geld, das sich durch Zinsnahme vermehrt, ist denaturiert.

Eine innere Unabhängigkeit, gemischt mit einem gesunden Pragmatismus in Bezug auf Geld und Besitz, lehrte Aristipp, ein Vertreter des radikalen Hedonismus. Er bestand darauf, dass das Ziel des Lebens größtmögliche Lust, also der Genuss eines Optimums an körperlichen Freuden sei. »Ich besitze, ich werde nicht besessen.« Das soll einer seiner Maximen gewesen sein. Er stammte aus einer wohlhabenden Familie, ließ sich für seinen philosophischen Unterricht bezahlen und war für seine heitere Vornehmheit wie für seine innere Unabhängigkeit berühmt. Heutzutage würde er wohl als ein Mensch auftreten, der ohne finanzielle Sorgen ein lustbetontes, gelassenes und unabhängiges Leben führt, ohne Geld zu verachten und ohne es anhäufen zu wollen.

Für Epikur, der eine weniger radikale Auffassung als Aristipp vertrat, aber gleichfalls Lust als höchstes Lebensziel ansah, bedeutet diese »Lust« allerdings vornehmlich Seelenruhe (ataraxia) und die Abwesenheit von Schmerz (apanoia). Nach Epikur kann daher die reine Befriedigung von Begierden nicht Ziel des Lebens sein, da dieser Art von Lust automatisch die Unlust folgt. Epikur riet seinen Schülern deshalb, das Dasein gelassen zu nehmen und sich mit dem zufrieden zu geben, was man vom Leben geschenkt bekommt.

Die wichtigsten römischen Vertreter der stoischen Philosophie sind Epiktet, Marc Aurel und Seneca, die ebenfalls die Verachtung materieller Güter lehrten und zur Mäßigung und Zurückhaltung rieten. Sie proklamierten nicht Enthaltsamkeit, sondern Genügsamkeit und die Verachtung aller Extreme. Sie empfahlen, nichts im Übermaß zu wollen und zu machen. Sie betonten die rechte Mitte, sowohl im Umgang mit materiellen Gütern als auch im Umgang mit Gefühlen.

Für die Stoiker galt allein die »Tugendhaftigkeit« als einzig wichtiges Gut. Gesundheit, Glück und Besitztümer erachteten sie als unwesentlich. Sie lehrten, dass die Tugendhaftigkeit allein durch Willenskraft zu erreichen wäre, und alles wirklich »Gute« und »Schlechte« im Menschen daher von ihm selbst abhinge. Er müsse sich nur bewusst für die Tugendhaftigkeit entscheiden und dementsprechend leben. Wenn ein Mensch arm sei oder werde, bedeute dies gar nichts für sein Seelenheil, da er immer noch tugendhaft sein könne. Die Stoiker waren wie schon Diogenes der Meinung, dass andere Menschen nur dann Macht über uns ausüben können, wenn wir uns in unseren Beziehungen zu diesen auf materielle Interessen fokussieren. Wenn sich ein Mensch hingegen über irdische Wünsche erhebe, habe er vollkommene Freiheit.

Ein wichtiger Vertreter des Stoizismus war Seneca (etwa 3 v. Chr. bis 65 n. Chr.). Er verfasste den »Brief über das glückliche Leben«, war einer der erfolgreichsten Schriftsteller seiner Zeit und neben dem römischen Kaiser einer der mächtigsten Männer des römischen Reiches. Dennoch oder vielleicht gerade deshalb meinte er, dass wir gar nicht wissen, wie viele Dinge, an die wir uns gewöhnt haben, eigentlich überflüssig sind – bis wir anfangen, ohne sie auszukommen. Senecas Beschäftigung mit dem Thema »Glück« brachte ihn zu einer distanzierten Haltung gegenüber allen Besitztümern. In seiner »Verzichtsphilosophie« meinte er, dass das, was man gemeinhin Glück zu nennen pflegt – Vergnügen, Lust und Freude –, unwichtig sei. Wahre Freude läge nicht im Genuss, sondern in der Mäßigung.

Die antiken Philosophen waren sich also mehr oder weniger darin einig, dass es nicht auf den äußeren, sondern auf den inneren Reichtum ankommt. Sie empfahlen, dass wir gut daran täten, eben nicht immer nach einem »Mehr« an Geld und Besitz zu streben, sondern vielmehr nach einem vernunftbestimmten, genügsam-maßhaltenden Leben.

Dies galt sowohl im alten Griechenland als auch im alten Rom als Tugend und äußerste Herausforderung an die ökonomische Kunst.

## Glück und Moral: Die Philosophen der Neuzeit

Erst die Philosophen des 17. und 18. Jahrhunderts haben zunehmend wieder Aristipps Idee verfolgt, dass es Ziel des Lebens sei, sich Wünsche zu erfüllen. Die Erfüllung dieser Wünsche war jedoch mit dem Menschenbild verknüpft, das die Aufklärung hervorgebracht hatte: der Mensch als vernünftiges, d.h. rationales Wesen, das sich zwar Gott gegenüber zu rechtfertigen hat, aber dennoch eigenverantwortlich und selbstbestimmt lebt. Aus dieser Kombination von Rationalität, Selbstbestimmtheit und Säkularisierung entfaltete sich eine Philosophie, die bis heute ihre Spuren hinterlassen hat. Sie ist untrennbar mit der Industriellen Revolution und der Entstehung des modernen Kapitalismus verbunden.

Spätestens seit dem 18. Jahrhundert entstehen daher immer mehr neue ethische Theorien, in denen das Philosophieren über ein gutes, glückliches Leben – im Gegensatz zur Antike – nicht mehr mit allgemeingültigen moralischen Überlegungen einhergeht, sondern Glück zunehmend auf das individuell Gute reduziert wird.

Werfen wir in diesem Zusammenhang einen Blick auf den schottischen Moralphilosophen und revolutionären Ökonom Adam Smith (1723–1790), der als Schlüsselfigur für die Entwicklung der modernen Ökonomie und als Begründer der modernen Volkswirtschaftslehre gilt.

Smith beantwortete die aristotelische Kernfrage: »Was ist bedeutsamer: das allgemeine, gesellschaftliche Glück oder das persönliche, individuelle Glück?« mit einem eindeutigen Zuschlag für das Individuum. Er glaubte, dass das allgemeine, gesellschaftliche Glück maximiert werde, indem jedes Individuum im Rahmen seiner gesellschaftlichen Grenzen versucht, sein persönliches Glück zu erhöhen.

In seinem Buch »Wohlstand der Nationen« führt er ferner aus, dass der Einzelne gerade dadurch, dass er aus Eigennutz seine Produktivität und Erträge steigern will, das Interesse der Gesellschaft stärker fördert, als wenn er dieses Interesse direkt hätte fördern wollen: »Er wird in diesem wie auch in vielen anderen Fällen von einer unsichtbaren Hand geleitet, um einen Zweck zu fördern, den zu erfüllen er in keiner Weise beabsichtigt hat.«

Mit der Grundannahme der »unsichtbaren Hand«, eine Art säkularisierter Gottesidee, die das Verhältnis von Angebot und Nachfrage auf dem Markt so reguliert, dass es im Ergebnis dem Gemeinwohl dient, setzte Smith neue Maßstäbe und schuf die Definition des modernen ökonomischen Menschen. Das bis dahin geltende Verständnis von Ökonomie wurde durch diese Grundannahme Smiths radikal verändert.

Joseph Vogl hat die Hauptaspekte dieser »neuen Philosophie« von Adam Smith und ihre Auswirkungen auf die Marktwirtschaft in seinem Buch »Das Gespenst des Kapitals« prägnant zusammengefasst:

1. Smith bezeichnet das Regulieren als »Unheil«. Der Staat habe sich aus diesem Grund aus der Wirtschaft herauszuhalten. Die Wirtschaft regiert sich durch die »unsichtbare Hand« selbst und hat sich dem Staat nicht unterzuordnen. Das heißt, der Mechanismus des Marktes wird vielmehr zum Test für die Effizienz des Staates – seiner Gesetze, Institutionen und Verwaltungen – und nicht umgekehrt.

2. Der neue »ökonomische Mensch« braucht den »weisen Gesetzgeber« und den umsichtigen Politiker nicht mehr. Denn er baut auf ein Gesetz, das besser »regiert« als jeder Regent: eben die »unsichtbare Hand des Marktes«.
3. Der Markt ist dementsprechend nicht nur ein Schauplatz, er ist auch ein Ort sozialer Ordnung. Er schafft vorhersehbare Fakten und folgt darin einem Naturgesetz.
4. Die ökonomischen Akteure sind für nichts und für niemanden mehr verantwortlich, denn die ominöse unsichtbare Hand »denkt für sie mit«. Diese »Hand« wirkt in der Preisbildung freier Märkte wie eine »Vorsehung«: Sie wendet den Menschen und den Wirtschaftsverkehr zum Wohle aller.

Kennen wir diese Ansichten nicht zur Genüge aus vielen heutigen Stellungnahmen? Die Schlussfolgerungen sind bekannt: Nicht die Menschen und die von ihnen in Gesetze gegossenen Regeln, sondern der Markt selbst reguliert sich und alles andere. Eingriffe und Reglements sind deshalb schädlich, die Politik soll sich aus der Wirtschaft heraushalten.

Wir haben es hier also mit einer vom Menschen völlig unabhängigen, beinah schon übernatürlichen Macht zu tun, die sich selbst korrigiert. Der Mensch ist in Bezug auf den Markt von jeder Eigenverantwortung freigestellt.

Vogl schreibt dazu: »Seit dem 18. Jahrhundert – und bis heute – ist also die Theorie freier Märkte damit beschäftigt, dem Marktgeschehen eine vorbildliche Ordnungsleistung zu attestieren und damit einen Standard zu schaffen, der besser als jedes andere Modell das Maß für eine harmonische Gesellschaftsordnung bereitstellen kann.«

In diesem Kontext wurden im 18. Jahrhundert also neue ethische Theorien entwickelt, nicht nur von Adam Smith. Und natürlich gab es diesen auch strikt zuwiderlaufende philosophische Theorien, wie jene von Kant, Marx, Albert Schweitzer oder dem amerikanischen Philosophen H. D. Thoreau, dem ersten bewussten »Aussteiger«, der lange Zeit völlig zurückgezogen im Wald lebte, um besser und unabhängig von der Gesellschaft nachdenken zu können.

Doch dass das Pendel in der Praxis immer mehr zugunsten Smiths hedonistisch-individueller Ökonomie ausschlagen würde, konstatierten im 19. Jahrhundert bereits hellsichtig der deutsche Philosoph Georg Wilhelm Friedrich Hegel: »In der bürgerlichen Gesellschaft ist jeder sich selbst Zweck, alles andere ist ihm nichts oder nur Mittel zum Zweck«, wie auch der Soziologe Max Weber, der die Folgen der einmal entwickelten Theorie für den Einzelnen wie folgt beschreibt: »Die heutige kapitalistische Wirtschaftsordnung ist ein ungeheurer Kosmos, in den der Einzelne hineingeboren wird und der für ihn, wenigstens als Einzelnen, als faktisch unabänderliches Gehäuse, in dem er zu leben hat, gegeben ist. Er zwingt dem Einzelnen, soweit er in den Zusammenhang des Marktes verflochten ist, die Normen seines wirtschaftlichen Handelns auf. Der Fabrikant, welcher diesen Normen dauernd entgegenhandelt, wird ökonomisch ebenso unfehlbar eliminiert, wie der Arbeiter, der sich ihnen nicht anpassen kann oder will, als Arbeitsloser auf die Straße gesetzt wird.«

Hegel und Weber haben damals schon geahnt und vorweggenommen, wo wir heute nach Meinung vieler Experten angekommen sind: in einer Gesellschaft von Individualisten, in der sich jeder selbst am nächsten steht und die solidarische Gemeinschaft wenig gilt.

Wie wir sehen, hängen die reale Geschichte und die sie reflektierende Philosophie in Bezug auf die Geldthematik mehr zusammen, als man es auf den ersten Blick meinen könnte.

### Gottesglaube statt Geldanhäufung in den Weltreligionen

Und wie sieht es nun mit der Religion aus? Hat auch sie wie die Philosophie etwas mit Geld zu tun? Durchaus – und zwar aus mehreren Gründen.

Zum einen: In allen großen Weltreligionen besteht die Tendenz, das Streben nach irdischem Reichtum abzulehnen. Von allen Religionsstiftern wird zu jeder Zeit in zahllosen theologischen Schriften von den Reichen gefordert, ihr Eigentum zu sozialisieren und mit den Ärmeren zu teilen. Im Prinzip sind alle Weltreligionen dem Reichtum, der Habgier und der Macht gegenüber kritisch eingestellt. Die Antwort auf die Frage, warum dies so ist, liegt nahe: Wer an Gott, an Götter oder etwas Höheres glaubt, kann nicht gleichzeitig dem Mammon dienen.

Allen Weltreligionen ist eine Moral respektive Ethik zu eigen, durch die dem Gläubigen vermittelt wird, was er in Gottes Namen zu tun oder zu lassen hat. Diese Moral ist aus dem Glauben an Gott abgeleitet. Und hier spielt natürlich die Frage eine Rolle, wie ein gläubiger Mensch mit Geld umgeht oder umgehen soll. Das ist der moralisch-ethische Aspekt.

Zum anderen: Auch wenn wir heute nicht mehr davon ausgehen können, dass zumindest die christlichen Kirchen in den säkularisierten europäischen Ländern noch den gleich großen gesellschaftlichen Einfluss wie früher haben, leben wir doch noch immer in einer von christlichen Werten geprägten Gesellschaft. Die Macht der inneren Bilder – die Erbsünde, der schuldige Mensch, die sieben Todsünden und das Jüngste Gericht wirken trotz der Säkularisierung in den Köpfen und Herzen der Menschen weiter, auch wenn sie selbst sich nicht mehr als gläubige Christen bezeichnen würden.

Das Schuldbewusstsein, die Schuldgefühle, die bei vielen Menschen – gerade im Zusammenhang mit Geld – tief sitzen, verdrängt oder aber »ausagiert« und abgewehrt werden, müssen in diesem Zusammenhang erklärt werden: Schuldgefühle wegen Schulden, Schuldgefühle, reich zu sein, Schuldgefühle, die kompensiert werden durch Geiz, durch zu viel Freigiebigkeit usw. Ohne die Verinnerlichung des christlichen Menschenbildes wären viele Schuldgefühle gar nicht erklärlich. (Vgl. dazu das Kapitel über Schuld und Schuldgefühle.) Das ist der psychische und ideelle Aspekt.

Auch wenn ich hier keine vollständige Übersicht über das Verhältnis »Gottesglaube und Geld« geben will und kann, werde ich anhand einiger Aspekte aufzeigen, wie tief verwurzelt die Verflechtungen von Religion und Geld sind – bis hinein in unsere Gefühle und unserem Umgang mit Geld.

## Armut und Reichtum als Widerspruch

### *Christentum*

»Nichts haben, alles besitzen, so lässt sich die Haltung von Weisen aus allen Weltreligionen, zu allen Zeiten beschreiben. Nur wer sein Herz an nichts Geschaffenes hängt, wer loslassen kann, woran andere hängen, der ist wirklich frei.« Das schreibt der christliche Theologe Anselm Grün und ist sich darin mit den antiken Philosophen einig. Man könnte es auch so sagen: Hänge dein Herz nicht an leblose Dinge!

Von Anbeginn des Christentums steht die christliche Religion auf Seiten der Armen. Alle Religionsstifter waren nicht zuletzt Revolutionäre, die mit ihrer Glaubenslehre die damals bestehenden Macht- und Besitzstrukturen aufbrechen und verändern wollten. Der Zweck menschlichen Daseins sollte nicht sein, dass Menschen sich bereichern. Vielmehr sollte der unschuldige Zustand, in dem der Mensch von Gott geschaffen wurde, wiederhergestellt werden, um das wahre Leben im Paradies zu erlangen. Dem Reichtum haftete ein Stigma an, er war ein Zustand ohne Erlösung, voller Gefahren für die Seele.

Drastisch wird im Alten Testament die Geschichte Hiobs erzählt, in der es um die Urangst des Menschen geht, seinen gesamten Besitz zu verlieren: Hiob war ein mächtiger Scheich, der siebzig Jahre lang nur Reichtum und Erfolg kannte – ein mächtiger Großgrundbesitzer, der 7.000 Schafe, 3.000 Kamele, unzählige Rinder, sieben Söhne und drei Töchter und unendlich viel Gesinde besaß. Schon die Reihenfolge der aufgezählten Güter lässt vermuten, dass Reichtum die Wertigkeiten im Leben verändert, Besitz präsentabler ist und mehr im Vordergrund steht als die eigene Familie. Weit und breit war niemand so wohlhabend und glänzend wie Hiob. Er fühlte sich prächtig, fand sich im Einklang mit sich selbst, seinen

Mitmenschen und mit Gott. Eines Tages kam ein Bote mit einer Botschaft zu ihm, dass seine Rinder, Esel und Knechte von einer Bande von Nomaden gestohlen worden waren. Dem Boten, der diese »Hiobsbotschaft« überbrachte, folgten weitere Boten, die ihm vom Verlust seiner Kamele und der Ermordung der Kameltreiber berichteten. Schlussendlich kam ein weiterer Bote mit der schlimmsten Nachricht, dass ein Sturm das Haus seiner Kinder abdeckte, das Haus zum Einsturz brachte und die Kinder dabei ums Leben kamen. Als letzten Schicksalsschlag traf Hiob ein schrecklicher stinkender Hautausschlag und entstellte ihn. Heute könnte man wohl an eine psychosomatische Reaktion denken.

Die Frage, die sich Hiob in seinem Leid stellte, war: Warum werde ich, der ich Gott immer verehrt habe und gerecht war, in ein solches Unglück gestürzt? Hiob konnte nicht begreifen, warum ihn Gott strafte, und haderte mit seinem schlimmen Schicksal. Doch plötzlich unterwarf er sich und kam zu der Erkenntnis, dass er wohl zu leichtfertig gewesen sei und dass es kein Recht auf Glück gäbe. Darauf ist Gott von der Einsichtigkeit Hiobs so angetan, dass er ihn reichlich belohnt. Hiob lebte noch 140 Jahre. Zudem bekam er für die sieben verlorenen Söhne noch vierzehn neue und erlangte seine Reichtümer zurück.

Thematisiert in dieser Geschichte wird, ob wir unser Glück oder Unglück verdienen. Im Allgemeinen taucht diese Frage erst im Unglück auf. Denn wer erfolgreich ist, denkt für gewöhnlich, dass ihm dieser Erfolg zusteht.

Durch das ganze Alte Testament zieht sich wie ein roter Faden, dass Reiche den Armen von ihrer Fülle geben sollten. Dabei wird weniger der Reichtum als solcher verworfen, sondern allein der geizige, kaltherzige und wucherische Reiche, der sich in satter Selbstzufriedenheit von Gott und seinen Mitmenschen abwendet.

Im Neuen Testament wird etwas subtiler auf die Nachteile des Reichtums verwiesen: So steht im Matthäus-Evangelium, dass ein Kamel eher durch ein Nadelöhr gehe, als dass ein Reicher in den Himmel komme. Und in der Bergpredigt sagt Jesus, dass man nicht gleichzeitig Gott und dem Mammon dienen kann. Denn wer sich einer fremden Macht unterordnet, nämlich dem König Mammon, und sich fixiert auf Macht und Geld, wird nie frei sein. Mammon ist interessanterweise der Ausdruck für unredlich erworbenen Besitz. Im Volksglauben wird er später zu einem Dämon, der die Menschen dazu verführt, geizig und habgierig zu sein.

Im Neuen Testament heißt es, dass man nicht versuchen solle, die ganze Welt zu gewinnen, da dies bedeuten würde, sich selbst zu verlieren. Das Streben nach Reichtum sei mit der Todsünde »Geiz« identisch. Der Prophet Amos droht den reichen Israeliten: »Die ihr die Schwachen unterdrückt und die Armen zermalmt – seht, Tage kommen über euch, da holt man euch mit Fleischerhaken weg.«

Und Paulus legt allen Gläubigen die Mahnung ans Herz: »Wir haben nichts in die Welt gebracht und werden auch ohne Zweifel nichts mitnehmen. Wenn wir Nahrung und Kleider haben, so seien wir damit zufrieden! Denn wer reich werden will, der fällt in Versuchung und in die Fänge des Teufels, wie viele unnütze und schädliche Gelüste, welche den Menschen in Untergang und Verderben stürzen. Selbst wenn der Reiche nicht noch reicher werden will, so wird er nur schwer ins Himmelreich eingehen. Denn der Reichtum lässt sich leicht verschmähen, solange man ihn nicht besitzt, besitzt man ihn aber, so ist es schwer, ihn nicht zu lieben.«

Da Reichtum als bittere Arznei und als große Gefahr für das geistig und seelisch gesunde Leben erachtet wird, werden den Reichen in der Bibel unvermeidlich Ratschläge gegeben, wie sie diese vermeiden können. Dort heißt es zum Beispiel: »Wer reich ist, soll schenken«; »Den fröhlichen Geber hat Gott lieb«; »Er kommt niemals in Versuchung, Steine statt Brot zu geben«; »Er klammert sich nicht an die Dinge der Welt, er kann sie leicht weggeben und wird bereichert durch die Freude, die er bereitet, und es bewahrheitet sich an ihm, dass Geben seliger denn Nehmen ist.«

Die christliche Geschichte zeigt, dass diese Worte nicht nur gepredigt, sondern auch gelebt wurden. Seit den Anfängen der christlichen Zeitrechnung führten in der Nachfolge Jesu viele Heilige, Ordensstifter, wie Franz von Assisi, und Gläubige ein Leben, das auf Armut und Verzicht basierte und an das der Kyniker erinnerte. Sie fasteten und beschränkten sich in ihrer Ernährung auf ein paar einfache Lebensmittel. Sie wuschen sich nicht, trugen nur Lumpen, schliefen auf dem nackten Erdboden und leisteten auf vielerlei Weise oft bis zur extremen Selbstkasteiung hin Verzicht.

Dabei ging es nicht nur um den frommen Lebenswandel und den Verzicht, die eigenen physischen Bedürfnisse zu befriedigen. Es ging auch um die Arbeit und den Dienst an der Gemeinschaft der Gläubigen. Müßiggang, hieß es zum Beispiel bei den Benediktinern, sei ein Feind der Seele, weshalb ein weiterer Grundsatz auch lautete: »Ora et labora!« (Bete und arbeite).

Eine besondere Bedeutung und Vorbildfunktion hatten aus diesem Grund auch Menschen, die aus reichen Verhältnissen stammten, aber alles aufgaben, um ein Leben in Armut und Askese zu führen, wie zum Beispiel der heilige Augustinus, der in seiner Jugend allen Sinnesgenüssen frönte, um ihnen dann später komplett zu entsagen. Oder der vornehme Römer Alexius, der erst bettelnd durch die Welt zog und danach jahrelang unerkannt unter der Treppe seines Elternhauses lebte, wo er sich nur von Essensresten ernährte.

Der Tenor war immer der gleiche: Reichtum war für das eigene Seelenheil gefährlich. Der christliche Wertekanon ließ es deshalb nicht zu, dass Menschen ihre außerordentliche Selbstliebe mit dem Streben nach Besitz verbanden. Die Menschen sollten Gott lieben und nicht sich selbst und ein bequemes Leben.

Hatte das frühe Christentum in unmittelbarer Nachfolge Christi die Religion des Teilens noch gelebt, praktizierten die späteren Glaubensvertreter einer sich immer mehr als weltliche Macht etablierenden Kirche zunehmend das Gegenteil. Reichtümer und Schätze wurden geradezu angehäuft, und Wohlleben und Bequemlichkeit breiteten sich gerade untern höheren geistlichen Würdenträgern aus. Die kirchlichen Glaubenssätze wurden korrumpiert und von innen heraus ausgehöhlt. Denn die Macht und die Besitztümer, die die Kirche erworben hatte, wollten behalten und erhalten sein. Auch die Kriege, die man im Namen Gottes u.a. deshalb gegen die eigenen und fremdländischen Fürsten führte, kosteten Geld, das man sich entweder bei reichen Finanziers wie den Fuggern oder anderen Geldhäusern lieh und/oder wiederum anlegte. Was nach damaligem Kirchenrecht verboten war. Doch sogar der Papst nahm die Dienste der Bankhäuser gerne an, borgte sich Geld bei ihnen und lies die darauf fälligen Zinsen als päpstliche Geldgeschenke deklarieren. Auch das offizielle kirchliche Zinsverbot, das eine kaum zu überschätzende Erschwerung der Bankenentwicklung darstellte und als Teil des kanonischen Rechts Ausdruck der ablehnenden Haltung der Kirche gegenüber einer ungebändigten Kommerzialisierung der Wirtschaft war, wurde mehr und mehr umgangen.

Über die Jahrhunderte hinweg spitzte sich der Konflikt zwischen christlichen Werten und kirchlichem Reichtum immer mehr zu. Die Kirche verkaufte Macht, Erlösung und Wunder gegen Geld; der Ablasshandel blühte, und der Verkauf von Kirchenämtern wurde zu einer immer wichtigeren Geldquelle.

Immer wieder gab es daher bis hin zu Luther christliche Reformer und Ordensbewegungen, die gegen diese Art von Doppelmoral und ihre Praktiken wetterten und die Ideale Christi anmahnten.

Trotz Reformation verloren die Reformer letztendlich den Kampf um die Integrität des christlichen Glaubens. Was nicht zuletzt dazu führte, dass – wie wir im letzten Kapitel erfahren haben – Aufklärung und Industrielle Revolution so leicht das Ihre dazu beitragen konnten, nicht nur die Wirtschaft, sondern auch die Einstellungen der bürgerlichen Gesellschaft immer mehr zu kommerzialisieren.

Je mehr die Kirche und damit auch die christliche Lehre durch ihr Tun an Glaubwürdigkeit verlor, desto mehr wandten sich die Gläubigen anderen Lehren zu:

Der Glaube an Immaterielles nahm im Laufe der Zeit immer mehr ab, während gleichzeitig der Glaube an Materielles zunahm. Eine Entwicklung, die sich auch in der Verwendung doppeldeutiger Begriffe ausdrückt: Man erzielt einen Erlös und ist dementsprechend erlöst, man leistet einen Offenbarungseid, geht auf eine Messe –, das kann ein Hochamt sein, aber auch eine Automesse. Der Preis, den man mit einer Ware erzielt, steht in Zusammenhang mit der Lobpreisung Gottes: Es geht sowohl um die »Schöpfung« wie auch um die »Wertschöpfung«. Das Wort »Profit«, das in der Bibel ursprünglich »Gewinn für die Seele« bedeutete, bezeichnete später nur noch materiellen, sprich finanziellen Gewinn.

Am deutlichsten offenbart sich der Übergang vom Glauben an Gott – und damit an immaterielle Werte – zum Glauben an die materielle Macht des Geldes jedoch in den beiden Worten »der Gläubige« und »der Gläubiger«. Da es sowohl in der Religion wie in der Kapitallogik um den Glauben geht, wird auch die gleiche Wortwurzel verwendet. Der Bedeutungsunterschied entsteht allein durch die Hinzufügung des Konsonanten »r«. Wenn wir uns jetzt noch vor Augen führen, dass der Bedeutungswandel in einer Epoche geschieht, in der das Bürgertum zunehmend *glaubte*, Glück bedeute, nur für sich selbst Reichtum zu schaffen – tritt der Bezug zu Smiths Theorie klar zutage und damit auch die von der Gesellschaft zunehmend anerkannte und deshalb fortschreitende Entwicklung zum Egoismus.

Der eine Glaube löste den anderen ab. Gleich bleibt sich jedoch, dass in der Religion wie in Geldgeschäften der »Erfolg« vom Glauben und Vertrauen derjenigen abhängt, die in die Kirche oder in die Bank gehen. Die Kirchen und die Banken haben so gesehen ein ähnliches Problem. Sie vermitteln, dass man Vertrauen in Gott resp. in die Bank haben muss. Ohne diesen Glauben brechen religiöse Systeme und Geldsysteme zusammen. Kein Mensch besucht mehr einen Gottesdienst, würde er nicht glauben. Kein Mensch würde sein Geld auf die Bank bringen, wenn er nicht mehr daran glaubt, dass sein Geld dort sicher ist und die Bank in seinem Sinn damit wirtschaftet.

Doch wie wir wissen, sind der Glaube an Gott und der Glaube an die Banken im Schwinden begriffen. Wir lebten bis vor ein paar Jahren in dem Vertrauen, dass die bunt bedruckten Scheine, die wir mit uns herumtragen, einen Wert besitzen und auf unseren Konten in Sicherheit sind. Dieses Vertrauen ist spätestens seit der Bankenkrise 2008 schwer erschüttert. Und uns ist erschreckend klar geworden, dass Geld etwas virtuell Geschaffenes darstellt und wir besser nicht auf sein Glücks- und Heilsverspechen bauen sollten.

*Islam*

Auch in den östlichen Kulturen und Religionen kennzeichnen moralische Werte und ein einfacher Lebensstil den Weg zu innerem Frieden und Zufriedenheit. Von Allah soll der Ausspruch stammen: »Die Armut ist mein Stolz«, und nach dieser Maxime verhielt sich auch sein Prophet Mohammed, der in seinem Haus keine Möbel hatte. Er war der Ansicht, dass man wie ein Reisender durchs Leben gehen soll, der sich nur einen Moment im Schatten ausruht und dann weiterzieht. Ein

Haus sollte nichts anderes sein als ein Platz zum Verweilen. Schutz vor Kälte, Hitze und wilden Tieren bieten und den Frieden des Privatlebens bewahren. Überfluss und Prunk lehnte Mohammed ab.

»Das Gute, das ein Mensch in seinem Leben schafft, ist sein wirklicher Reichtum.« Dieser Satz wird dem Propheten zugeschrieben. Wie im Christentum gilt auch im Islam: »Du darfst reich sein, wenn du Gutes tust.« Dieser Forderung wurde dem Zakat, dem Gebot des Almosengebens, durch die Einführung einer Armensteuer entsprochen. Jeder Muslim hatte Jahr für Jahr 2,5 % seines gesamten Vermögens abzugeben, um die Armen zu unterstützen. Wer reich war, musste die Fürsorge und Verantwortung für diejenigen übernehmen, die nicht reich waren.

Das Almosengeben gehört zu den fünf Säulen der Rechtsgläubigkeit. Im Koran wird deshalb die Notwendigkeit betont, sich um jene zu kümmern, die im arabischen Stammessystem zu den bedürftigen Außenseitern zählten. Offensichtlich hat dieser Wertekanon zu einer kulturellen Blütezeit geführt, die auch mit großem Reichtum verbunden war. Denn vom 9. bis zum 13. Jahrhundert erreichten die Wirtschaft und die Wissenschaften in der islamischen Welt ungeahnte Höhen. Die islamische Gesellschaft war in dieser Zeit weitaus freier, sozial durchlässiger, der Staat rechtstreuer und toleranter als im mittelalterlichen, christlich geprägten Europa. Das Paradies stand reichen Menschen, die Gutes taten, offen, d.h. wenn sie sich sozialverträglich verhielten.

Interessant ist, dass trotz eines bestehenden Zinsverbotes Reichtum im Islam entstand. Im Islam gilt das Zinsverbot bis heute. Es gibt aber einige Varianten, um das Zinsverbot zu umgehen, beispielsweise durch Gemeinschaftsunternehmen. Der Geldgeber erhält dann zwar keinen Zins, er wird aber an den Erträgen der Firma beteiligt, die wiederum wie ein Zins wirken. Das Zinsverbot spielt bis heute bei frommen Muslimen eine Rolle. Sie gehen in die Moschee, beten, fasten und halten Geschäft und Glauben getrennt. Geschäftlich erfolgreich sind sie trotzdem.

*Der Buddhismus*

Wie in den anderen Weltreligionen geht es auch in der durch den Buddhismus geprägten Welt darum, auf Geld und Reichtum zu verzichten, um einem höheren Lebensziel zu entsprechen.

In einem der ältesten buddhistischen Texte, der Dhammapada – eine Sammlung der Sprüche Buddhas – steht: »Der eine Pfad führt zum Gewinn, der andere zum Nirwana.«

Die Lebensgeschichte Buddhas erzählt seinen Weg vom Reichtum in die Armut: Siddharta Gautama, ein reicher Prinz, verließ eines Tages seinen Palast. Auf seiner Reise durch das Land sah er das erste Mail in seinem Leben, wie arm und erbärmlich viele Menschen lebten. Diese Erfahrungen schockierten ihn so sehr, dass er sein bisheriges Leben einer radikalen Prüfung unterzog und sich danach völlig neu orientierte. Er gab seinen ganzen Besitz auf und verzichtete auf alle Annehmlichkeiten, um sich auf den beschwerlichen Weg zu machen, Buddha, der Erleuchtete, zu werden. Den Überlieferungen nach schrieb er: »Wer seinen Wohlstand vermehren möchte, der soll sich ein Beispiel an den Bienen nehmen: Sie sammeln den Honig, ohne die Blumen zu zerstören. Sie sind sogar nützlich für die Blumen.«

### *Resümee*

Die weit verbreitete philosophisch wie religiös fundierte Meinung ist, dass das Streben nach Reichtum und materiellen Werten und das Streben nach innerlichen moralischen Werten sich ausschließen. Doch trotz aller Verzichts- und Armutslehren breitete sich das Streben nach Macht und Reichtümern unter den Menschen über die Jahrhunderte hinweg immer mehr aus. Geld verführt, blendet und verselbständigt sich zu einem »Idol«. Es steuert nicht nur die wirtschaftlichen Geschäfte der Menschen, sondern auch deren Seelen.

Und weil Geld als scheinbar »neutrales Mittel« eine solche Wirkung auf die Psyche des Menschen hat, haben die Philosophen und die Religionsstifter aller Zeiten Regeln und Empfehlungen gegeben, wie Menschen am besten mit sich und Geld umgehen sollen:

Du darfst nicht reich sein, also verbirg es vor anderen. Wirst du reich, machst du dich schuldig. Wenn du nichts abgibst von dem, was du hast, bist du ein Schuft. Du darfst nicht neidisch und geizig auf Menschen sein, die mehr haben als du … usw. usw.

Es sind Glaubens- und Leitsätze, die wir verinnerlicht haben. Gleichzeitig leben wir jedoch in einer kapitalistischen Welt, die ganz andere Wertigkeiten und Forderungen an uns stellt. Forderungen, die ganz andere Wünsche und Befürchtungen in uns wachsen lassen und in diametralem Gegensatz zu einem selbstgenügsamen und auf ideelle Werte gerichteten Leben stehen. Zwar wächst bei immer mehr Menschen die Einsicht, dass eine ausschließlich materielle Orientierung und die Befriedigung aller Konsumbedürfnisse kein Mehr an Glück und Zufriedenheit bringen, sondern unsere Fähigkeit zum Glücklichsein eher verringern.

Andererseits wirkt sich jedoch zunehmend problematisch aus, dass viele Menschen die Wechselmechanismen zwischen Individuum-Gesellschaft-Kapitalismus gar nicht mehr begreifen. Sie erleben sich als von äußeren Zwängen getrieben und ohnmächtig, weshalb sie auch keine Verantwortung mehr für ihr eigenes Handeln übernehmen.

Schauen wir uns daher in den folgenden Kapiteln an, wie sich diese Mechanismen konkret auf unsere engsten und intimsten Beziehungen auswirken.

## 3. Die Liebe und das Geld

### Geld – ein heißes Eisen in Partnerschaften

Wir haben vor unserem kleinen kulturhistorischen Ausflug bereits erfahren, dass der Umstand, wie der Einzelne mit dem Thema Geld umgeht, abhängig ist von seiner primären Sozialisation, sprich: von der Erziehung und der Wertevermittlung in seinem familiären Umfeld. Allein wenn nur zwei Menschen aufeinandertreffen, die sich gern haben oder gar lieben, treffen schon zwei unterschiedliche »Sozialisationen« aufeinander. Die Tatsache, wie im Elternhaus der jeweiligen Partner mit Geld umgegangen wurde, ist unter anderem entscheidend für das Gelingen (oder Nicht-Gelingen) von Partnerschaften. Denn: Genauso wie es eine »éducation sentimentale« gibt, also eine Erziehung der Gefühle, liefern die Eltern unwillkürlich die Vorbilder dafür, wie mit Geld umzugehen ist und umgegangen wird. Ein Kind, das Eltern hat, die mit ihren Gefühlen, Liebesbeweisen und Zärtlichkeiten sehr sparsam umgehen – ich nenne sie einmal »Gefühls-Eskimos« –, wird es schwer haben, als Erwachsener seinen Gefühlen leidenschaftlich und authentisch Ausdruck zu verleihen.

Wer zum Beispiel aus einer Familie kommt, die sparen musste, wird sich als Erwachsener auch eher sparsam verhalten. Menschen aus wohlhabenden Familien sind es dagegen nicht gewohnt, auf Preise achten zu müssen. Sie finden es daher kleinkariert, wenn ihr Partner eine zweite Tankstelle ansteuert, nur weil dort das Benzin einen Cent weniger kostet.

»Sparstrumpf gegen Verschwender« – so kristallisieren sich im Laufe von Jahren dauerhafte Konflikte heraus, die primär nichts mit Geld als Zahlungsmittel oder dem Partner an sich zu tun haben, sondern mit unterschiedlicher Erziehung.

So antwortete der Psychoanalytiker W. Schmidbauer auf die Frage, was finanziell gesehen das größte Gift für Paare sei: »Wenn einer gleichzeitig Neapolitaner und Schwabe sein will, großzügig tut, aber in Wahrheit kleinlich ist. Der wirft dem anderen insgeheim Verschwendung vor, irgendwann eskaliert es. Je besser die Freundschaft, desto klarer die Rechnungen, sagt ein Sprichwort; das gilt auch für Liebespaare.« Schmidbauer hebt außerdem hervor, dass »sich Geldvokabeln bis ins Liebesleben (hinein)ziehen: ich habe schon so viel in die Beziehung investiert, das kann doch nicht alles umsonst gewesen sein…«[24]

---

24 Wolfgang Schmidbauer, in: SZ vom 15. April 2011

Wenn ein Paar jedoch gemeinsam Ideen und Projekte verwirklicht und Geld als Mittel zum Zweck dient, etwas zusammen zu tun, wenn es in der Partnerschaft also nicht nur um die eigenen Befindlichkeiten und Erwartungen an den anderen geht, sondern um ein gemeinsames Ziel, wird Geld weit seltener zum Konfliktthema. Die Partner wollen dann zu zweit etwas herstellen, aufbauen und entwickeln und haben deshalb nicht nur sich selbst dabei im Blick.

Das kann zum Beispiel bei Paaren der Fall sein, die ein Unternehmen oder eine Arztpraxis aufbauen, sich politisch engagieren, ein Institut gründen usw. Natürlich garantiert die gemeinsame »dritte Sache«, in der es nicht nur »um mich oder um dich geht«, noch keineswegs den Dauerfrieden. Doch da es dann um mehr geht als um die narzisstische Selbstbezogenheit, steht die Chance, über Geld friedlich zu verhandeln, nicht schlecht. Im Umgang mit Geld ist grundsätzlich beides möglich. Geld kann:

- Die Gemeinsamkeit innerhalb der Beziehung stärken, zum Beispiel dann, wenn Paare gleichberechtigt darüber kommunizieren, wie und wofür das Einkommen ausgegeben wird und gemeinsam Regeln festlegen.
- Das Auseinanderdriften des Paares durch zahllose Streitereien befördern, wenn diese gemeinsamen Entscheidungen nicht getroffen werden und Geld zum Substitut für Machtausübung, die Unterdrückung des anderen und den »Aufbau« des eigenen Selbstwertgefühls wird.

In beiden Fällen ist das Geld aufgeladen mit Gefühlen, über die Beziehungen zwangsläufig gestaltet werden. (Vgl. dazu den II. Teil)

Zu Beginn der meisten Liebesbeziehungen spricht man jedoch kaum über Geld – Ausnahmen bestätigen hier die Regel –, zumindest nicht über das Geld, über das der Partner verfügt oder auch nicht verfügt. Jeder gibt sich großzügig. Über die Großzügigkeit will man den Partner, die Partnerin gewinnen und sich in einem guten Licht zeigen. Wer in Geberlaune ist, wirkt meist verführerischer als jemand, der schon beim ersten Treffen darauf achtet, dass die Rechnung geteilt wird, oder sich auf eine Tasse Tee beschränkt, um Geld zu sparen.

Nun könnte man ja meinen, dass Liebe und Geld eigentlich nichts miteinander zu tun haben. Rein emotional betrachtet stimmt diese Annahme sicher. Jeder Mensch möchte im Grunde seines Herzens um seiner selbst willen geliebt werden und nicht wegen seines Vermögens, seiner Stellung oder seiner Prominenz. Die Geschichte wie auch die Realität zeigen jedoch, dass Geld und Liebe sehr wohl miteinander zu tun haben und in hohem Maß zusammenhängen.

Wenn Ehen enden oder die Liebe nicht mehr vorhanden ist, bricht oft ein erbitterter Rosenkrieg um den vorhandenen Besitz sowie die weitere finanzielle Versorgung aus. Es ist fatal und zugleich üblich, dass sich die Bedeutung von Geld und die Gefühle, die man füreinander hat, vermischen und zu einem brisanten Dauerstreit-Thema in Beziehungen werden.

## Das Motiv, Partnerschaften einzugehen: Geld, Macht oder Liebe?

Man wird nur von dem wahrhaft geliebt, bei dem man schwach sein kann. Das ist, frei nach Adorno, ein Satz, der ein natürliches menschliches Bedürfnis beschreibt.

Wer hat nicht den Wunsch, um seiner selbst willen geliebt zu werden und nicht wegen Äußerlichkeiten oder materieller Vorteile als Partner/in in Betracht gezogen zu werden? Doch wie oft wird wirklich geliebt – ohne jeden Hintergedanken und Zweckoptimismus? Oder anders gesagt: ohne Geldfragen in Betracht zu ziehen oder/und sich mit dem Partner zu schmücken oder die eigene Macht zu erhöhen?

*Märchen* wie auch die Realität liefern uns viele Beispiele für die tief in uns vorhandene Sehnsucht, um unserer selbst willen geliebt zu werden. Gerade Märchen erzählen jeder heranwachsenden Generation auf wunderbare Weise von der Liebe an und für sich. In ihnen heiraten Könige selten reiche Prinzessinnen. Bar jeder materiellen Berechnung verlieben sich die Prinzen in arme, aber herzensgute und schöne Mädchen, wie zum Beispiel im Märchen »Aschenputtel«. Und auch umgekehrt: Prinzessinnen, die reich und einsam in ihrem Schloss leben, verlieben sich nicht in einen ebenso reichen König mit einem noch schöneren Palast, sondern in den männlichen und mutigen Jäger, der sie, ohne um ihren Reichtum zu wissen, kennen und lieben gelernt hat.

Eugen Drewermann interpretiert in seinem interessanten Buch »Die Macht des Geldes im Märchen« auf einzigartige Weise den Zusammenhang von Geld, Macht und Liebe in Beziehungen. »Wann immer Märchen von ›Prinzessinnen‹ und ›Königen‹ sprechen, so meinen sie damit eine Person, der man die ganze Welt zu Füßen legen möchte, weil man ihr die höchste Wertschätzung entgegenbringt, und zwar nicht für das, was sie besitzt, sondern einzig für das, was sie ist. Wer einen anderen Menschen zu lieben beginnt, verlangt danach, ihn immer mehr und immer unverstellter kennen zu lernen; all die Verhüllungen und Verstellungen, die bis dahin vielleicht nötig schienen, verlieren zunehmend ihre Schutzfunktion – man kann und man braucht dem Geliebten, der Liebenden nichts mehr vorzumachen, man darf sich erlauben, wahrhaftig zu werden, in dem Wissen, dass der andere auch die bestehenden Schwächen und Fehler nicht verurteilen wird. In jeder Liebe lebt deshalb ein Stück von dem verlorenen paradiesischen Zustand der Menschheit, da der Mann und die Frau, wie die Bibel berichtet, ›beide nackt waren und sich nicht schämten‹.«[25]

Die Botschaft, die uns die alten Märchen diesbezüglich schicken, sind wunderbar und befreiend. Erzählen sie doch sinnbildlich von dem tiefen Wunsch und der Möglichkeit, für genau das geliebt zu werden, was wir sind, nämlich einzigartige Wesen.

Andere Märchen machen aber auch das genaue Gegenteil deutlich, sie zeigen auf, dass Menschen eben nicht immer nur um der selbstlosen Liebe willen heiraten. Sie sind geldgierig, selbst in der Art und Weise, wie sie eine Ehe herbeiführen wollen. So verspricht im Märchen vom »Rumpelstilzchen« ein armer Müller dem König, dass seine schöne Tochter Stroh zu Gold spinnen könne; und der goldgierige König ist bereit, die Tochter auf die Probe zu stellen. Falls sie scheitert, muss sie sterben, falls es ihr gelingt und sie diese Fähigkeit wirklich besitzt, wird er sie zu seiner Frau machen. Denn er ist sich sicher: »Wenn es auch eine Müllerstochter ist, eine reichere Frau finde ich in der ganzen Welt nicht.«

Drewermann interpretiert diese Überlegung so: »Dass du wunderschön bist … ist mir vollkommen egal, wer du bist, was du fühlst, was du denkst, interessiert mich überhaupt nicht. Was ich von dir sehen will, ist das Gold, das du spinnst, ist der Ertrag deiner Arbeit, ist das, was du kannst, was du tust, was du hast.«[26]

Drewermann beurteilt diese Beschreibung einer Beziehung, die »unmenschlich genug ist, um im anderen nichts weiter zu sehen, nichts weiter sehen zu können als einen bloßen Wirtschaftsfaktor zur unerschöpflichen »Wertschöpfung« und Geldvermehrung«, als seelenlos. Das Wort »Liebe« ist hier nur noch eine mühsam verhüllende Umschreibung für das Verlangen nach Macht und Geld. »Schaffe mir Geld, oder ich bringe dich um« – das und nichts anderes ist die Grundlage für das Zustandekommen der »Hochzeit« zwischen Müllerstochter und »König, zwischen Habenichts und Kapitaleignern, zwischen Lohnabhängigen und Arbeitgebern. Aneinander gefesselt freilich sind beide als Sklaven in ein und demselben System wechselseitiger Angewiesenheit.«

Als skandalös empfindet Drewermann dabei, dass in Wahrheit eben kein Produktionsverhältnis beschrieben wird, sondern eine eheliche Beziehung, in der »alles Persönliche und Individuelle zu einer bloßen Wirtschaftsbeziehung verkommen ist«.[27]

25 Eugen Drewermann: Von der Macht des Geldes – oder Märchen zur Ökonomie. S. 133
26 Eugen Drewermann, ebd. S. 58
27 Eugen Drewermann, ebd. S. 59

Wie man sieht, geht es selbst in den Märchen nicht immer nur märchenhaft schön zu und im realen Leben schon gar nicht. In der Wirklichkeit kann nicht einmal die Liebe die Gräben zwischen Arm und Reich problemlos überbrücken.

*Geschichten aus der Wirklichkeit: Gingen Menschen früher Beziehungen, sprich Ehen, aus anderen Gründen ein als heute?*

Der Zugewinn von Geld und Vermögen war vor dem 19. Jhdt. ein gesellschaftlich allgemein akzeptiertes Motiv, um Ehen zu schließen. Dies geschah aus zwei Gründen: Zum einen war die Versorgungsehe wegen der häuslichen Arbeitsaufteilung gang und gäbe. Die Frau bekam Kinder, sorgte sich um Haus und Hof, während der Mann das Geld nach Hause zu bringen hatte. Damit lag es nahe, dass Frauen – aber auch Männer mit geringem Einkommen – nur solche Partner auswählten, die genug verdienten oder genug Eigentum besaßen, um sie zu versorgen.

Zum anderen waren es machtpolitische wie auch wirtschaftliche Gründe, aus denen heraus Ehen geschlossen wurden. In den europäischen Herrscher- und Adelshäusern war dies Jahrhunderte lang sogar der Hauptgrund für Eheschließungen. Von Liebe war selten die Rede und zwischen den Vermählten wohl eher die Ausnahme. Der Wille, sein Herrschaftsgebiet und damit seinen Reichtum, seinen Einfluss und seine Macht zu erweitern, waren Anlass genug, um ganze Dynastien zu gründen.

Die Idee der Liebesheirat kam erst gegen Ende des 18. und verstärkt dann anfangs des 19. Jahrhunderts auf. Sie stammt aus der Zeit der ausgehenden Klassik und der Romantik. Die zunehmende Industrialisierung und die mit ihr einhergehende Individualisierung sowie die ersten Bestrebungen der Frauen, sich aus alten Rollenmustern zu befreien und selbst über ihr Schicksal bestimmen zu können, spielten dabei eine große Rolle. Man heiratete nicht mehr nur aus pekuniären Gründen, sondern ebenso aus Leidenschaft, Zuneigung und Seelenverwandtschaft.

Viele Männer und Frauen haben diese romantische Vorstellung von Liebe heute in ihren Herzen und Köpfen. Die Sehnsucht danach schürt die Hoffnung auf Erfüllung. Die hohen Einschaltquoten von Liebesfilmen mit Happy End (was ist »Pretty Woman« anderes als die zeitgemäße Version des Aschenputtels?) und die hohen Verkaufszahlen von Liebesromanen sind dafür ein unübersehbarer Beweis.[28]

Auch wenn die materielle Versorgung, Macht-und Besitzerhalt durch Heirat bei den meisten Eheschließungen heute nicht mehr im Vordergrund steht, haben Geld und Besitz doch auf eine moderne Weise immer noch Einfluss auf Liebesentschei-

---

28 Die hohen Auflagen von Büchern wie von Utta Danella und Rosamunde Pilcher, die bekanntlich auch verfilmt werden, geben Zeugnis von dieser massenhaft verbreiteten Sehnsucht nach Liebesromantik – sogar bei Männern.

dungen. Und zwar keineswegs weniger als in früheren Zeiten. Die Ökonomisierung aller Lebensbereiche wirkt heute in die Liebesbeziehungen und Ehen hinein, trotz aller Gleichberechtigung und Liebessehnsucht.

Auch heute geben finanzielle Aspekte und der Wunsch nach gesellschaftlicher Reputation den Ausschlag, wenn Frauen und Männer Beziehungen eingehen. Sie rechnen dann nach, ob »es sich lohnt«, sich mit einem bestimmten Partner einzulassen. Dabei stehen primär nicht mehr die ehemaligen gesellschaftlich-wirtschaftlichen Notwendigkeiten einer Versorgungsehe im Vordergrund, sondern allein die eigene Berechnung, das persönliche Kalkulieren des Nutzens, den der Partner einem bringt. Ein ziemlich unromantisches modernes Beispiel aus einer Zeitung ist dafür mittlerweile ziemlich aktuell:

*Junge Frau sucht reichen älteren Mann: Seit einiger Zeit gibt es auch in Deutschland eine Website, auf der sich junge Frauen und ältere Männer verabreden können. Auf www.mysugardaddy.eu buhlen zu 90 Prozent Frauen um die Aufmerksamkeit von hoffentlich wohlhabenden 10 Prozent Männer. Inzwischen hat die Seite 40.000 feste Mitglieder, die sich auf das »Geschäft« Schönheit und Jugend gegen Erfahrung und Geld eingelassen haben. Handelt es sich dabei um eine Art von Prostitution, wenn junge Frauen ganz klar die Ansage machen, was sie sich von den reichen Männern erwarten? Jedenfalls reichen die weiblichen Vorstellungen auf der Website von einer monatlichen Apanage von 5.000 Euro bis hin zu bezahlten Luxusurlauben und exquisiten Shopping-Erlebnissen.*

Romantische Gemüter mögen angeekelt sein ob dieser berechnenden Art: Körperliche weibliche Attribute und Jugend im Tausch gegen männliche Attraktivität, die sich vor allem in einem gefüllten Geldbeutel ausdrückt.

Oder spiegelt sich hier nur die Tatsache wider, dass auch in Liebesbeziehungen knallhart gerechnet und der Status des anderen nach dem eigenen Vorteil beurteilt wird? »Die Seite verdeutlicht, welche Rolle wirtschaftliches Denken im Bereich zwischenmenschlicher Beziehungen heute spielt. Sie ist ein Marktplatz, auf dem sexuelle gegen finanzielle Gefälligkeiten getauscht werden und sich alle Teilnehmer über ihren Wert im Klaren sind.«[29]

Die Partner sind dann eben keine Ehepartner oder Geliebte, sondern allenfalls »Lebensabschnittspartner«, die man aus bestimmten Gründen auswählt und gegebenenfalls wieder verlässt. Nicht unmaßgeblich dabei ist die Frage: Was kann der Partner denn so bieten?

---

29 Anne Waak, in: Welt am Sonntag, 29. Juli 2012

Entscheidet sich eine Frau dagegen für einen Mann, der nicht so viel bieten kann (Geld, Status, Ansehen, Haus und Auto), sich aber stattdessen durch andere Qualitäten (Begabung, Charakter, Witz, Intellekt) ausweist, bekommt sie Sätze zu hören wie: *»Mit so wenig gibt sich doch eine normale Frau nicht zufrieden«, oder: »Welche Frau träumt nicht davon, einen Goldesel abzustauben, wenn sie sich tüchtig anstrengt?«*

Das sind Zitate aus deutschen Fernsehfilmen des Jahres 2011, die aber gerade, weil sie witzig daherkommen und in keiner Weise kritisch hinterfragt werden, die allgemeine, sich wandelnde Beziehungsrealität wiedergeben und: beeinflussen. Hören wir uns im alltäglichen Leben um, werden wir ähnliche Sätze zu hören bekommen. Stets läuft es darauf hinaus, seinen Partner so auszuwählen, dass ein gewisser »Profit« dabei herausspringt. Die moderne Ökonomie geht ganz selbstverständlich davon aus, dass Handel und Gewinnmaximierung die natürliche Basis aller menschlichen Interaktion sind, quasi ontologische Wesensmerkmale, die für alle Zeiten, über alle Kulturen hinweg bis in alle Ewigkeit Gültigkeit besitzen. So steht am Anfang vieler Wirtschaftslehrbücher der Satz: »Die Bedürfnisse des Menschen sind unendlich.« Im Spiegel der Medien und unserer Alltagssprache zeigt sich nun, dass es der Ökonomie tatsächlich gelungen ist, diese ihre Vorstellung tief in unsere privaten Beziehungen hineinzutragen.

In Zeiten des gesellschaftlichen und privaten Egoismus unterliegt selbst die Liebe dem Ziel eigennütziger Gewinnmaximierung. Frauen und Männer checken sich gegenseitig ab, ob sie in das gesellschaftlich vorgegebene Beuteschema passen, wobei vor allem Frauen immer noch zum großen Teil Partner suchen, die auf dem »Partnermarkt« – jedenfalls was das Finanzielle anbelangt – einen höheren Status haben als sie selbst. Der ganze Aufwand beim Suchen eines Partners wird durch Internet-Partnerbörsen optimiert. Der Partner wird auf seine Bonität hin überprüft. Und falls er diese Prüfung nicht »übersteht«, ist der Konflikt respektive die Trennung vorprogrammiert.

Bei einem solchen Vorgehen kommt unwillkürlich die Frage auf, ob die frühere Versorgungsehe der heutigen »romantischen Liebesbeziehung« in Sachen Ehrlichkeit nicht doch vorzuziehen ist. Oder, ob nicht nach wie vor einfach sehr viele Versorgungsehen geschlossen werden, allerdings unter dem Deckmantel der romantischen Liebesbeziehung:

*Herbert, ein attraktiver Akademiker, ist nach einer gescheiterten Ehe wieder auf der Suche nach einer Partnerin, in die er sich verlieben kann. Aber die Frauen sind heutzutage seiner Aussage nach einfach »brutal und berechnend«. Weil er seinen BMW-Geländewagen gerade in der Inspektion hat, fährt er mit einem alten dunkel-*

*gelben Audi vor, den er sich von einem Freund geliehen hat, um die junge Frau, für die er sich interessiert, zu einem Rendezvous abzuholen. Sie kommt aus dem Haus, eilt zu Herberts Wagen und reißt die Wagentüre mit den Worten auf: «Wage es ja nicht noch einmal, mich mit einer solchen Rostlaube abzuholen. Da werde ich nie im Leben einsteigen, was glaubst du denn, wer ich bin?«*

## Die Vor- und Nachteile, reich zu heiraten

Der Wunsch einer Frau, dank einer Ehe mit einem wohlhabenden Mann sorglos leben zu können, ist einerseits verständlich. Andererseits wird dabei oft übersehen, dass dieser Wunsch auch seinen Preis hat. Denn meist führen Frauen, die sich dies wünschen, ein Leben, das auf ihren beruflich sehr eingespannten Mann ausgerichtet ist. Er verdient zwar viel Geld, hat aber so gut wie keine Zeit, sich um seine Frau oder gar die Kinder zu kümmern. Viele Frauen von Unternehmern, Politikern und Managern in hohen Positionen können ein Lied davon singen. Sie sind zwar gut versorgt und können sich viel leisten. Doch ein eigenes Leben führen sie selten. Einen Beruf können sie nicht ausüben, weil sie dazu gar keine Zeit haben: Sie unterstützen ihren Mann und nehmen ihm alles ab, was jenseits seiner Arbeit zu regeln ist, inklusive der gesellschaftlichen Verpflichtungen, die mit seinem Beruf einhergehen. Doch um sich in einer Beziehung auf Augenhöhe zu begegnen, bedarf es anderer Voraussetzungen, die zu schaffen man auch teilweise selbst verantwortlich ist. Eine berufliche Ausbildung, die es einem ermöglicht, wichtige emotionale Entscheidungen vor dem Hintergrund finanzieller Unabhängigkeit zu treffen, gehört hier in der heutigen Zeit mit dazu.

*Auf einer Abendgala in einem Luxushotel sitzen sieben Personen an einem Tisch: ein sehr gut aussehender Herr, dessen Beruf bei der Vorstellung nicht erwähnt wird, ein Naturwissenschaftler, ein Journalist, ein Richter und eine Professorin für Psychologie. Noch zwei weitere Frauen, deren Berufe ebenfalls nicht genannt werden, sitzen mit am Tisch. Sie schweigen die meiste Zeit. Ein interessantes Gespräch ergibt sich zwischen dem gutaussehenden Herrn und der Professorin. Es zieht sich über den Abend hin. Als sich dieser dem Ende nähert, erhebt sich der Herr, überreicht der Professorin seine Visitenkarte, mit dem Wunsch, das Gespräch fortzusetzen. Aus der Visitenkarte wird erkenntlich, dass der Herr Vorstand einer großen Bank ist. Die Frau, die neben ihm sitzt, erhebt sich ebenfalls – und entpuppt sich als seine Ehefrau. Die Professorin ist erschrocken und bemerkt: »Es tut mir sehr leid, ich habe mich gar nicht mit Ihnen unterhalten können, Sie saßen ja am anderen Ende des Tisches.« Die Ehefrau lächelt, doch die Art und Weise, in der sie antwortet, drücken Kummer,*

*Erschöpfung und Resignation aus: »Ja, das stimmt. Ich habe das Gespräch zwischen Ihnen und meinem Mann auch nur teilweise mitbekommen. Ich hätte so gern wie Sie Psychologie studiert, hatte aber nie die Möglichkeit dazu. Ich war immerzu nur mit meinem Mann und der Familie beschäftigt.«*

Es ist sicherlich nur ein Beispiel von vielen, an dem deutlich wird, wie hoch der Preis für eine »gute Partie« ist, die nur selten mit der Freiheit und Selbstverwirklichung der Frau einhergeht – obgleich finanziell alle Voraussetzungen dafür gegeben sind. Die »gute Partie«, d.h. ein Mann mit viel Geld, hat zudem noch weitere Schattenseiten.

So lässt Elfriede Hammerl ihre Hauptfigur, die in den 70er-Jahren sozialisiert wurde, im Roman Folgendes sagen: *»Nicht, dass ich niemals an eine reiche Heirat gedacht hätte. In meiner Jugend war das schließlich der standardisierte Zukunftstraum für Mädchen. Bis heute überfällt er mich manchmal, es ist nicht so, dass ich das Leben höherer Gattinnen grundsätzlich für unerträglich halte. Mit reicher Heirat meine ich allerdings wirklich hochkarätige Verhältnisse, keine gutbürgerliche Idylle, sondern, wenn schon, denn schon, die Version mit mehreren Wohnsitzen und ausreichend Personal. Ich ginge meinen Interessen nach, und alles, was mir an Pflichten bliebe, wäre, ein wenig zu repräsentieren, darauf sollte es mir nicht ankommen. Einen reichen Mann heiraten, damit er sich die Hände schmutzig macht mit der Vermögensbeschaffung, für die ich nicht geeignet bin, weil meine Hände sauber bleiben müssen …«*[30]

Hier gilt viel Geld zu verdienen als etwas Schmutziges. Gleichzeitig tritt ein interessantes, doppelt besetztes Klischee zutage, das zu einer weiteren Abwertung und Unterdrückung der Frau führt: Jetzt lässt sie sich schon kaufen, und das von einem Typen, der sein Geld auf schmutzige Weise verdienen muss. Denn so viel Geld kann man gar nicht auf ehrliche Art und Weise verdienen.

Abgesehen davon kostet es die Frauen viel Zeit, sich um die Häuser, die Gärten, das Inventar, das Hauspersonal und vieles andere mehr zu kümmern, statt sich selbst zu verwirklichen. Wie die Frau eines reichen Mann mit den Vorzügen und Nachteilen einer solchen Beziehung umgeht, ist sicher individuell verschieden. Doch die Erfahrungen wie auch meine Gespräche mit solchen Frauen zeigen, dass die Nachteile fast immer überwiegen.

Hier gilt der Spruch: »Geld oder Leben« im wahrsten Sinne des Wortes, vorausgesetzt, man verbindet mit dem Begriff »Leben« ein sinnvolles Leben, in

30 Elfriede Hammerl: Die Kleingeld-Affaire, S. 92

dem ein Mensch sich selbst findet und verwirklicht und nicht nur anpasst und unterordnet.

Aber nicht nur Frauen wissen und wussten die Vorteile einer reichen Heirat zu schätzen. Es gibt heute auch immer mehr Männer, die sich finanziell gern den Rücken von ihren reichen Frauen freihalten lassen, um sich ungestört ihren Interessen widmen zu können und ein bequemes Leben zu führen. Zugleich gilt, gemäß der Hypothese von der Schwarmintelligenz, das nicht so bekannte, kein Geschlecht diskriminierende Sprichwort: »Reich geheiratet ist schwer verdientes Geld.«

*Erika M., eine attraktive und erfolgreiche Steuerberaterin, unabhängig und Ende vierzig, lernt einen gut aussehenden und sympathischen Rechtsanwalt kennen. Sie ist anfänglich sehr verliebt und auch begeistert von diesem Mann. Wie sie hat auch er zwei Kinder, die bei seiner geschiedenen Frau leben. Wie sie interessiert er sich für klassische Musik und lebt in einer geschmackvoll eingerichteten Wohnung. Alles würde passen, wiederholte sich nur nicht ständig die folgende Situation: Nach einem schönen romantischen Essen in einem teuren Restaurant oder Golfclub am Wochenende hat er grundsätzlich seinen Geldbeutel im Wagen vergessen und bittet sie, mal kurz die Rechnung auszulegen. Er bietet ihr aber nie an, wenigstens einen Teil des Geldes zurückzuzahlen. Nach ein paar Monaten hegt sie den Verdacht, dass sein Verhalten nicht mehr dem Zufall geschuldet sein kann. Sie bezahlt auch immer das Benzin, wenn sie einen Ausflug machen. Gegessen wird fast immer bei ihr zu Hause, da er nur Getränke im Kühlschrank hat. Allmählich dämmert ihr, dass er nicht nur nicht großzügig ist, wie sie sich anfänglich eingeredet hatte, sondern schlichtweg ein Geizkragen, mehr noch: ein Schmarotzer, der den Umstand ausnutzt, dass sie eine gut verdienende Frau ist.*

Natürlich fragt man sich, warum es so lange dauert, bis bei Erika M. der Groschen fällt. Ist der Anwalt, der sicherlich viel Unterhalt für seine Ex-Familie überweisen muss, denn so überaus liebenswert, charmant und geschickt, dass er die prekären Situationen, in denen es ans Zahlen geht, einfach gut zu überspielen versteht? Oder weigert sich Erika M. aus Gründen des Selbstschutzes schlichtweg, die Dinge so zu sehen, wie sie sind, gemäß dem Motto: So etwas darf mir nicht passieren, also passiert es auch nicht?

Es zeigt sich immer wieder, dass das Achten auf teuer bezahlten Lifestyle keine echte Sicherheit in eine Beziehung bringt. Geld zieht zweifellos an. Durch Geld kann aber keine Tiefe in Beziehungen hergestellt werden. Wie in diesem Fall deutlich wird, hat man zwar seinesgleichen gefunden, aber oft nur auf der

Style- und Konsumebene, offensichtlich aber nicht auf der »Gefühlsebene«. Denn: Würde es sich um Liebe handeln, wäre es dem Anwalt sicher unmöglich, seine Partnerin so auszunutzen.

Ein tragischer Fall zeigt, wie Lifestyle, Reichtum und Machtausübung sich auf das Leben einer attraktiven und begabten Frau auswirkt, die vergessen hat, auf sich und das Geld in der Beziehung zu reichen Männern aufzupassen.

*Stefanie ist beinahe 50 und eine schöne Frau mit langen braunen Haaren. Stefanie lebt von ihrem Mann, mit dem sie drei Kinder hat, getrennt. Die Kinder sind bei ihrem Mann geblieben, sie selbst lebt aus dem Koffer, übernachtet bei Freunden auf dem Sofa oder auf Luftmatratzen. Sie versucht, sich nach 18 Jahren Ehe zu finden, auch ohne die Geborgenheit eines Heims und mit sehr wenig Geld. Stefanie ist eine gebildete, kluge Frau, studierte Kulturwissenschaftlerin. Sie sagt, dass sie inzwischen eine Meisterin darin ist, sich in finanzieller Hinsicht durchzuschlängeln, ohne dass es irgendjemandem groß auffällt. Dabei kann sich nicht einmal eine Bluse für 10 Euro bei H&M kaufen, ohne vorher darüber nachzudenken, ob sie sich diese überhaupt leisten kann.*

*Ihre reichen Freundinnen machen ihr Vorschläge, wo sie billig einkaufen kann. Designer-Kleider um die Hälfte, für 500 Euro. Sie denken nicht darüber nach, dass diese 500 Euro Stefanies gesamtes Monatssalär sind, mit dem sie über die Runden kommen muss, und stoßen sie mit ihren unbedachten Vorschlägen vor den Kopf.*

*Mit Anfang zwanzig war Stefanie schon einmal mit einem fast zwanzig Jahre älteren, mächtigen und attraktiven Mann verheiratet, der Vorstand eines international tätigen Unternehmens war. Ihr Leben sah damals völlig anders aus: Sie wohnte in einem Penthouse in Paris, hatte einen Chauffeur, der sie überall hinfuhr, ihr ihre Hermes-Tasche hinterhertrug und vor den Restaurants, in denen sie mit ihrem Mann essen war, wartete. Hausangestellte waren angewiesen, dass die opulenten Vasen in den Salons stets voll üppiger Blumensträuße waren, Delikatessen und Wein wurden von den führenden Feinkostgeschäften in Paris geliefert. Die Wochenenden verbrachte sie mit ihrem Mann in der Normandie, in einem wunderschönen Schloss aus dem 17. Jahrhundert. Sie grillten im Park, empfingen Gäste, sie spielten Golf und Polo.*

*Das klingt nach einem wundervollen Luxusleben, doch die Realität sah anders aus. Stefanie, Anfang zwanzig, wunderschön und dünn, war die Trophäe ihres Mannes. Im Ehevertrag wurde festgeschrieben, dass sie im Falle einer Scheidung keinen Unterhalt bekommen würde und dass sie nie mehr als 55 Kilo wiegen dürfe. Ihre Haare hatten immer lang und dunkel zu sein. Die Vorstandskollegen, die Freunde sollten ihren Mann um Stefanie beneiden, denn sie war Teil seiner Inszenierung von*

*Macht und Geltung. Wenn sie abends gedankenlos ein Stück Käse aß, wurde sie von ihm kritisiert. Als ein Freund einmal hämisch meinte, sie hätte jetzt doch wohl ein bisschen zugenommen, waren die Folgen Liebesentzug und aggressive Diskussionen. Stefanie bekam von ihrem Mann wunderschöne Geschenke, Designer-Kleidung, Schmuck, Möbel. Aber er gab ihr nie eigenes Geld, denn dann hätte sie ja unabhängig von ihm werden können. »Er gab nur, um sich dadurch gut zu fühlen und um den Neid seiner Umwelt zu schüren, nicht etwa, weil er mir persönlich etwas schenken wollte«, erzählt sie mir. Als er sie zuletzt ins Flugzeug Richtung Hamburg setzte, diesmal »Holzklasse«, weil er sich in eine noch jüngere und schönere Trophäe verliebt hatte, stand sie finanziell fast mittellos da.*

*Mit der finanziellen Hilfe ihrer Eltern studierte sie zu Ende, promovierte und heiratete zum zweiten Mal. Dieses Mal sollte es ihr besser gehen. Ihr Mann war in einer kinderreichen Familie aufgewachsen, sehr herzlich und natürlich. Allerdings trug er den Kopf in den Wolken, war unpraktisch und unfähig, finanziell adäquat für seine Frau und die Kinder zu sorgen. Einst Jurist in einem angesehenen Modeunternehmen, machte er sich als Anlageberater selbstständig, blieb aber erfolglos, so dass sein Einkommen nicht einmal für das Notwendigste reichte.*

Stefanie ist eine Frau, die weder mit dem notwendigen Durchsetzungsvermögen und dementsprechenden Ernst für ihre finanzielle Versorgung gekämpft, noch diese dank ihrer Berufsausbildung selbst übernommen hat. Stattdessen unterschrieb sie einen menschenverachtenden Ehevertrag, den eine Frau mit Selbstachtung wahrscheinlich nie unterschrieben hätte. Statt des Schmuckes und der Kleidung hätte sie eine adäquate Absicherung einfordern sollen. Von ihrem zweiten Mann hätte sie verlangen können, dass er seine gut dotierte Stelle nicht aufgibt, damit sie sich ohne finanzielle Sorgen ruhig und gelassen um ihre drei Kinder kümmern kann. Auch hier kann die Erklärung für ihr Verhalten in einer narzisstischen Problematik liegen: Sie, die immer schön und klug war, hat nie gelernt, dass man für seine Rechte auch eintreten muss. Sie hat es gerne, akzeptiert, bewundert und verwöhnt zu werden, ohne daran zu denken, sich für schlechte Zeiten – eventuell auch durch eigene Berufstätigkeit – abzusichern. Zwei Ehen mit gut verdienenden Männern haben ihr genau das nicht gegeben, was sie sich selbstverständlich erhofft hat: ein sorgenfreies, glückliches Leben.

Nachdenklich ließe sich hier fragen: Kann in einem System, in dem nur zählt, was Profit und Wachstum bringt, eine wahre Liebesbeziehung überhaupt existieren? Wie können Menschen, die unter dem ständigen Zwang der Leistungssteigerung und Gewinnmaximierung stehen, Beziehungen leben, die nicht von diesem System beeinflusst sind?

## Geschlecht und die Emanzipation: Moderne Beziehungen und alte Muster oder warum Geld für Männer etwas anderes bedeutet als für Frauen

Es war bereits Thema, dass in früheren Zeiten Zweck- und Versorgungsehen die Regel waren. Sie dienten ganz offenkundig der Vermögensmehrung und dem gesellschaftlichen Fortkommen. Heute sehnt man sich dagegen nach »echter Liebe«. Jedoch erfasst die Ökonomisierung aller Lebensbereiche auch die Liebe. Dabei werden die aktuelle romantische Sehnsucht nach wahrer Liebe und der klassischen Rollenverteilung zwischen Mann und Frau wie anno dazumal und die Ökonomisierung der Liebe auf merkwürdige Weise miteinander verknüpft und verinnerlicht. Die Ökonomisierung der Beziehungen heute unterscheidet sich dabei eindeutig von den klar ersichtlichen Vorgaben, unter denen früher Ehen geschlossen wurden. Wer wen warum heiraten soll, war damals beiden Parteien bekannt, Liebe war dazu nicht notwendig. Heute liebt man sich und geht Ehen ein, wie man es selbst für richtig hält – der Aspekt »Geld« spielt dabei durchaus noch eine Rolle – allerdings eine diffusere, oftmals weniger offen benannte. Denn selbst heute gilt noch immer, dass die meisten Leute keinen »armen Schlucker« oder sozial niedriger stehenden Partner heiraten wollen, der ihnen keinen finanziellen Aufstieg oder zumindest die gleiche gesellschaftliche Akzeptanz sichert, die sie bereits haben:

*In einem Café in der Maximilianstraße lerne ich eine junge Unternehmensberaterin kennen, die zwischen Rio de Janeiro und München hin und her pendelt. Zufällig kommen wir auf das Thema »Männer« und in diesem Zusammenhang auch auf »Geld« zu sprechen, zwei Themen, die für sie untrennbar miteinander verbunden sind. Dabei gibt sie mir gegenüber ganz offen zu, dass ein Mann, der nicht wohlhabend sei und ihr nichts bieten könne, niemals eine Chance bei ihr haben würde. So wie sie würden außerdem viele junge Frauen in ihrem Alter denken, eigentlich alle, die sie kennt. Männer ohne Geld wären ein No-go! Sie und ihre Freundinnen würden grundsätzlich vor jedem Date versuchen zu erkunden, wie finanzkräftig der potentielle Verehrer sei.*

Die Zeitschrift »Stern« stellt ihren Lesern die interessante Frage, was das »Geld mit der Liebe machen würde«. In der Ausgabe 29 von 2011 wurde in einem Artikel thematisiert, »dass inzwischen in jeder zehnten Beziehung in Deutschland die Frau mehr verdient als der Mann«. Und weiter: »Die Zahl der so genannten Familienernährerinnen ist innerhalb von 15 Jahren um rund ein Drittel gestiegen und nimmt weiter zu, besonders bei jungen Paaren und denen mit kleinen Kindern«, sagt Ute

Klammer, Professorin für Politikwissenschaften an der Universität Duisburg-Essen. Die Wissenschaftlerin hat die neuen Paare untersucht und zwei unterschiedliche Konstellationen ausgemacht: Erfolgreiche Frauen, deren Männer noch studieren, Teilzeit arbeiten oder eine schlechtere Ausbildung haben. Diese Paare haben ihr Lebensmodell oft freiwillig gewählt. Die zweite Gruppe ist unfreiwillig in diese Situation gekommen, häufig, weil der Mann den Job verloren hat oder sehr wenig verdient. Fazit des Stern ist: dass die erste Paar-Konstellation immer noch mit einem Tabu belegt ist und der Großteil dieser Paare im Interview zwar offen über seine finanzielle Situation Auskunft gibt, aber nicht zitiert werden will.

Bislang war die übliche Rollenaufteilung, dass Männer Vollzeit arbeiteten und eine Karriere anstrebten, während die Frauen die Kinder aufzogen und höchstens Teilzeit arbeiteten. Und selbst, wenn sie beide Vollzeit arbeiteten, war es in der Regel so, dass der Mann grundsätzlich mehr Gehalt mit nach Hause brachte. Die Männer waren die Haupternährer der Familie, ihre Frauen die Hinzuverdiener. Nun kündigt sich, Ute Klammer zufolge, eine »Erschütterung und Veränderung der Geschlechterverhältnisse« an.

Interessanterweise wollten viele Paare, die mit den Journalisten über ihre Beziehung sprachen, ihre Namen nicht öffentlich machen. Das ist meines Erachtens ein Zeichen dafür, dass nach wie vor die finanzielle Emanzipation der Frauen für Männer, aber auch für diese Frauen mit Scham besetzt ist. Es verstößt immer noch gegen soziale Normen, wenn die Frau in einer Beziehung mehr verdient als der Mann.

So werden beim größten Online-Partnerschaftsvermittler gut verdienende Frauen nur mit gleich oder besser verdienenden Single-Männern bekannt gemacht. Männer dagegen bekommen nur Profile von Frauen mit gleichem oder niedrigerem Gehalt gezeigt. Vor ein paar Monaten sah ich einen wissenschaftlichen Beitrag im Fernsehen, in dem es hieß, dass es absolut selten sei, dass Frauen freiwillig Männer heiraten würden, die weniger verdienen als sie selbst. Begründet wurde dies mit einer pseudowissenschaftlichen, im Kern chauvinistischen Erklärung: Männer hätten nach wie vor gerne eine hübsche Frau zuhause, die sie bewundert, weil sie den Lebensunterhalt für die Familie verdienen, bzw. umgekehrt Frauen die Erwartung haben, dass der Mann ausreichend viel verdienen muss, um sie versorgen zu können.

Letztendlich scheint sich seit Tausenden von Jahren nicht viel an den Einstellungen geändert zu haben. Man könnte fast ironisch sagen: Männer müssen stark sein und die Mammuts erlegen, Frauen sollen Kräuter sammeln, mit denen sie kochen und die Höhle dekorieren, die sie vorher gefegt haben. Immer noch stellt das klassische Familienmodell die Realität der allermeisten Familien dar: Das zum Leben notwendige Geld wird vom Ehemann verdient. Er ist der Ernährer der Familie, während die Ehefrau für Haushalt und Kinder zuständig ist und allenfalls über Teilzeitarbeit ein Zusatzeinkommen erwirtschaftet.

In den letzten Jahrzehnten hat das bürgerliche Kleinfamilienmodell an Bedeutung eingebüßt. Im Zuge der gesellschaftlichen Modernisierung ist die Zahl der Frauen, die erwerbstätig, unabhängig und selbständig sind, gestiegen. Seit den 60er-Jahren des letzten Jahrhunderts nimmt die Individualisierung weiter zu, und ein Wandel von Lebens- und Familienformen ist zu beobachten.

Beziehungsleitbilder und Lebensmuster werden offener und freier gestaltet, wenn auch letztendlich meist aufgrund neuer wirtschaftlich ökonomischer und beruflichen Anforderungen. Es werden neue Familienmodelle ausprobiert: die Patchwork-Familie, Familien, die in Gemeinschaft mit anderen Familien leben, Alleinerziehende, die mit wechselnden Partnern ihre Kinder erziehen, usw. Und nach wie vor gibt es nur wenige Männer, die sich vorstellen können, mit einer Frau zusammenzuleben, die wesentlich mehr verdient als sie. Eine Frau, die über ein eigenes Einkommen verfügt, führt nachweislich weit leichter und häufiger ein selbstbestimmtes Leben innerhalb, aber auch außerhalb der Paarbeziehung, als Frauen, die finanziell von ihren Männern abhängig sind. Da eigenes Geld die Unabhängigkeit in persönlichen Beziehungen fördert, scheint die Emanzipation hinsichtlich finanzieller Abhängigkeit mit überkommenen Rollen- und reinen Liebesvorstellungen zu kollidieren.

Immer noch scheint es so zu sein, dass das Geld des Mannes für Macht und Potenz steht. Hingegen werden vermögende Frauen wie z.B. Roxane, die mehr besitzen als ihre potenziellen Partner, von den Männern eher als kastrierend erlebt. Sie sind Männern eher peinlich als angenehm. Geld und Macht machen sexy, das gilt aber nur bei Männern. Bei Frauen bewirken sie meist das Gegenteil! Hier möchte ich aus einem amerikanischen Spielfilm zitieren wie auch einen Fall aus dem realen Leben wiedergeben, die dies verdeutlichen:

*Eine junge erfolgreiche Filmproduzentin ist auf der Suche nach einem passenden Ehemann und wird von einem äußerst männlich agierenden Moderator über ihre schlechten Chancen auf dem Heiratsmarkt aufgeklärt, die sich daraus ergeben, dass sie ein hohes Gehalt hat: »In der Ehe geht es um sozialen Druck, Status und Sex. Die Männer fühlen sich durch den Erfolg der Frauen entmannt. Das heißt, die Männer wollen keinen Sex mehr. Du kastrierst die Männer, ökonomisch gesehen!« Anschließend gibt ihr der gut aussehende Macho noch den Tipp, bei der Partnersuche möglichst zu verheimlichen, dass sie beruflich erfolgreich ist, und sich Extensions anschweißen zu lassen, denn eines finden Männer total unerotisch: erfolgreiche Frauen mit kurzen Haaren oder einem strengen Pferdeschwanz.*[31]

*Eva-Maria, eine junge, attraktive und erfolgreiche Anwältin, arbeitet seit Jahren in einer renommierten Anwaltskanzlei in München und ist spezialisiert auf Stiftungsrecht.*

*In ihrer Freizeit reitet sie im Universitätssportclub und lernt Fremdsprachen. Inzwischen spricht sie sieben Sprachen fließend und verhandlungssicher. Zu Beginn ihres Studiums hatte sie eine zweijährige Beziehung, lebt nun aber schon seit zehn Jahren als Single, worunter sie, wie sie mir gesteht, sehr leidet. In ihrer Not wandte sie sich deshalb neulich sogar an ihren besten Freund, um mit ihm über ihre Angst, für den Rest ihres Lebens alleine zu bleiben, zu sprechen. Der meinte daraufhin, dass es doch ganz klar sei, warum sie so gut wie nie zu einem zweiten Date komme, sobald sie einen Mann kennenlerne. Kein Mann würde sich einer Frau wie ihr gewachsen fühlen: Schön, von Geburt an reich und zudem noch tüchtig und erfolgreich, dass sei entschieden zu viel für die meisten Männer. Selbst die meisten Akademiker, die er kenne, würden sich nach wie vor noch eine Frau wünschen, die zu ihnen aufsieht …*

Natürlich sind dies teilweise Zitate aus einer banalen amerikanischen Liebeskomödie. Doch für die meisten Männer ist es tatsächlich schwierig, eine Partnerin zu haben, die mehr verdient oder reicher ist als sie. Sehr viel Selbstbewusstsein von beiden Seiten ist notwendig, um mit dieser Situation umzugehen.

Die Kombination »reiche Frau und armer Mann« verstößt gegen eine soziale Norm, die besagt, dass Männer stärker sein müssen als Frauen – auch in finanzieller Hinsicht.

Man sieht, wie ausnehmend zäh alte Klischees immer noch in unseren Köpfen haften und zudem von den Medien nach wie vor in sie hinein transportiert werden. An den Konflikten, die aus diesen Rollenzuteilungen erwachsen, zeigt sich, dass unsere Gesellschaft noch lange nicht so weit ist, Frauen das Gleiche zuzugestehen wie Männern. Dazu würde gehören, dass einfach akzeptiert und anerkannt wird, dass Frauen Karriere machen wollen und Männer nur Teilzeit arbeiten. Auch die immer noch niedrigeren Frauengehälter spiegeln das antiquierte Rollenbild wider. Ein Arbeitgeber, der meint, dass Männer die klassischen Ernährer der Familie sein sollten, wird Frauen aus diesem Verständnis heraus nur ein vergleichsweise niedrigeres Gehalt anbieten.

---

31 Zitate aus einem amerikanischen Spielfilm 2011

»Andrew Oswald, Wirtschaftsprofessor an der britischen Universität Warwick, hat für seine Studie ›Ökonomie der Liebe‹ 10.000 Männer und Frauen über Jahre hinweg begleitet: Die Beziehungen, bei denen der Mann sehr gut verdiente, waren am stabilsten. Männer, die ihren Job verloren, waren dagegen auch schnell wieder geschieden (siehe auch das Beispiel von Roman, dem ehemaligen Moderedakteur). Und: Je höher das Einkommen der Frau über dem des Mannes lag, desto höher auch die Scheidungswahrscheinlichkeit.«[32]

Die oben genannten Studien zeigen, dass das Gehalt des Mannes als wertvoller und wichtiger als das der Frau angesehen wird, selbst wenn er weniger oder genauso viel verdient wie die Frau.

Christine Wimbauer thematisiert dies in ihrem Buch »Geld und Liebe« und zeigt darin, dass es diese als »wertvoller« und »wichtiger« bewertete Arbeit ist, die den Männern ihre Sicherheit gibt. Wird dies von der Partnerin nicht in Frage gestellt, sondern akzeptiert oder gar goutiert, so sind sie stolz oder zufrieden, etwas Wertvolles vorweisen und einbringen zu können. Ein Umstand, der auch dazu beiträgt, dass sie in der Beziehung bleiben und an ihr festhalten. Nimmt die Bedeutsamkeit des eigenen Beitrags zum Lebensunterhalt hingegen proportional zum Einkommen der Partnerin ab, sinkt auch die männliche Selbstsicherheit und die Zufriedenheit in der Beziehung. Das vom Rollenklischee gestützte Gleichgewicht wird zum Ungleichgewicht und entwickelt eine Eigendynamik. Die Gefahr, dass durch dieses Ungleichgewicht Trennungen zustande kommen, wächst.

Es liegt nahe, von einem geschlechtsspezifisch unterschiedlichen Verhältnis zu Geld zu sprechen, »zu welchem wesentlich die gesellschaftlichen Machtverhältnisse beitragen … »Kann das ›eigene Geld‹ von Frauen (und auch von Männern) eins zu eins mit deren ›eigenem Leben‹ gleichgesetzt, proportional in entsprechende Macht übersetzt werden? Oder ist das soziale Machtpotential des Geldes letzten Endes begrenzt?«[33]

Christine Wimbauer zufolge ist Geld in Beziehungen »Liebesmittel« und »Beziehungsgeld« zugleich. Es wird emotional aufgeladen und ist dadurch ein verbindendes Mittel.

Ich dagegen denke, dass gerade Besitz und Vermögen dafür prädestiniert sind, ein wesentliches Element für Ungleichheit, Ärger und Machtdifferenzen innerhalb von Paarbeziehungen darzustellen.

Für Männer ist Geldbesitz ein Zeichen ihrer persönlichen Fähigkeiten, ihrer »Potenz«. Für Frauen ist Geld die Realisierung des Wunsches nach Sicherheit. Und

---

32 Stern Nr. 29, 2011, S. 88

33 Christine Wimbauer: Geld und Liebe. Zur symbolischen Bedeutung von Geld in Paarbeziehungen, S. 275

trotz Emanzipation sind bis heute diese Zuordnungen erhalten geblieben, wodurch viele Differenzen und damit auch Streitigkeiten entstehen.

*Ben und Ines sind seit zwanzig Jahren verheiratet und haben eine Tochter, die gerade ihr Abitur gemacht hat. Ines leitet eine Werbeagentur und hat mit Hilfe ihrer Mutter und mehrerer Aupair-Mädchen die Doppelbelastung Beruf und Mutter gut in den Griff bekommen. Es war daher auch nicht problematisch, dass Ben 250 km von ihrem Wohnort entfernt als leitender Angestellter in der IT-Branche gearbeitet hat. Man sah sich jedes Wochenende und genoss die gemeinsame Zeit umso mehr. Doch mit knapp 50 Jahren wurde Ben gekündigt und seine Stelle mit einem 15 Jahre jüngeren Mann besetzt. Er zog zu seiner Familie zurück. Doch seinen Platz innerhalb der Familie im alltäglichen Leben zu finden, war nicht nur räumlich gesehen, sondern auch emotional extrem schwierig für ihn. Er saß die meiste Zeit desillusioniert und enttäuscht zu Hause herum, und Ines begann ihm deswegen immer öfter Vorhaltungen zu machen. Ihre anfängliche Solidarität mit seiner Situation schlug schnell in Ärger um. Sie wollte die spitzen Bemerkungen ihrer Freundinnen über ihren arbeitslosen Mann nicht mehr hören, und empörte sich darüber, dass Ben ihrer Meinung nach zu wenig unternahm, um einen neuen Job zu finden. Sie stritten sich immer öfter wegen Kleinigkeiten und kamen überhaupt nicht mehr miteinander zurecht.*

### Gründe und Anlässe für finanzielle Streitigkeiten: Wer bezahlt wofür?

Für eine Studie der Universität von Wisconsin wurden 100 Paare mit Kindern gebeten, über zwei Wochen lang ein Beziehungstagebuch zu führen. In diesem Tagebuch sollten die Partner getrennt voneinander notieren, welche Themen im Laufe des Tages zu Streit führten und woran sich diese Streitigkeiten entzündeten. Das Ergebnis war nicht überraschend: Über kein anderes Thema stritten die Paare so zäh und ausdauernd wie über Geld. »Die Mehrzahl der Paare empfand die Konflikte um das Geld als bedrohlich für die gemeinsame Zukunft. Während Männer dabei meist aufgebracht und böse reagierten, sowie ihre Partnerinnen häufig beleidigten, zeigten Frauen eher depressive Symptome. Sie beklagten, es gehe unfair in der Partnerschaft zu, gaben sich resignativ und weinten. Bei keinem anderen Konfliktthema fiel es den Eheleuten so schwer, eine Lösung zu finden.«[34]

Der Ex-Beatle Paul McCartney und seine zweite Frau Heather Mills lieferten sich quer durch die Medien einen erbitterten Kampf, der ihr am Ende 20.000 Euro für jeden Tag Ehe einbrachte. Silvio Berlusconi mit geschätzten vier Milliarden Euro

34 Nikolas Westerhoff, SZ vom 23.10.2011, S. 23

Besitz ist absolut reich. Er hätte bei seiner Scheidung also ohne Weiteres auf einen Teil seines Besitzes verzichten können. Doch er kämpfte mit Klauen und Zähnen um sein Vermögen, von dem er möglichst nichts abgeben wollte.

Erbitterte Streitigkeiten um Geld gibt es aber nicht nur bei reichen Paaren, bei denen es dann um große Summen geht. Auch Paare, die eher arm als reich sind, bekriegen sich wegen der Finanzen und fechten einen Stellvertreterkrieg ums Geld aus. Worum geht es dabei? Aufgrund tiefer Enttäuschungen und Verletzungen, die die Partner sich zugemutet haben, wird nun abgerechnet – im wahrsten Sinne des Wortes.

Wer den Partner nicht mehr liebt oder sich nicht mehr geliebt fühlt, wird knauserig. Und umgekehrt: Wer vom Partner keine Liebe mehr erwarten kann, will wenigstens an sein Geld und ihm dadurch einen Verlust beibringen. Dabei ist völlig unwichtig, ob genügend Geld vorhanden ist oder jeder Cent umgedreht werden muss. Es geht darum, sich mittels des Geldes das zu holen, was einem versagt wurde: Liebe, Zuneigung, Anerkennung, Lob usw., und den anderen gleichzeitig zu bestrafen.

Es ist nicht nur eine alltägliche Erfahrung, sondern auch durch Untersuchungen bewiesen, dass sich Paare um nichts leidenschaftlicher streiten als ums liebe Geld. Dafür gibt es mehrere Gründe, von denen einige in den nächsten Beispielen aufgeführt werden.

Wenn einer der Partner davon überzeugt ist, mehr über Geldangelegenheiten zu wissen als der andere, ist die Auseinandersetzung vorprogrammiert. Meist geht sie von demjenigen Partner aus, der mehr verdient und deshalb der Meinung ist, besser über den richtigen Umgang mit Geld Bescheid zu wissen. Oder die Überzeugung, »mehr davon zu verstehen«, wird von seiner Berufstätigkeit oder einem einschlägigen Studium abgeleitet, also wenn der Partner ein Betriebswirtschaftsstudium oder eine Banklehre absolviert hat, aus einem Unternehmer-Elternhaus kommt usw. Jede Entscheidung die Finanzen betreffend wird dann von zwei Argumenten begleitet: »Ich weiß mehr über Geld. Ich habe mehr Geld.«

Wissen ist Macht. Geldhaben bedeutet Macht. Sehr viel Reife, Selbstbewusstsein und Liebe sind nötig, um diesbezüglich bestehende Ungleichheiten nicht zu einem offensichtlichen oder latent wirkenden »Dauerstreitthema« werden zu lassen, wie wir im Folgenden sehen:

*Constanze M. ist eine sehr hübsche Frau, Anfang 40, die mit 25 Jahren ihren Mann, einen wenige Jahre älteren Unternehmer, geheiratet hat. Sie kannten sich vor der Hochzeit schon viele Jahre, es war eine sogenannte Sandkastenliebe. Kurz nachdem Constanze geheiratet hatte, forderte ihr Mann sie auf, einen Ehevertrag zu unterschreiben, der im Falle einer Scheidung regelte, dass Constanze keinen Anspruch auf irgendeine Art von Unterhalt hätte, auch nicht für die zukünftigen Kinder. 15 Jahre nach der Hochzeit leidet Constanze unter der Knauserigkeit und Kontrollsucht ihres Gatten. Obwohl er über ein Jahreseinkommen von ca. 500.000 Euro verfügt, verhält er sich ihr gegenüber keineswegs großzügig. Im Gegenteil: Er teilt ihr Monat für Monat zweitausend Euro Haushaltsgeld zu und verlangt, dass sie akribisch alle Ausgaben notiert und mit Kassenbons belegt. Auch die Nachhilfestunden für die zwei Töchter oder der Musikunterricht müssen mit Quittungen belegt werden. Constanze fühlt sich wie eine »Haussklavin« behandelt und überwacht. Sie lebt zwar in einem luxuriösen Haus unter schönen Bedingungen, wird aber von ihrem Mann gegängelt. Sie kann zwar an seinem Luxus teilhaben, muss ihn aber wegen jeder Kleinigkeit um Geld bitten. Wenn sie sich neue Schuhe wünscht, gehen sie zusammen einkaufen; er bezahlt dann mit seiner schwarzen Kreditkarte. Er begründet sein Verhalten damit, dass er das viele Geld mit in die Ehe gebracht hat und sie sich freuen soll, an seinem Reichtum und an den Möglichkeiten, die dieser eröffnet, teilhaben zu können – und »wer das Geld hat, hat das Sagen«.*

*Nach einem weiteren erbitterten Streit geht Constanze schließlich zum Anwalt, der ihr versichert, dass ihr trotz des Ehevertrages im Falle einer Scheidung oder Trennung ein angemessener Beitrag und Unterhalt für die Kinder zustehen. Seitdem, betont sie, hätte sie wieder mehr Selbstvertrauen, das er ihr schon vor langer Zeit durch das Verbot, zu arbeiten, genommen hätte. Ihrem reichen Mann war es nur schwer zu vermitteln, dass auch seine Frau einen gewissen Anspruch darauf hat, selbstbestimmt und frei über gewisse finanzielle Mittel zu verfügen.*

Dass es verletzend und kränkend für seine Frau sein musste, ständig Auskunft über ihre Geldausgaben zu geben und sich dafür rechtfertigen zu müssen, wurde Constanzes Mann erst bewusst, als es schon fast zu spät war. Ihr Fall entspricht den früher vollkommen üblichen Rollenverteilungen, die heute immer noch gang und gäbe sind.

Doch auch für das Gegenteil: Frauen haben dank ihres Wissens und Geldes mehr Macht als die Männer, gibt es Beispiele:

*Juliane, bald vierzig Jahre alt, hat von ihrem Vater als Vorauszahlung auf ihr großes Erbe über 50 Millionen Euro geschenkt bekommen. Wie ihr Mann Florian, den sie schon seit zwanzig Jahren kennt, hat sie viel Zeit und Muße, sich interessanten und schönen Dingen zu widmen. Das Paar besucht Kunstausstellungen, geht oft ins Theater und Kino, ist überhaupt sehr an Kultur interessiert. Doch Florian moniert seinem engsten Freund gegenüber immer mehr, dass er das Mädchen, in das er sich vor vielen Jahren brennend verliebt hat, nicht mehr wiedererkennt. Sie, die einst in einem Blumenkleid mit ihm zusammen auf Ibiza am Strand am Lagerfeuer saß, Wein aus der Flasche trank und den romantischen Sonnenuntergang beobachtete, würde sich nun immer öfter wie eine Megäre aufführen und ihm ständig unter die Nase reiben, dass das große Geld eigentlich nur von ihr kommen würde. Beide haben Germanistik studiert und unter vergleichbaren Voraussetzungen ihre Beziehung begonnen. »Ohne ihren Vater hätte sie doch genauso viel oder wenig wie ich, und früher war ihr das Geld überhaupt nicht wichtig«, beklagt er sich bei seinem Freund. Florian ist verzweifelt, weil er nicht weiß, wie lange er dieses »Gefälle« zwischen ihnen noch aushalten kann.*

Bei Juliane und Florian stellt sich heraus, dass die Ungleichheit zwischen ihnen keineswegs von Anfang an vorhanden war und zu irgendwelchen Problemen geführt hat. Die gleichen Interessen, das gleiche Studium und die Freude, Kulturerlebnisse miteinander zu teilen, verbanden das Paar. Mit dem Erbe jedoch veränderte sich Julianes Situation: Sie kann über sehr viel Geld verfügen – und ihr Mann nicht. Es ist anzunehmen, dass die hohe Summe von 50 Millionen ihr Selbstwertgefühl überproportional gesteigert und das Minderwertigkeitsgefühl ihres Mannes gleichzeitig zugenommen hat. Eine Lösung, wie sich vernünftig mit einer solchen Ungleichheit umgehen lässt, halten beide für nicht möglich und visieren sie deshalb auch gar nicht an. Doch eine solche Lösung wäre durchaus denkbar: Zum Beispiel könnte Juliane einen Teil ihres Vermögens ihrem Mann schenken, mit der Maßgabe, dass er darüber völlig frei nach seinem Gutdünken verfügen kann. Zudem könnte Florian ihr ein symbolisches Geschenk oder eine Gegenleistung anbieten, damit die »Gabe«, die er bekommt, bei ihm keine unbewussten Schuldgefühle und damit Aggressionen auslöst.

*Divergierende emotionale Bewertungen*

Wer hat nun in einer Beziehung das Sagen, in der die Partner Geld emotional unterschiedlich besetzen? Nehmen wir einmal an, beide haben gleich viel Geld und bezeichnen sich diesbezüglich auch nicht als »Experte«. In solch einem »neutralen« Fall können allein schon unterschiedliche Charaktereigenschaften und Bewertungen, welche Rolle Geld im Leben zu spielen hat, zu Konflikten führen, wie das nächste Beispiel zeigt:

*Ein Archäologe, Anfang fünfzig, der sein Leben der Wissenschaft gewidmet hat, verfügt über alle akademischen Weihen, Promotion und Habilitation sowie eine lange Publikationsliste. Aber er verfügt über kein Geld. Es hat ihn nie interessiert. Neue Erkenntnisse, eine spannende Entdeckung in seinem Fachgebiet ist ihm immer wichtiger gewesen, als sich um den schnöden Mammon zu kümmern. Die Weigerung, sich mit Geld zu befassen, schlägt sich unter anderem auch darin nieder, dass er keine Anstrengungen unternimmt, im Laufe seines wissenschaftlichen Lebens eine Verbeamtung als Professor zu bekommen. Als Gastprofessor und Forscher für Projekte im Ausland ist er über viele Jahre hinweg gefragt. Das hat den Vorteil für ihn, dass er von allen Verwaltungstätigkeiten, die ihn von Forschung und Lehre abhalten würden, befreit ist. Doch dafür wird er eines Tages ohne Gastprofessur zurechtkommen und sich mit einem schlecht bezahlten Lehrauftrag begnügen müssen.*

*Er lernt, kurz bevor diese Situation eintritt, eine Malerin, Anfang vierzig, kennen. Er ist begeistert, wie intelligent und begabt sie ist, und verliebt sich in sie. Doch bald beginnen die Probleme, die alle mit dem Thema Geld zu tun haben. Da sie relativ verwöhnt ist, immer gut gekleidet ist und sich gesellschaftlich erfolgreich präsentieren kann, kommt er gar nicht auf die Idee, dass auch sie Geldprobleme haben könnte. Stets geht er auf Grund ihres souveränen Auftretens davon aus, dass sie »zahlt«. In den ersten gemeinsamen Urlaubstagen sagt er zu ihr: »Meine Liebe, hol doch nochmal Geld aus dem Automaten, damit wir essen gehen können.« Sie ist erschrocken, denn bisher haben immer ihre Partner sie eingeladen.*

*Sie hat zwar durchaus Ausstellungen und verkauft hier und da ein Bild. Aber das Geld fließt ihr keineswegs so zu, wie er das zu glauben scheint. Aus Stolz verschweigt sie ihm, dass auch ihre Mittel begrenzt sind – und allenfalls für ihren Lebensunterhalt reichen, aber nicht für zusätzliche Ausgaben. Da er sich für Geld nicht interessiert und zudem in dieser Hinsicht relativ naiv ist, merkt er nicht, was los ist. Er ärgert sich über ihre »Macken«, wenn es um das Bezahlen geht. Er ist der Meinung, dass er und sie zusammengehören und es daher egal sei, wer bezahlt. Sie jedoch wird »zickig«, wenn er sie wieder einmal zum Automaten schickt oder darum bittet, ihm Geld zu leihen. Es handelt sich nie um große Summen. Aber auch die kleinen Summen läppern sich zusammen. Sie weigert sich nicht prinzipiell, ihm Geld zu geben oder zu leihen, bringt aber Einwände vor und versagt ihm vermehrt sein Anliegen. Gleichzeitig fühlt sie sich schlecht, weil sie nie zuvor in ihrem Leben im Verdacht stand, geizig zu sein. Sie versucht, teilweise erfolgreich, aber zähneknirschend, in einer Galerie zu arbeiten und Grafikaufträge anzunehmen, um mehr zu verdienen. Ihre Malerei gerät dabei ins Hintertreffen. Dies verübelt sie ihm, ohne aber mit ihm darüber zu sprechen. Er wiederum weigert sich, als Taxifahrer oder Hilfslehrer zu arbeiten, nur um Geld zu verdienen. Das ist mit seinem »Wissenschaftler-Ethos« nicht vereinbar.*

*Trotzdem ziehen beide zusammen. Die Beziehung bleibt bestehen, aber das Geldthema bringt beide an ihren Grenzen. Bis sie eines Tages auszieht, mit der Begründung: »Mach deinen Kram alleine – ich kann dich nicht länger durchfüttern.« Diese deutliche Ansage erschüttert ihn so, dass er alles daransetzt, sie zurückzugewinnen. Es gelingt ihm. Denn sie ist beeindruckt von seinem festen Willen, die Partnerschaft fortzusetzen. Die Geldprobleme sind seitdem aber nur partiell gelöst, die weitere Entwicklung ist offen.*

Zwischen den beiden besteht kein Unterschied, was den Vermögensstand oder die größere Erfahrung im Umgang mit Geld betrifft, sondern eine unterschiedliche emotionale Besetzung des Geldes. Der Künstlerin ist Geld wichtig, weil sie sich dadurch eine bestimmte Lebensqualität sichert. Sie hat mehr Geschick, finanziell für sich zu sorgen und den Eindruck von Wohlstand zu vermitteln, als er. Er hat dagegen kein Gefühl und keinen Sinn dafür entwickelt, dass dies »irgendwie« im Leben eine Rolle spielt.

Eine Lösung wäre hier: Beide setzen sich zusammen und überlegen gemeinsam, wer wie zu ihrem gemeinsamen Lebensunterhalt beiträgt und wie viele persönliche »Opfer« er dafür zu bringen bereit ist. Doch die allerwichtigste Voraussetzung wäre, dass das tabuisierte Thema Geld enttabuisiert werden würde und beide über ihre Haltungen und Gefühle sprechen: Sie über ihre Angst, ausgenutzt zu werden, er über seine Schuldgefühle, sie über ihren Respekt vor seinem Mut, als Wissenschaftler Neues in seinem Fach zu wagen, und er über ihre Tüchtigkeit und seine Anerkennung für ihre Leistung als Malerin.

Ein weiteres Beispiel zeigt, wie unterschiedlich ein Paar Geldausgaben bewertet. Dabei geht es weniger um die Frage, wer wofür bezahlt, sondern darum, den Dingen und Anlässen, für die Geld ausgegeben wird, unterschiedliche Bedeutungen beizulegen.

*Martina und Karl haben sich im Jurastudium kennen und lieben gelernt. Damals war sie 19 Jahre alt und er, der schon promovierte und sein Referendariat abgeschlossen hatte, 27. Ihre Lebenseinstellungen waren trotz des Altersunterschieds ähnlich. Außerdem waren sie sich auch weitgehend darüber einig, welchen Stellenwert sie Geld in ihrer Beziehung einräumen wollten. Sie interessierten sich beide für ferne Länder, verbrachten viele Urlaube mit dem Rucksack in Südamerika, trampten in rostigen Autos bis nach Indien, schliefen unter freiem Sternenhimmel, träumten von sozialer Gerechtigkeit und Solidarität. Mittlerweile sind sie seit dreißig Jahren verheiratet und haben zwei erwachsene Töchter, die beide studieren. Von Anfang an war Martina klar, dass Karl, obwohl er aus dem adelsversessenen Österreich stammte, kein »verwunschener Prinz«, sondern ein verkappter Schwabe war. Er war außerordentlich sparsam! Abgesehen davon legte er keinen großen Wert auf Äußerlichkeiten. Es war ihm egal, ob die Hose, die er trug, zu lang war, so dass er ihren Rand unvermeidlich abtrat. Auch welches Hemd zu welchem Pullover passen könnte, interessierte ihn wenig. Von Anbeginn ihrer Beziehung an hatte er immer wieder Angst, nicht genügend Geld zum Leben zu haben. Diese Einstellung, die Martina am Anfang ihrer Beziehung tolerierte, bringt sie jetzt, wie sie sagt, auf die »Palme«.*

Dass Karl eigentlich Angst davor hat, zu viel Geld auszugeben, hat seine Frau mittlerweile begriffen. Nur die Folge davon, dass er weder sich noch ihr etwas gönnt, ist für sie inakzeptabel. Sie hingegen will das Leben genießen und hat keine Angst, sondern eher Freude daran, Geld auf eine ihr gemäße Weise auszugeben. Diese Unterschiede führen zu Konflikten, die beide nur dann lösen, wenn sie ihre Wünsche gegenseitig respektieren. Außerdem wäre es wichtig, sich zu erzählen, mit welchen Gefühlen, ja Verletzungen die Auseinandersetzungen über Geld verbunden sind: Sie könnte ihm sagen, wie sehr sie sich ein lustvolles Leben wünscht und dass sie keine Angst hat, etwas »zu verlieren«, wenn sie Geld ausgibt. Und er könnte ihr sagen, dass ihm Geldausgaben tatsächlich unangenehm sind und er deshalb lieber auf vieles verzichtet. Sie könnten einen Kompromiss schließen und vielleicht eines Tages über ihre Unterschiedlichkeit lachen.

Es ist eine altbekannte Tatsache, dass Beziehungen, die im Himmel beginnen, nach längerer Zeit in der Hölle enden können. Man gewöhnt sich aneinander. Die Partnerin, die in der Phase der Verliebtheit geheimnisvoll und verführerisch wirkt, scheint nicht mehr so begehrenswert. Wenn sie am Frühstückstisch mit Lockenwicklern sitzt und nörgelt, dass er wieder einmal nicht einkaufen gegangen ist, wirkt sie auf ihn nicht mehr sehr anziehend. Und der einst bewunderte Mann, der mit Witz und Komplimenten das Leben seiner Angebeteten versüßte, wird zum Ausgehmuffel, verweigert Gespräche und erzeugt bei seiner Partnerin nur noch Frustration. Die gemeinsame Bewältigung des Alltags und unterschiedliche Ansprüche und Bedürfnisse nagen an der Liebe – und der Verlust an Nähe wird durch die zunehmende Wichtigkeit des Geldes ersetzt.

Nach Westerhoff wird es umso schwieriger, Geldstreitigkeiten zu vermeiden, je länger eine Partnerschaft dauert. »Nach Ansicht von Psychologen geht Menschen im Laufe einer langjährigen Beziehung vor allem eines verloren: die Großzügigkeit, jene Eigenschaft also, die Mitmenschen schätzen wie keine andere. Das belegen auch die interkulturellen Studien des Evolutionspsychologen David Buss von der

University of Texas in Austin. Ganz gleich, ob es um Geld, Zeit oder Gefühle geht, irgendwann fangen Paare an zu knausern. Und weil sie sich das nicht eingestehen, sehen sie in ihrem Verhalten nichts anderes als eine Erwiderung auf die vermeintliche Engherzigkeit des Partners.

Die Schutzbehauptung lautet: Wäre der andere nicht so schrecklich knickrig, müsste ich es auch nicht sein. Der Streit ums Geld markiert häufig den Anfang vom Ende einer Leidenschaft und eskaliert bei einer Trennung vollends.«[35]

Dabei kann es durchaus passieren, dass der Streit um Geld zwar stattfindet, aber nur indirekt ein Anlass zur Trennung wird. Aus einem einfachen Grund: Die Partner gestehen sich im Laufe der Zeit nur ungern oder gar nicht ein, dass hauptsächlich die Finanzen der Anlass für das Auseinanderdriften waren.

*Nach der Wende lernen sich auf einer Abendgesellschaft in Berlin ein geschiedener Philosophieprofessor aus der ehemaligen DDR und eine Psychotherapeutin aus Westdeutschland kennen. Sie sind beide sofort voneinander begeistert. Unter nicht einfachen Bedingungen – sie leben an verschiedenen Orten und haben, politisch bedingt, sehr verschiedene Sozialisationen – entschließen sie sich, eine Beziehung einzugehen. Sie reisen zusammen, debattieren und haben sich viel zu erzählen. Nach und nach stellt sich jedoch heraus, dass er immer unruhiger wird, wenn sie zusammen essen gehen oder in einem Hotel wohnen. Für sie ist es selbstverständlich, auf einer Kunstreise in einem netten kleinen, hübsch eingerichteten Hotel zu wohnen. Er aber setzt diese Selbstverständlichkeit mit »typisch westlichem Anspruchsverhalten« gleich. Denn in der ehemaligen DDR war es üblich, Ferien in Ferienlagern, unter (nach westlichem Standard) sehr einfachen Bedingungen zu verbringen.*

Die unterschiedliche Sozialisation der beiden wirkte sich auf ihr Wissen, ihren Umgang und ihre Gefühle im Zusammenhang mit Geld aus. Immer mehr stellt sich heraus, dass es keine Basis, keine Gemeinsamkeiten für ihre Beziehung gibt. Es wird zwar kein Streit über Geld ausgefochten, doch eine latente Aggression schwelt. Er ist unausgesprochen empört über ihre Ansprüche, die sie selbst als ganz normal empfindet. Und sie kann nicht akzeptieren, dass er in ihr ein anspruchsvolles Luxusweib sieht, nur weil sie »nett« wohnen möchte. Immer mehr kleinere Anlässe dieser Art machen deutlich, dass Geld auf indirekte Weise zum Problem für sie wird. Schließlich findet eine schmerzhafte Trennung statt. Das, was am Anfang völlig unwichtig war – Geld – wird am Ende der Beziehung unausgesprochen zum Grund für die Trennung.

---

35 Nikolaus Westerhoff, SZ 23.10.2011

Hier kommen zwei Faktoren zusammen: Während der Beziehung spitzen sich die Konflikte immer mehr zu. Das Geld war indirekt Dreh- und Angelpunkt der Auseinandersetzungen, fokussierte dabei aber nur das eigentliche Problem: unterschiedliche Werte und Einstellungen durch das Aufwachsen in zwei politischen, wirtschaftlichen Systemen: Kapitalismus und »Sozialismus«. Beide waren durch ihre unterschiedlichen Erfahrungen stärker geprägt, als sie es sich eingestanden haben. Beide waren indoktriniert, »politisch behindert«, nicht wirklich befreit von ihren ideologischen Prägungen, und wurden so von der »monetären Realität« auseinandergetrieben.

### Aufwiegen und Abwägen: Was investiere ich in dich?

Nachdem ich einige typische Streitgründe in Partnerschaften genannt habe, möchte ich eine Frage ins Spiel bringen, die wohl jeder Mensch kennt: Wer hat was und wie viel in eine Beziehung »investiert«? Stellt einer der beiden Partner fest, viel mehr investiert zu haben als der andere, liegt der Vorwurf auf der Hand.

Wer hat nicht schon zumindest im Fernsehen (dem Lautsprecher unseres Alltags) Sätze wie diese gehört: »Ich habe dir meine besten Jahre geopfert«, oder: »Ich habe so viel in diese Beziehung investiert, und was ist jetzt?!«

*»Betrachten Sie ihren Lebensgefährten unter dem Kosten-Nutzen-Aspekt. Diese Sichtweise setzt sich immer mehr durch; warum sie nicht für die eigenen Zwecke adaptieren? Die Strategie besteht darin, auf unsere Beziehungen anzuwenden, was wir durch die globalisierte Wirtschaft gelernt haben: den Partner unter dem Gesichtspunkt zu betrachten, was er uns in naher Zukunft einbringen und was er im Gegenzug kosten wird. Wenn Sie ein negatives Ergebnis erhalten – Sie ihr Partner also mehr kostet, als er Ihnen bringt – sofort eine Trennungsstrategie einleiten.«*

Diese durchaus ernst gemeinte Empfehlung einer deutschen Frauenzeitschrift aus dem Jahre 2011, die wirtschaftliche Sichtweise eines Ökonomen auch auf intime Beziehungen anzuwenden, ist ein weiteres, frappierendes Beispiel für die Ökonomisierung unserer privaten Lebenswelt. Sie korrespondiert mit dem nun folgenden Beispiel. Hier investiert ein Mann sehr viel, um eine Frau, die er gern hat, zu halten. Aber lohnt die Investition wirklich?

*Martin ist ein selbstständiger Handwerker, der mit Ende dreißig schon zwei Mal geschieden ist. Er ist ein sensibler Mann, hat eine pubertierende Tochter aus zweiter Ehe und wurde erst kürzlich, nach fünf Jahren Partnerschaft, von seiner Lebensgefährtin verlassen. Sein Problem sei, sagt Martin, dass seine Frauen immer so anspruchsvoll seien. Sie würden immer »so viel fordern und erwarten«.*

*Nachdem er mehrere Monate brauchte, um die »böse Trennung« zu verarbeiten, lernte er vor ein paar Wochen Renate kennen, eine Friseurin mit einem eigenen Salon, die etwa so alt ist wie er. Sie ist eine Geschäftsfrau, die »weiß, was gut ist und wie ein gutes Leben auszusehen hat«. Schon nach wenigen Wochen hat Martin Probleme mit dem Anspruchsniveau seiner neuen Lebensgefährtin. Die Wochenenden verbringen sie in teuren Hotels, denn Renate braucht Abwechslung. Und diese Abwechslung kann an einem Wochenende schon mal 1.000 Euro kosten. Martin beschwert sich, dass Renate, auch wenn sie unter der Woche in ein Restaurant gingen, immer teure Weine ordern würde, die Flasche »so um die dreihundert Euro«. Er gibt dabei ehrlich zu, dass er einen Wein für 30 Euro nicht von einem 300-Euro-Wein unterscheiden könne.*

*Auf meine Frage, wie lange er sich diese Freundin noch leisten kann, meint er: »Momentan schon noch, aber nicht mehr lange …«*

Dass diese Beziehung eigentlich von Anfang an auf tönernen Beinen steht und nicht lange dauern wird, ist offensichtlich. Martin hat Probleme damit, zuzugeben, dass er keine Lust auf einen aufwendigen Lebensstil hat und auch nicht über genügend finanzielle Mittel verfügt, um sich ständig teure Übernachtungen und kostspielige Weine leisten zu können. Dies anzusprechen würde Mut und ein gesundes Selbstbewusstsein erfordern. Doch darüber verfügt er nach mehreren, ihn schwer belastenden Trennungen nicht.

Auch an einem anderen Beispiel wird sichtbar, dass Geld statt Liebe und Nähe investiert wird, um eine Beziehung aufrecht zu erhalten. In ihrem Roman »Die Kleingeld-Affäre« erzählt Elfriede Hammerl von einer nicht mehr ganz jungen Frau, die einen verheirateten Liebhaber hat. Weil dieser angeblich zu ungeschickt und einfallslos ist, sich passende Geschenke für seine Geliebte auszudenken, gibt er ihr lieber Geld, damit sie sich etwas Schönes kaufen kann. Pikanterweise ist es jedoch das seiner wohlhabenden Frau, wie dessen Geliebte erzählt und kommentiert:

*»Vielleicht liebt G. aber auch seine Frau weniger als ihr Geld, man kann das ebenso gut pragmatisch sehen. Seine reiche Frau bietet ihm ein angenehmes Leben, gesicherten Wohlstand, ja, Luxus … G. zahlt nicht für Sex, sondern weil er ein schlechtes Gewissen hat, er beschwichtigt mich mit Geld, jedenfalls versucht er es auf diese Weise …*

*Wenn ich mit G. ausgehe, zahlt G. für uns beide. G. duldet nicht, dass ich meinen Teil der Rechnung oder gar einmal die ganze Rechnung übernehme. Wir gehen in teure Lokale und bestellen, ohne die Preise auf der Speisekarte zu beachten. Wir lassen es uns gut gehen … Die Beziehung zu G. ist die erste, die überhaupt materielle Früchte abwirft. Bescheidene Früchte, nicht zu vergleichen mit dem, was meine erfolgreich verheirateten Freundinnen selbstverständlich zu verlangen gewohnt sind und auch selbstverständlich bekommen.«*

Deshalb kauft sich die Geliebte von G. Modeschmuck, den sie ihren Freundinnen gegenüber zu Schmuck von G. erklärt: »*Ich bin eine geliebte Frau, die mit Schmuck überhäuft wird. So sollen mich die anderen sehen. So will ich mich selbst sehen.*« Allerdings betont sie: »*Ich habe immer für mich selbst gezahlt, mit meinem selbst verdienten Geld. Ich habe meine Kinder alleine erhalten … Nie habe ich von spendablen Kavalieren geträumt, schließlich wollte ich mich nicht der Hurerei hingeben, und all das Gerede vom reichen Märchenprinzen, mit dem die finanziellen Sorgen ein Ende hätten, war in meinen Augen nichts als ein Loblied auf die Prostitution.*«

Dennoch ist sie nun mit G. zusammen, der sie mit dem Geld seiner Frau für sexuelle Dienstleistungen bezahlt, ihr aber keine Zuwendung und Nähe schenkt.

Dass über Geld in Bezug auf Liebe in Beziehungen weder gesprochen noch geschrieben und geforscht wird, stellt auch Christine Wimbauer in ihrer Arbeit »Geld und Liebe« fest. Auch in der soziologischen Forschung werden beide Phänomene meist getrennt voneinander thematisiert. Wenn sie implizit oder explizit zusammen behandelt werden, dann häufig unter der Annahme, dass Geld und Liebe Themen sind, die nicht zusammenpassen. Dabei ist, wie wir aus den vielen Beispielen (auch dem Beispiel das Ost-West-Paar betreffend) ersehen, gerade der tabuisierte Zusammenhang zwischen beiden überaus interessant.

Elfriede Hammerl lässt die Geliebte in »Die Kleingeldaffäre« eine Situation schildern, in der die Tabuisierung des Geldes zu einer ebenfalls unguten Situation führt: »*Früher haben wir unsere Rechnungen in den Lokalen abwechselnd bezahlt, jetzt hat Joe immer häufiger kein Kleingeld dabei, die Kreditkarte vergessen, verabsäumt, zum Bankomat zu gehen. Die Beträge, um die es geht, sind lächerlich, ich glaube nicht, dass er es darauf anlegt, möglichst billig wegzukommen, er hat nur einfach keine Lust, sich für eine Rechnung, die in meiner Gegenwart aufgelaufen ist, verantwortlich zu fühlen, sein Beitrag besteht darin, dass er anwesend war, ich habe für das Vergnügen seiner Gesellschaft zu zahlen. So kommt es mir jedenfalls vor. Das kränkt meine Eitelkeit. Aber es stürzt mich nicht in Verzweiflung …*«[36]

36 Vgl. dazu: Elfriede Hammerl: Die Kleingeldaffäre, S. 140

Hier stellt sich die Frage, wie lange die Frau an dieser Beziehung noch festhalten will und wird, um seine Anwesenheit »genießen zu dürfen«.

### Die emotionale Währung der Liebe: Was bist du mir wert?

Wer für den Partner oder die Partnerin Geld ausgibt, verdeutlicht damit auch: »So viel bist du mir wert!« Aber stimmt es wirklich, dass die Höhe der Ausgaben den Wert des Partners »anzeigt«? Geld und kostspielige Geschenke werden innerhalb einer Paarbeziehung oftmals mit symbolischen Bedeutungen aufgeladen und enthalten für viele Menschen ein unausgesprochenes Wertversprechen: »Ich bin das wert, was du mir als Partner schenkst. Je größer das Geschenk, je teurer die Uhr, desto mehr bin ich meinem Partner wert.«

Geld stellt in Beziehungen folglich eine »interaktive, emotionale Währung« dar. Es repräsentiert nach innen ebenso sichtbar wie nach außen den Wert, den sich die Partner untereinander geben.

Geschenke werden aus sehr verschiedenen Motiven gegeben: Sie können ein Ausdruck von Liebe und Wertschätzung sein. Das Schenken kann jedoch ebenso gut narzisstischen Motiven geschuldet sein, insofern man den Partner als narzisstische Erweiterung seiner selbst betrachtet: Man ist stolz auf seine attraktive Frau, die den anderen Frauen die Show stiehlt, und präsentiert sie deshalb gerne in exquisiter auffälliger Kleidung und wertvollem Schmuck.

Darüber hinaus überspielen großzügige teure Geschenke vielfach eigene Defizite oder stellen gar eine gezielte Täuschung dar. Nicht selten ist der großzügige Schenker unfähig, tiefere Beziehungen einzugehen oder seine Gefühle zum Ausdruck zu bringen. Er bedient sich daher kostspieliger Geschenke, die als sichtbares Zeichen seiner Wertschätzung zeigen sollen, was er selbst durch sein Verhalten nicht zeigen kann oder zeigen will: Gefühle und den Wunsch nach einer festen Bindung.

Man muss nicht auf einen Sklavenmarkt oder in ein Bordell gehen, um zu erfahren, wie Männer den Wert einer Frau direkt durch Geld bestimmen. Peter Evans schildert uns in der Biografie über das Leben des großen Reeders Aristoteles Onassis eine beklemmende Szene: Onassis, der heftig in Maria Callas verliebt ist und sie für sich gewinnen will, isst mit der Diva und ihrem Noch-Ehemann zu Abend, der durch den unmäßigen Alkoholgenuss der beiden Männer immer streitgeschwängerter und unangenehmer verläuft.

Onassis wird folgendermaßen zitiert, als er Maria Callas' Ehemann verspottet: *»Ich bin zwar ein schlechter Kerl, aber ich bin reicher, als du es jemals sein wirst, und ich bin ein besserer Liebhaber, als du es jemals sein wirst … Ich mache, was ich möchte, und ich nehme mir, was ich möchte …«*

Evans kommentiert: »*Sein Reichtum war ein Thema, das ihn immer beschäftigte. Er wollte schließlich wissen, wie viel Geld Meneghini, der Mann von Maria Callas, für sie haben wolle. Fünf Millionen Dollar? Du hast sie schon! Zehn Millionen? Nimm sie. Nur belästige uns nicht weiter.*«[37]

In der Folge kommt Evans auf Christina Onassis, die Tochter von Ari, zu sprechen, die nach vielen fehlgeschlagenen Beziehungen nur zwei Herzenswünsche äußert: »*Meine brennendsten Wünsche sind, dass es meinem Vater besser geht und dass ich einen Mann treffe, der mich um meiner selbst willen liebt und nicht wegen meines Geldes. Glück hängt nicht vom Geld ab, meine Familie ist der beste Beweis dafür.*«[38]

*Christina Onassis' erster Mann, der fast dreißig Jahre älter als sie war, äußerte nach dem schnellen Ende ihrer Ehe: »Wenn sich eine Milliarde Dollar an dich lehnen, spürst du das!«[39] Sie passten überhaupt nicht zu einander – er, ein smarter Junggeselle im mittleren Alter, der schon zwei Ehen hinter sich hatte und froh war, ein sorgenfreies Leben leben zu können, und sie, ein junges, unsicheres, scheinbar plumpes, zugleich leidenschaftliches Mädchen, das noch nicht einmal zwanzig Jahre war.*

Wenn man die Biografie über Onassis mit seinen Ehen und Trennungen kennt, seine Abhängigkeit von Erfolg und Macht erahnt und dann die desaströsen zwischenmenschlichen Verhältnisse reflektiert, die das Geld in dieser Familie geschaffen hat, kann man eigentlich nur froh sein, ein normaler, durchschnittlicher Mensch zu sein. Alle Familienmitglieder waren von Alkohol und Schlaftabletten abhängig, süchtig nach Liebe und Anerkennung. Man könnte sie als seelische Wracks bezeichnen, die mit ihrem opulenten Leben, das auf reinen Konsum ausgerichtet war, ihre innere Leere und Einsamkeit übertünchten.

Doch nicht nur bei den Superreichen wird durch den Wert der Geschenke und Gaben der Wert des Partners definiert. Wie doppeldeutig die Gaben in Partnerschaften sind, wird an folgendem Beispiel deutlich:

*Isabell K., eine Frau mittleren Alters und von Beruf Medizinisch-Technische Assistentin, schenkt ihrem Partner, einem Polizisten, gern Sachen zum Anziehen. Da dieser weder Interesse noch die Zeit hat, um sich selbst Hosen, Anzüge, Krawatten etc. zu kaufen, freut er sich über Isabells Zuwendungen. Er trägt ja meist Uniform – und*

---

37 Peter Evans: Ari. The Life and Times of Aristotle Onassis Übersetzung der zitierten Passagen von Gisela Kaiser

38 Peter Evans, S. 295

39 Vgl. dazu: Peter Evans, S. 295

*ansonsten ist ihm gute Kleidung eher gleichgültig. Doch Isabell ist gute Kleidung sehr wichtig! Er weiß dies und sagt sich, sie würde sich ja sonst nicht die Mühe machen, für ihn einkaufen zu gehen. Auf die Idee, ihr das Geld zurückzugeben, das sie für seine Sachen ausgegeben hat, kommt er nicht. Sie wiederum wagt nicht, ihn darum zu bitten. Sie hat eine preiswerte und schöne Hose gesehen und gekauft – ohne dass sein Geburtstag oder sonst ein Anlass gegeben ist, der das Geschenk rechtfertigt.*

*Erst bei einem Streit wird deutlich, dass die Geschenke hintersinnig sind. Isabell möchte, wenn sie mit ihrem Mann ausgeht, »gut dastehen«. Als er nun eines Tages eine Hose anzieht, die sie ihm gekauft hat, stellt sie fest, dass die Hose beschädigt ist. Da es nicht das erste Mal ist, dass er »mit den von ihr gekauften Sachen« nicht pfleglich umgeht, wird sie wütend und macht ihm Vorwürfe. Er versteht seine Frau nicht: Geschenk ist Geschenk – und mit Geschenken kann man doch machen, was man will, oder etwa nicht?*

*Das Motiv Isabells, ihrem Partner Kleidung zu schenken, ist nicht etwa uneigennützig. Es zielt nicht nur darauf ab, ihm eine Freude zu machen, sondern darauf, ihn so auszustatten, dass sein äußeres Erscheinungsbild ihren Vorstellungen entspricht. Und dafür gibt sie Geld aus. Erst nach mehreren Vorfällen ähnlicher Art begreift er, was es mit dem Schenken auf sich hat. Er zieht die Konsequenzen, verweigert ihre Geschenke und bittet sie allenfalls, ihn bei den zukünftigen Einkäufen zu begleiten. Und er entschließt sich, selbst für seine Kleidung zu bezahlen.*

### Auf- und Verteilen von vorhandenen Mitteln

Es gibt in Partnerschaften selbstverständlich verschiedene Möglichkeiten, mit dem zur Verfügung stehenden Geld umzugehen. Laut Umfragen entscheiden sich zwei Drittel der Paare für eine gemeinsame Kasse und demonstrieren damit, dass man sich vertraut und unterstützt, was der Vorstellung einer gleichberechtigten Partnerschaft entspricht. Doch diese Gleichberechtigung gibt es in ihrer absoluten Form eher selten. (Die Gründe dafür sind – siehe die Themenkomplexe der vorangegangenen Kapitel: Tabuisierung Geld und Liebe, Narzissmus, übertriebener Egoismus, Leistungsdruck, Schein und Sein in unserer kapitalistisch ausgerichteten Gesellschaft).

Ehen gelten dann als mustergültig, wenn beide Partner zu gleichen Teilen über das Haushaltseinkommen verfügen, unabhängig davon, ob beide gleich viel dazu beitragen. Doch im Alltag schützt auch dieses Modell nicht vor Ungerechtigkeiten und Streit. Denn auch wenn ein Paar sein Einkommen zusammenwirft, hört der Einzelne ja nicht automatisch damit auf zu rechnen, zumal der weniger wohlhabende Partner sich leicht auf Kosten des anderen bereichern kann. Gemeinsames

Wirtschaften bedeutet häufig, sich ständig über getätigte Ausgaben erklären und rechtfertigen zu müssen.

Deshalb entscheiden sich immer mehr Paare – meist Menschen, die schon eine Scheidung hinter sich haben, gebildete Doppelverdiener sowie bislang Unverheiratete – für das Führen getrennter Konten. Aber selbst diese Entscheidung verhindert keinen Streit, da sie noch mehr Rechnen und akribische Buchhaltung verlangt: Miete, Heizkosten, Strom und die Kosten des Einkaufs müssten geteilt werden. Soll etwa der Besserverdienende einen größeren Anteil zahlen, oder derjenige, der mehr verbraucht? Hier liegt der Teufel im Detail: Baden oder duschen? Wer aufs Geld achtet, plädiert natürlich für das kostensparende Duschen!

Getrennte Kassen gehen – oft übersehen – außerdem nach wie vor auf Kosten der Frauen, solange diese dreimal so viel unbezahlte Arbeit im Haushalt leisten wie Männer. Wodurch ihnen wiederum die Zeit fehlt, das eigene Konto durch bezahlte Arbeit zu mehren. Dieses Ungleichgewicht wird zunehmend in Frage gestellt und nimmt beispielsweise in Frauenzeitschriften einen immer breiteren Raum ein.

So behauptet etwa Julia Werner in ihrem Artikel »Kassensturz: Frauen zahlen drauf«, dass, obwohl beide Geschlechter ähnlich viel verdienen, die Frau finanziell mehr zum gemeinsamen Leben beiträgt:

»Eigentlich ja löblich, wenn einem Geld nicht so wichtig ist. Aber bei Frauen ist das pathologisch. Nicht nur bei Gehaltsverhandlungen kriegen sie – im Gegensatz zu besser verdienenden Männern – den Mund nicht auf. Sondern *immer,* wenn Geld im Spiel ist. Es geht hier nicht um erfolgreiche Frauen, die die poetische Seite an großen Jungs lieben und sie komplett finanzieren, weil sie fest daran glauben, dass er als Künstler doch noch den Durchbruch schafft. Nein, die Rede ist von modernen Paaren, die beide gut bezahlte Jobs und das antiquierte ›Frau-sucht-Ernährer-Modell‹ überwunden haben. Denn genau hier, wo es keine (finanziellen, Anm. der Autorin) Abhängigkeiten, sondern ›nur Liebe‹ gibt, wird es kompliziert. Bei Fixkosten kommen unverheiratete berufstätige Mütter, die in einer festen Beziehung leben, nicht selten auf einen ziemlich hohen Betrag. Wohnung, Versicherung, Auto – und dann noch der Kindergarten für den gemeinsamen Nachwuchs. Der gut verdienende Partner übernimmt ja andere Dinge. Wochenendtrips zum Beispiel. Und manchmal kauft er ein … Fassen wir zusammen: Sie steuert mehr Kohle zum gemeinsamen Leben bei und verteidigt ihn meist noch! Wieso verzichtet sie auf ihren früheren Lebensstil, während er seinen nicht im Geringsten der neuen Situation anpasst?«[40]

40 Julia Werner, In: myself, August 2011

Julia Werner sieht den Grund dafür darin, dass emanzipierte Frauen generell zu viel von sich erwarten. Wenn sie schon die Doppelbelastung (Beruf und Mutter) ohne zu jammern hinnehmen, sind sie auch noch aus einem weiblichen Masochismus heraus bereit, dafür einen großen Teil der finanziellen Belastungen zu stemmen. Die Autorin konstatiert: »Frauen reden heutzutage easy über Sex, sagen, was sie wollen und was nicht. Ihr wahres und letztes Tabuthema ist – Geld. Sie verwechseln Harmoniesucht mit Großzügigkeit. Sie halten lieber die Klappe und zahlen – am Ende immer mehr als der Mann.«[41]

Ideallösungen finden sich selten, und es gibt keine Regelung, die Streit zwischen Paaren um die Finanzen definitiv verhindert. Nach Nikolaus Westerhoff haben eigentlich nur Paare, die aus einem ähnlichen sozialen Milieu stammen, vergleichbar verdienen und sich die Aufgaben teilen, eine Chance, Streitereien zu vermeiden. Allerdings auch nur dann, wenn sie sich gegenseitig wertschätzen, nicht aufeinander neidisch sind, gleiche Lebensziele haben und nicht geizig sind.[42] Eine Utopie?

### *Resümee*

Geld und Liebe – ein Themenbereich, der paradoxerweise tabuisiert ist. Einerseits wird dauernd darüber geredet, andererseits werden die hinter den Geldthemen liegenden, tieferen Probleme verschwiegen.

Und häufig ist es so, dass keiner der Partner bei Konflikten wirklich offen zugeben will, dass es ihm doch um Geld geht – zumindest heute nicht, in einer Zeit, in der romantische Vorstellungen über Liebe, Ehe und Partnerschaft vorherrschen.

Dessen ungeachtet greift die überall wirkende »Ökonomisierung« auch in die Liebe ein. Wer investiert wie viel in eine Beziehung? Investition meint hier: Engagement, Einsatz, Gefühl, Emotion und – darüber oder darunter liegend: Geld. Was ist mir der Partner wert? Welche Kosten und welchen Nutzen habe ich in einer Partnerschaft?

Diese Fragen spielen in Entscheidungen für oder gegen einen Partner eine viel größere Rolle, als gemeinhin eingestanden wird.

Mit Geld wird sehr viel mehr bewirkt, als es auf den ersten Blick scheint: Mit Geld kann Macht und Kontrolle ausgeübt werden. Man kann die Partner mit Geld gezielt oder auch ungewollt manipulieren. Das Geld trennt und verbindet Menschen. Die Art und Weise, wie Geld ausgegeben und Geld einbehalten resp. gespart wird, spiegelt seelische Muster und Verhaltensweisen wider, die früh gelernt wurden. Und diese verschiedenen Muster führen in vielen Partnerschaften zu Konflikten.

41 Julia Werner, ebd.

42 Nikolaus Westerhoff, ebd.

Die vielen Debatten, die in Beziehungen über Geld geführt werden, stehen dabei in einem interessanten Widerspruch zu dem Tabu, über Geld zu sprechen.

Es ist daher klug, über Geld und Liebe, über Gefühle und Ängste, Bewertungen und Einschätzungen von Geld zu sprechen. Und es ist unklug, sich über Geld zu streiten, wenn es eigentlich um andere Dinge geht: Geht es wirklich um ein paar Cent Benzinkosten? Oder geht es nicht eigentlich darum, wer in der Beziehung zu bestimmen hat? Geht es wirklich um eine kaputte Hose? Oder nicht vielmehr um die notwendige Akzeptanz des anderen, der auf andere Dinge Wert legt als man selbst?

Insofern wäre es bei jeder dieser Diskussionen wichtig, herauszufinden, um welche Sehnsüchte, Wünsche, Hoffnungen und Erwartungen wir eigentlich in unserer Beziehung kämpfen, und diese dann offen und direkt anzusprechen.

Wer wirklich liebt, wird Geld nicht zu einem Stellvertreterschauplatz machen. Zu lieben heißt aber nicht, grenzenlos und bedingungslos mit Geld in der Liebe umzugehen. Lieben heißt, ein (scheinbares?) Paradoxon zu leben: bei sich zu bleiben und dennoch für den anderen da zu sein. Grenzen zu setzen und Grenzen zu überschreiten. Bedingungen zu stellen und bedingungslos zu sein.

## 4. Wie Geld Freundschaften beeinflusst

### Was Freundschaft bedeutet

Freundschaften bieten ideale Voraussetzungen für gelingende zwischenmenschliche Beziehungen. Sie unterliegen in der Regel keinem gesellschaftlichen Zwang. Freunde werden freiwillig gewählt. Anders als in der erotisch ausgerichteten Liebe halten sich in wirklichen Freundschaften Leidenschaft und Besitzansprüche in Grenzen. Freundschaften können begonnen und beendet werden, ohne dass deshalb, wie in der Ehe, Existenzen und Schicksale auf dem Spiel stehen.

»Ein Freund, ein guter Freund, das ist das Beste, was es gibt auf der Welt!« So heißt es in einem Lied der Comedian Harmonists – nicht zu Unrecht. Im besten Fall ist es in der Tat so, dass man sich auf einen wirklichen Freund, eine echte Freundin in allen Lebenslagen verlassen kann. Einem Freund, einer Freundin kann man etwas anvertrauen. Ein Freund hilft, wenn man in Not ist. Freunde sind Wahlverwandte. Freunde werden aufgrund von Zuneigung und Sympathie, aus dem Gefühl seelischen und geistigen Gleichklangs und der Hoffnung auf eine lebenslange Dauer der Freundschaft heraus ausgewählt. Niemand kann einen zwingen, eine Freundschaft einzugehen. Eine wahre Freundschaft beruht immer auf dem freien Willen. Das ist in fast keiner anderen Beziehung zwischen Menschen sonst der Fall.

Die Familie, in die wir hineingeboren werden, suchen wir uns nicht aus. Viele Menschen haben sich schon oft gefragt, womit sie die ihre verdient haben.

Wir verlieben uns oft in jemanden, zu dem unser Verstand Nein sagt – und ohne, dass wir immer in der Verliebtheit oder in der Liebe glücklich sind. »Warum Liebe weh tut«, schreibt die Soziologin Eva Illouz in ihrem Buch mit gleichnamigem Titel.[43] Wer verliebt ist, erlebt eine brisante Mischung aus Begehren, Sehnsucht, Nähe- und Distanzwünschen. Und die Liebe selbst ist ein zwischenmenschliches Dauerproblem, das nur ganz selten ohne das Auf und Ab bejahender wie verneinender Gefühle begleitet wird.

Im Beruf sind die Beziehungen bis zu einem bestimmten Punkt ebenfalls durch Hierarchien, Konkurrenz und Leistungserwartungen usw. vorbestimmt, so dass man auch hier nicht von völlig freiwillig gewählten Beziehungen reden kann.

Man könnte daher sagen, dass es keine andere zwischenmenschliche Beziehung (außer vielleicht der einander zugetaner Geschwister) gibt, die so viel möglich macht: Austausch ohne Ausnutzung, inneres Wachstum durch emotionale Vertrautheit und gegenseitige Unterstützung, das Austragen von Konflikten, im Vertrauen, dass die Freundschaft hält, Hilfe, ohne Gegenansprüche, Geborgenheit, ohne Zwang zum Zusammenleben usw.

Dieses Loblied auf die Freundschaft soll aber nicht besagen, dass Konflikte ausgeschlossen sind oder nicht immer wieder vorkommen. Freunde können enttäuschen, sich aus unerfindlichen Gründen zurückziehen. Freundschaften können aus den verschiedensten Anlässen zerbrechen, ganz gleich, ob es sich um Frauen-, Männer- oder Freundschaften zwischen Mann und Frau handelt. Spielt Geld eine Rolle in Freundschaften? Hält es Freunde zusammen? Und wenn ja, unter welchen Bedingungen kann es Freunde auseinanderbringen?

### Freundschaft und unterschiedliche Besitzverhältnisse

Das Miteinander zwischen Reichen und Nicht-Reichen ist per se schwierig. Schon deswegen, weil viele Menschen es kaum aushalten, wenn man es leichter im Leben hat als sie; wenn man schöner wohnt, reicher ist und mehr Vorteile als sie genießt (siehe Neid). Der Verdacht, nicht freundschaftsfähig zu sein, der Reichen gegenüber immer wieder ausgesprochen wird, scheint nicht immer unberechtigt zu sein, wie wir schon an so manchem Beispiel gesehen haben. Wie Menschen, die reich sind, ihre (vermeintlichen) Freunde durch ihr Verhalten brüskieren, zeigt dieser Fall:

---

43 Vgl. dazu Illouz, Eva: Warum Liebe weh tut.

*A., Tochter aus reichem Hause, liebt den Luxus und die Verschwendung, aber sie ist verschwenderisch, ohne zu genießen. Sie fährt mit ihren Freundinnen in die Stadt, um einzukaufen. Sie gehen von Laden zu Laden. Die Einkaufstüten in A.s Händen werden immer mehr – die sie begleitenden Freundinnen gehen leer aus. Zuhause stellt A. ihre Tüten unausgepackt auf den Boden des Ankleidezimmers. Dort bleiben die Tüten manchmal wochenlang stehen, bis ihr Inhalt lustlos in die Schränke verteilt wird. A. liebt den Akt des Kaufens, bei dem sie eine gewisse Erregung überkommt, die aber nach ein paar Minuten wieder verflogen ist. A. findet ihr Leben langweilig. Sie wundert sich, dass ihre Freundinnen sich in letzter Zeit immer öfter davor drücken, sie zum Einkaufen zu begleiten. Aber warum sollten sie auch Vergnügen daran finden, immer nur zuzuschauen, wie ihre vermeintliche Freundin konsumiert, während sie sich nichts von alldem leisten können?*

Man sieht, nicht nur in Liebesbeziehungen, auch in Freundschaften ist es wichtig, das Geben und Nehmen richtig auszutarieren. Aber steht bei allen freundschaftlich gearteten Beziehungen nicht immer auch die Frage im Raum: ob die Freunde wirklich Freunde sind? In Elfriede Hammerls Buch wird geschildert, wie die Protagonistin folgende Situation erlebt:

*Sie ist zu einem Abendessen mit Beate und Peter verabredet. Ach ja, man hätte sich ja so lange schon nicht mehr gesehen. Natürlich ist das ausgewählte Lokal nobel – und teuer. Beate und Peter bestellen alles Mögliche: Vorspeisen, Hauptgang, Dessert … Und eine gute Flasche Wein. Die Protagonistin bleibt bescheiden, ein kleines Hauptgericht und ein Glas Wein. Die gesamte Rechnung kommt. Man ist ja nicht kleinlich! Peter schlägt vor, ganz einfach die Rechnung zu teilen: Durch zwei! So kommt die Protagonistin in die peinliche Situation, sich eigentlich gegen diese Zumutung wehren zu müssen. Sie soll die Rechnung für Beate quasi mitbezahlen. Doch sie wehrt sich nicht, da sie nicht als kleinlich und unhöflich angesehen werden möchte.*

Es kann, selbst unter Freunden, ziemlich schwierig sein, die richtige Linie zu finden. Denn wenn man zusammen essen geht, wird die Rechnung meistens geteilt und selten alle Positionen genau zugeordnet, was manchmal auch ungerecht sein kann. Der eine mag abends nur einen Salat essen, ein anderer bestellt zusätzlich ein Filetsteak und eine teure Flasche Wein. Im Rahmen eines Sprachkurses in Italien habe ich erlebt, dass eine Teilnehmerin sich weigerte, sich an der gemeinsamen Rechnung für das feucht-fröhliche Abendessen zu beteiligen, da sie grundsätzlich keinen Wein trank. Damals fand ich ihre Einstellung etwas kleinlich, heute hat sie eher mein Verständnis.

*Martha, sehr gut betucht, verabredet sich mit Egon und Greta, einem mit ihr befreundeten Ehepaar, um ein Schlager-Konzert zu besuchen. In der Pause geht der Mann, Monatsverdienst 10.000 Euro, zur Bar, um Getränke zu holen. Egon bringt den beiden Frauen jeweils ein Glas Wasser mit. Es kostet einen Euro. Egon möchte von Martha nun einen Euro für das Wasser bekommen. Dass er sich nicht gerade großzügig verhält, ist offensichtlich. Aber vielleicht ist er ja nur sehr korrekt. Oder er möchte jemandem, der mehr hat als er, nichts schenken?*

Die finanzielle Ungleichheit wird auch im nächsten Fall zu einem Problem unter Freunden:

*Rebecca, eine 24-jährige BWL-Studentin, hat mit Geld schon negative Erfahrungen gemacht, wie sie sagt. Irgendwie hat sich in ihrem Freundeskreis herumgesprochen, dass sie einigermaßen vermögend sei. Ein Freund bat sie um Geld, um sich ein Auto zu kaufen und dieses dann mit Gewinn weiterzuverkaufen. Beim ersten Mal klappte das gut, und Rebecca fasste Vertrauen. Beim zweiten Mal hat sie ihr Geld nicht zurückbekommen, nahm sich einen Anwalt und ging vor Gericht. Und nicht zu Unrecht: Es stellte sich heraus, dass er spielsüchtig ist. Beim ersten Mal hatte er im Casino gewonnen, und beim zweiten Mal waren die ganzen 10.000 Euro weg, die Rebecca ihm geliehen hatte. »So etwas prägt einen«, meint Rebecca. »Wir sind seitdem keine Freunde mehr, und ich verleihe auch keine großen Summen mehr. Wenn mich eine Freundin um 200 Euro bitten würde, würde ich es ihr geben, aber größere Summen, nein!« Wobei, so Rebecca, die meisten Leute eh vergessen, dass sie ihr Geld schulden. Oder denken: Na ja, das kann warten, ist ja nicht so wichtig. Doch Rebecca erwartet, dass die Freunde von selbst zu ihr kommen, um ihr das Geld zurückzuzahlen. Sie findet, dass eine sehr unangenehme Situation entsteht, wenn sie danach fragen muss, wann ihr das geliehene Geld zurückgezahlt wird. Dabei ist sie der Meinung, dass es ihr durchaus zusteht, danach zu fragen. Wenn Rebecca mal ihr Geld vergessen hat, leiht sie sich etwas, gibt es aber gleich am nächsten Tag zurück. Ihr ist es extrem unangenehm, Schulden zu haben. Auch in der Beziehung zu ihrem Ex-Freund Thomas hat sich die Tatsache, dass Rebecca zahlt, sehr negativ ausgewirkt. Thomas stand laut Rebecca immer in ihrer Schuld, da sie fast alles gezahlt hat.*

Aus eigener Erfahrung kann ich sagen, dass ich einige sehr enge Freunde habe, die ich seit vielen Jahren kenne. Eine Freundin sogar seit der ersten Klasse Gymnasium. Bei diesen langjährigen Freunden spielt es keine große Rolle, dass ich vermögender bin als sie. Ich habe auch Freunde, die viel mehr besitzen als ich.

Einerseits freut es mich für sie, andererseits ist es für mich bedeutungslos. Als problematisch wirken sich ungleiche Besitzverhältnisse nur aus, wenn ich neue Menschen kennenlerne, die wissen oder erfahren haben, dass ich nicht arm bin. Das geschieht vor allem dann, wenn das Kennenlernen in einem quasi freundschaftlichen wie beruflichen Kontext stattfindet. Dann spielt es sofort eine Rolle, wer wie viel Geld hat. Es ist extrem lästig, immer wieder die Erfahrung zu machen, dass diese »Beziehungen« am Ende darauf hinauslaufen, »Investitionsvorschläge« und »tolle Angebote« zu bekommen, die sich »lohnen«. Sich mit diesen Vorschlägen und Angeboten auseinandersetzen zu müssen, raubt vielen Reichen Lebenszeit. Schließlich möchte man nicht ständig das Gefühl haben, dass es immer nur ums Geld geht und man wegen seines Besitzes gemocht und geschätzt wird, sondern um seiner selbst willen.

Für viele Reiche ist es chronisch belastend, dass sie sich nie sicher sein können, ob sie um ihrer selbst willen geliebt werden. Sie finden es daher problematisch, Menschen kennenzulernen, die »Freunde« werden wollen und zu wenig oder kein Geld haben. Ständig steht die angstvolle Frage im Raum, ob man ihren Neid erweckt oder sie durch Großzügigkeit beschämt.

Der Umgang mit anderen Reichen ist oftmals auch nicht unproblematisch, weil sie auf Grund der äußerlichen Geltung von Reichtum – »mein Haus«, »meine Yacht«, »meine Oldtimer« – dazu neigen, zu taxieren, ob man in ihr ganz persönliches Wertesystem passt oder nicht.

Ich kenne einen sehr reichen Mann, der in seiner Brieftasche nicht die Fotografien seiner Kinder oder Enkel mit sich trug, sondern die Fotos seiner diversen Anwesen, am Starnberger See, in St. Moritz, in Kalifornien und in Frankreich, die er jedem Menschen ungefragt zeigte.

Ich habe sehr entspannte Beziehungen zu Freunden, die sowohl viel vermögender als auch viel ärmer sind als ich. In diesen Freundschaften versucht jeder, seinen eigenen Weg beizubehalten und sich dem System der Beurteilung und Bewertung über Geld und Statussymbole durch andere zu entziehen. Das erfordert jedoch ein stabiles Selbstwertgefühl, ein gerades Rückgrat und Integrität.

### Warum es für Reiche nicht einfach ist, Freundschaften zu schließen

Können Reiche also Freunde haben, ohne dass Geld eine Rolle spielt?

Viele von mir interviewte Reiche berichten, dass ihnen ständig Bekannte und auch »neue Freunde« Möglichkeiten anbieten, mit ihnen ins Geschäft zu kommen oder in ein Projekt zu investieren, z.B. in eine ihrer Meinung nach hervorragende Vermögensanlage.

Die Variationen zu diesem Thema sind unendlich: Befreundete Anwälte versuchen, Kontakte zu Maklern herzustellen, Beteiligungen an Solarkraftwerken oder Biogasanlagen an den Mann oder die Frau zu bringen. Und es braucht nicht unerwähnt zu bleiben, dass sie für diese »Vermittlungsdienste« nach erfolgtem Abschluss natürlich eine Provision erhalten wollen. Andere »sogenannte Freunde« wiederum versuchen ihre Produkte – seien es Patente oder Kunst – zu verkaufen. Sie wünschen sich eine monatliche Apanage, damit sie im »Dschungel einer Großstadt« künstlerisch überleben können. Dieses ständige Betrachtet-Werden unter Renditegesichtspunkten erleben viele Reiche als extrem belastend. Sie sind sozusagen ständig »im Dienst«. Das heißt, sie und ihr Reichtum sind unaufhörlich ein »Objekt der Begierde«. Die Argumente, die dabei vorgebracht werden, scheinen dabei manchmal so vernünftig und einsichtig, dass manch ein Reicher oder Reichgewordener erst einmal Schwierigkeiten hat, Nein zu sagen. Denn warum sollte nicht investiert werden? Warum sollte nicht für einen guten Zweck gespendet oder ein mittelloser Künstler unterstützt werden?

Es sind jedoch nicht per se die Argumente und Bitten um Geld, die den Reichen so zusetzen. Es ist vielmehr die Tatsache, dass eine angeblich freundschaftliche Beziehung auf eine Geldbeziehung reduziert wird, was von den Reichen so gut wie immer als verletzend empfunden wird. Sind sie nur dazu da, Geld herzugeben? Warum fragen diese »sogenannten Freunde« nicht auch einmal danach, was sie sich von einer Freundschaft wünschen? Andererseits müssen sich die Betroffenen aber auch die Frage gefallen lassen, warum sie von kürzlich und dazu meist noch beruflich gemachten Bekanntschaften das Gleiche erwarten wie von langjährigen Freunden? Warum nehmen sie die Tatsache, dass Menschen, die mit ihnen schon nach relativ kurzer Zeit über irgendwelche Geldgeschäfte reden wollen, nicht gleich als Selektionskriterium und ziehen Konsequenzen? Mit dem sicheren Wissen, dass es in einer wahren Freundschaft eben nicht um Geld, sondern immer nur um die Person des anderen geht?

Wenn wir auf die Qualitäten einer »idealen« Freundschaft rekurrieren, gibt es viel zu wünschen: Vertrauen, Interesse aneinander, Zuneigung, Sympathie, Anteilnahme – all dies unabhängig vom jeweiligen Besitzstand und ohne Hintergedanken.

All das bleibt bei den besagten Anfragen nach Geld aber mehr oder weniger ausgeblendet. Der Blick auf den reichen Freund verengt sich auf die Möglichkeiten, etwas von ihm zu bekommen. Ein gutes Beispiel dafür zeigt auch der folgende Vorfall:

*Valentin L. besucht eine Tagung in Frankfurt am Main, auf der, neben interessanten Vorträgen, auch mehrere Workshops zu verschiedenen Themen angeboten werden.*

*Er entscheidet sich für einen Workshop, in dem es um die Frage geht: Wie werde ich vermögend? Valentin ist reich. Er hat geerbt. Seine Arbeit als Journalist bei einer großen Zeitung hat er aufgegeben. Ihm blieb keine andere Wahl, wollte er das Vermögen, das sein Vater geschaffen hat, nicht fremd verwalten lassen. Deshalb interessiert es Valentin nun natürlich, welche Ratschläge in diesem Workshop gegeben werden. Nicht etwa, weil er noch reicher werden, sondern weil er hören will, wie andere Workshop-Teilnehmer mit diesem Thema umgehen und wie der Workshop-Leiter Klaus B. selbst zu seinem Reichtum gekommen ist.*

*Klaus hat – seinen eigenen Angaben zufolge – in London an der Börse sehr viel Geld verdient, wovon er nun in seinem Eingangsvortrag berichtet. Klaus erzählt jedoch auch über die Erfahrungen, die er mit sehr reichen Unternehmern gemacht hat: Viele Unternehmer, Banker und Aktionäre, so Klaus in seinem Vortrag, hätten sich im Laufe ihres Erfolges immer weniger um Geld als vielmehr um philosophische Fragen gekümmert – und wären damit viel glücklicher geworden. Die Quintessenz des Vortrages ist: Werde nicht nur reich und glücklich, sondern denke über höhere Werte nach, dann wirst du noch glücklicher. Anschließend wird diskutiert.*

*Valentin meldet sich zu Wort und bemerkt nur kurz: Man könne durch Reichtum nicht nur glücklich sein, sondern auch unter Reichtum leiden. Einige der anwesenden Teilnehmer horchen auf – und sehen ihre große Chance: Valentin könne durchaus »geholfen werden«. Sein vermeintliches »Sinnvakuum« und sein Leiden am Geld ließe sich schnell auflösen: durch sinnvolle Investitionsvorschläge, die man ihm machen könne, durch Vorschläge und Projekte, Künstler oder/und leidende Menschen zu unterstützen etc. etc. Mit einem Mal hat Valentin eine Reihe »neuer Freunde«, die gern mit ihm in Kontakt bleiben wollen. Er erhält Visitenkarten, Einladungen zu Treffen und »interessante Angebote«.*

*Doch in den meisten Fällen stellte sich später natürlich heraus, dass es überhaupt nicht um Valentin ging, weder um seine Person noch um seine Arbeit noch um seine wirklichen Interessen. Allein sein Reichtum war der Grund für das Anknüpfen »freundschaftlicher Beziehungen«. Und Valentin zog aus dem Seminar die bittere Erfahrung, dass keiner eine wirklich ernsthafte persönliche Beziehung oder gar seine Freundschaft gesucht hatte. Dank einer einzigen kleinen Bemerkung war er allein als »Ansprechpartner für unendliche Möglichkeiten« betrachtet worden, und er entschloss sich, über seine finanziellen Verhältnisse nicht mehr öffentlich zu reden.*

Es gibt kaum einen reichen Mann oder eine reiche Frau, die nicht Ähnliches erlebt haben. Natürlich werden nicht nur reiche, sondern auch Menschen mit wenig Geld unter dem Vorwand der Freundschaft instrumentalisiert. Die Instrumentalisierung von Freunden für eigene Zwecke und Ziele findet nahezu immer statt. Fast jeder Mensch kann instrumentalisiert werden, im Großen wie im Kleinen. Nicht selten geschieht dies mehr oder weniger freiwillig.

Paulo Coelho hat in seinem Buch »Der Sieger bleibt allein« über die Reichen und Berühmten geschrieben, die es bis ganz oben geschafft haben. Wer jedoch die Mühen des Aufstieges geschafft hat, wird mit den Mühen auf der »Hochebene« konfrontiert. Coelho erzählt in seinem Thriller, wie auf den Filmfestspielen von Cannes die Film- und Modewelt in bodenloser Eitelkeit, Sinnentleerung und Selbstbezogenheit ein Leben lebt, in dem jeder jeden unter Vortäuschung von Freundschaft wie auch Reichtum zu instrumentalisieren versucht.

Er schreibt über die notorisch coolen, abweisenden jungen Models, die sich ihre Karriere sichern wollen, indem sie andere blenden. Die Models geben Reichtum vor, um begehrt und interessant zu erscheinen, ohne dass sie auch nur annähernd reich sind. Da alle glauben, die Mädchen würden ein Vermögen verdienen, pumpen sie sie ständig um Geld an. Und die Mädchen leihen es ihnen, weil sie möchten, dass die anderen sie für wichtig, reich, großzügig und überlegen halten. Wenn sie zur Bank gehen, ist ihr Konto immer im Minus und das Limit der Kreditkarte ist überzogen.

»Sie haben Hunderte von Visitenkarten gesammelt, haben sich mit gut angezogenen Männern getroffen, die ihnen Jobs angeboten haben, von denen sie von vorneherein wussten, dass sie sie nicht bekommen würden. Sie rufen diese Männer hin und wieder an, um den Kontakt aufrecht zu erhalten, weil sie wissen, dass sie vielleicht eines Tages Hilfe brauchen könnten, auch wenn die Hilfe etwas kostet. Alle sind schon in solche Fallen getappt: Alle haben schon von leicht erreichbarem Erfolg geträumt, aber einsehen müssen, dass es so etwas nicht gibt, und alle haben schon mit siebzehn unzählige Enttäuschungen, Verrat und Erniedrigungen hinter sich und trotzdem den Glauben nicht verloren.«[44]

### Zahl du mal, alles Weitere mach ich dann ohne dich

Ein weiteres Beispiel zeigt, wie Reiche von weniger Reichen in Anspruch genommen werden: mit indirekten Hinweisen auf großartige Möglichkeiten, wie sich ein Reicher engagieren könnte, ohne sich jedoch einmischen zu dürfen.

*Irving O. hat seit vielen Jahren einen guten Freund, Lars P. Schon seit der Schulzeit kennen sich Irving und Lars. Lars ist Künstler, Irving hat ein großes,*

44 Siehe dazu Paul Coehlo: Der Sieger bleibt allein

*weltweites Unternehmen und ist Geschäftsführer und Aktionär. Die beiden Freunde sehen sich nicht sehr häufig, da sie nicht in der gleichen Stadt wohnen. Irving lebt zeitweise in London und Düsseldorf, Lars in Köln.*

*Lars hat in Köln vor ein paar Wochen eine Galerie eröffnet. Überall in seiner Galerie hängen riesige, wilde Bilder an den Wänden. Die beiden Freunde sitzen auf ein Glas Wein neben Lars' Galerie in der lauen Abendluft. Zu ihnen hat sich Georg F., ein rotgesichtiger, ungefähr 50 Jahre alter Bekannter von Lars gesellt. Man unterhält sich angeregt. Lars erwähnt im Laufe des Gesprächs, dass er sehr viel Geld in die Hand nehmen musste, um sich den Traum von seiner Galerie zu ermöglichen. Nun, er sieht in Richtung Irving, würde er auch gern noch einen anderen Traum verwirklichen. Lars schwärmt: Es wäre doch eine schöne Idee, auch noch eine Galerie in London zu eröffnen und dort eine Menge unterschiedlicher Menschen kennenzulernen ... Die interessante Künstlerszene, die Intellektuellen, die Visionäre usw. Für die Verwirklichung seines Traumes bräuchte er 50.000,– Euro. Er würde damit wirklich etwas Neues aufbauen. Allerdings hätte er es nicht gern, wenn sich der Investor, den er dazu unbedingt bräuchte, in die Gestaltung dieser Galerie einmischen würde. Darum fände er es viel besser, nicht irgendeinen Investor zu fragen, sondern am besten jemanden, den er gut kennt und auf den er sich verlassen könne. Er sieht wieder in Richtung Irving. Doch Irving, der die auffordernden Blicke registriert, reagiert nicht.*

*Nun schaltet sich Georg in das Gespräch ein. Er berichtet von seiner Privatinsolvenz, die ihn schon sieben schwere Jahre gängelt. Er ist in der Möbelbranche tätig, ausgefallene Entwürfe und Objekte sind sein Markenzeichen. Georg hebt hervor, schwer atmend, wie schwierig es ist, wieder Fuß zu fassen in dieser harten Branche. Auch Georg schaut in Richtung Irving, blickt dann in die Luft und erwähnt: Eigentlich bräuchte er ja nur ein paar hunderttausend Euro! Aber es sei unglaublich, wie sich die Investoren immer sperren würden. Zuerst seien diese immer interessiert, um sich dann doch gegen ihn und seine ultimativen Ideen auszusprechen. Investoren seien eben wie scheue Rehe, mitten im Wald. Fast aggressiv fährt er fort, nachdem er einen Augenblick auf eine Reaktion von Irving gewartet hat: Das Einzige, was bei Rehen wirklich effektiv sei, ist, sie anzufallen und sich in ihre Beine zu verbeißen.*

*Das Gespräch plätschert an diesem Abend so dahin. Der gute Wein, die angenehme Atmosphäre aber nützen nicht mehr viel, um eine gute Stimmung aufkommen zu lassen. Georg ist pikiert, dass Irving den Wink mit dem Zaunpfahl nicht verstanden hat. Und auch Lars ist sauer, dass Irving, sein reicher Freund, nichts kapieren will – wo man sich doch schon so lange kennt! Irving hingegen schweigt sich aus, und seine Lust, das Gespräch weiter fortzusetzen, ist gleich null.*

Irving, den ich zum Thema »Geld und Freundschaft« interviewt habe, hat mir erzählt, wie er sich während dieses Gesprächs gefühlt hat. Zum einen meinte er, hätten weder sein Freund Lars noch dessen Bekannter Georg sich für ihn interessiert und mal nachgefragt, wie es ihm ginge, was er so mache usw. Das Interesse am anderen, so Irving, wäre aber doch wohl ein Indiz für Freundschaft. Sowohl Lars als auch Georg hätten ihn nicht einmal ansatzweise direkt und freundlich angesprochen. Ihre indirekten und doch massiv vorgetragenen Appelle erzeugten bei Irving ein ungutes Gefühl von Schuld: Er sollte seinem guten Freund offensichtlich Geld geben, was er aber aus verschiedenen Gründen nicht wollte: Er selbst spielte gar keine Rolle, er stand nur als »günstige Bank« zur Debatte. Was für ihn einer Geringschätzung und Reduktion seiner Person gleichkam.

Irving hätte nun ganz offen sagen können: »Ich verstehe, worauf ihr hinauswollt. Ich soll euch Geld leihen oder gar schenken. Wenn ihr das wirklich wollt, müsst ihr es aber auch offen aussprechen. Danach können wir darüber reden, ob ich das Geld euch geben will oder nicht – und wenn ja, zu welchen Bedingungen.« Diese Offenheit wäre ein Schritt in Richtung Freundschaft gewesen – allerdings unter der Voraussetzung, dass allen dreien klar ist, was Freundschaft eigentlich wirklich bedeutet: sich zu fairen und klaren Bedingungen zu helfen. Doch dieser Weg war Irving durch die Herangehensweise von Lars und Georg in diesem Moment nicht mehr möglich.

### Wie Freundschaften durch Geld ins Wanken geraten

Vielleicht hätte jeder gern einen reichen Freund oder eine reiche Freundin, die man um einen Gefallen bitten könnte, wenn einmal »Not am Mann ist«. Doch kann man einem Menschen glauben und vertrauen, der behauptet, ein Freund zu sein, wenn gleichzeitig der Verdacht im Raum liegt, er sei es nur um des lieben Geldes willen? Reiche Männer und Frauen können von diesem Problem ein Lied singen:

*Martina hatte in ihrer Position als Geschäftsführerin eines mittelständischen Unternehmens viele Jahre lang große Probleme, mit ihrer Verantwortung umzugehen: Es ging um sehr viel Geld. Öfter hatte sie deshalb auch Freunden von ihren Sorgen in der Firma erzählt. Das vermeidet sie heute. Sie hatte, wie sie im Laufe der Zeit einsehen musste, zu offen über das Geld ihrer Familie gesprochen und damit eher negative Erfahrungen gemacht. Deshalb bemüht sie sich heute, alle damit zusammenhängenden Themen ihren Freunden gegenüber außen vor zu lassen. Sie ist zu dem Schluss gekommen, dass Reiche und Wohlhabende sich nie wirklich sicher sein können, dass Freunde sie um ihrer selbst willen schätzen und mögen. Ganz im Gegenteil denkt sie oft darüber nach, ob gewisse »Freunde« sie nicht ausschließlich auf Grund der Vorteile und Möglichkeiten mögen, die sie gedanklich mit ihr verbinden. Denn immer wieder hat sie die Erfahrung gemacht, dass sie von verschiedenen Freunden um ein Darlehen oder ein Geldgeschenk gebeten wurde – jedes Mal eine unangenehme Situation für Martina. Ein ebenfalls wohlhabender Freund von Martina war der Meinung, dass man Geld nicht verleihen, sondern nur verschenken sollte. Denn: Geld zu verleihen, so sein Argument, würde Freundschaften grundsätzlich belasten. Aber hatte er damit wirklich recht, fragte sich Martina. Der erste Mensch, der sie um eine größere Summe Geld bat, war ihre Schulfreundin Annette. Martina kennt Annette seit ihrem 18. Lebensjahr, doch die beiden Frauen hatten sich für viele Jahre aus den Augen verloren. Annette hatte bei ihrer Wiederbegegnung dann ziemlich schnell verstanden, dass aus Martina, der Abiturientin von damals, eine relativ erfolgreiche Geschäftsfrau mit entsprechender Liquidität geworden ist.*

*Zum Zeitpunkt der Wiederbegegnung hatte Annette eine kurzfristige Beziehung zu einem Betriebswirt, der etliche Jahre älter als sie war. Dieser Mann brauchte nun wegen einer genialen Geschäftsidee dringend 50.000 Euro, um seine Pläne vorantreiben zu können. Martina und Annette trafen sich mit ihm bei einem Anwalt in Düsseldorf – wohl um dem Treffen einen seriösen Anstrich zu verleihen. Die Geschäftsidee drehte sich um ein sündhaft teures Kosmetikpräparat mit angeblich tiefgreifend positiver Wirkung.*

*Der elegante Mann zog für seine durchschlagende Idee alle Register. Als er am Ende jedoch verzweifelt herumzubrüllen anfing, drohte die Unterredung zu seinen Ungunsten zu kippen. Martina tat dies so leid, dass sie dem Freund ihrer Schulfreundin zusagte. In der folgenden Nacht schlief Martina unruhig, verfolgt von Albträumen. Sie führte dies auf den vorausgegangenen Termin zurück, hörte auf ihre innere Stimme und nahm ihre Zusage bei der nächstbesten sich ergebenden Gelegenheit zurück. Annette meinte, Martina könne doch nicht erst zusagen und dem armen Mann Hoffnungen machen, um ihm dann wieder abzusagen. Dieser Vorwurf saß. Martina befand sich in einer Zwickmühle. War sie nun ein schlechter Mensch, weil sie erst Ja und dann Nein sagte und diesem ihr fremden Mann kein Geld leihen wollte? Oder sollte sie sich auf ihre innere Stimme verlassen? Nach reiflicher Überlegung, aber mit schlechtem Gewissen, entschloss sie sich, nicht dem Mann, sondern ihrer ehemaligen Schulfreundin Annette das Geld zu leihen. Zu Annette hatte sie Vertrauen. Deren ihr etwas dubios erscheinendem Freund traute sie jedoch nicht über den Weg.*

*Annette nahm diese Idee nicht gerade erfreut, vielmehr mit Murren zur Kenntnis, ging aber aus Liebe zu ihrem Freund auf Martinas Vorschlag ein. Und siehe da: Trotz eines umfänglichen Darlehensvertrages zwischen Annette und ihrem Freund war es nach ein paar Monaten offensichtlich, dass sie das ihm geliehene Geld nie wiedersehen würde: Ihr Freund meldete Privatinsolvenz an.*

Der Konflikt lag, genau betrachtet, von Anfang an auf der Hand. Martina, im Laufe der Zeit wohlhabend, ja reich geworden, denkt natürlich gern an die schöne Zeit mit ihrer Schulfreundin zurück. Und da sie ein gutes Herz und Freundschaft einen Wert für sie hat, lehnt sie das Ansinnen der Freundin nicht ab, sondern hilft wider besseren Wissens. Eine fatale Situation entsteht. Annette bekommt zwar das Geld von Martina geliehen, gibt es aber an ihren Freund weiter und bleibt auf den Schulden sitzen, die er bei ihr gemacht hat.

Was hätte Martina anders machen können, ohne die Beziehung zu Annette aufs Spiel zu setzen? Hier zeigt sich, wie ein Konflikt aus der wieder aufgelebten Vertrautheit zweier Schulfreundinnen und einer neuen freundschaftlichen Begegnung heraus entsteht, in der etwas abgefordert wird, was allen Beteiligten mehr oder weniger zum Nachteil gereicht: Martina kommt in eine Zwickmühle, bekommt zwar das von ihr geliehene Geld zurück, aber nur in kleinen Raten. Der vermeintliche Freund löst sich nach dem Reinfall in Luft auf. Und Annette hat einem Freund vertraut, der es nicht wert war, was sie viel Geld gekostet hat. Sie hat in ein zum Scheitern vorprogrammiertes zwischenmenschliches Unterfangen »investiert«.

Freundschaft hat hier viele Aspekte: Hilfe in der Not (Martina hilft Annette), der Missbrauch von Freundschaft (der Freund nutzt die Freundschaft mit Annette und die Freundschaft zwischen Annette und Martina aus) und Verlässlichkeit (denn Annette zahlt brav ihre Schulden an Martina zurück). Annettes und Martinas Freundschaft zerbricht darüber nicht, aber es kann auch anders kommen, wie der folgende Fall zeigt:

*Gabriel ist Erbe und Inhaber einer großen Bauträgergesellschaft in Düsseldorf. Er ist beruflich ebenso erfolgreich wie eingespannt. Seit über zwanzig Jahren ist Gabriel mit dem Ehepaar Sigrid und Ludwig G. befreundet, mit dem er immer wieder gern einen Abend verbringt. Eines Abends ist Gabriel mit diesem Ehepaar wieder einmal in einem schicken Düsseldorfer In-Lokal zum Essen verabredet. Man tauscht sich über die neuesten Nachrichten und über gemeinsame Freunde aus.*

*Kaum ist die Vorspeise serviert, fragt der Ehemann seinen Freund Gabriel direkt und unverblümt: »Könntest du zwei Millionen Euro in ein neues Patent für mich investieren?« Gabriel ist unangenehm berührt über die ihn überrumpelnde und unverblümte Anfrage. Er lehnt, ohne nachzudenken, ab. Ludwig G. reagiert darauf verärgert und verlangt von Gabriel eine Begründung. Gabriel antwortet ihm ganz offen, dass er schlichtweg im Rahmen eines privaten Abendessens nicht darauf angesprochen werden wolle, ob er seinem Freund so mir nichts dir nichts eine dermaßen hohe Summe zur Verfügung stellen will.*

*Mit dieser Bemerkung Gabriels, die jeder halbwegs normale Mensch sofort nachvollziehen kann, war der Abend gelaufen. Kühl verabschiedete man sich voneinander. Gabriel hat das befreundete Ehepaar seitdem nie wieder gesehen.*

Was hat hier stattgefunden? Hat es sich hier wirklich um eine Freundschaft gehandelt? Das Ende der Beziehung lässt nicht darauf schließen. Der Wert, das Maß, mit dem Ludwig die Freundschaft zu Gabriel misst, scheint durch Geld bestimmt zu sein: Wenn du mein Freund bist, dann investierst du eben mal zwei Millionen in ein Patent, das mir wichtig ist. Wenn du das nicht tust, und dein »Nein« außerdem nicht zufriedenstellend begründen kannst, bist du nicht mehr mein Freund. Gabriel wurde wahrscheinlich erst an diesem Abend klar, dass die jahrelange Beziehung zu Ludwig nichts mit Freundschaft zu tun hatte.

Was hätte Gabriel tun können, um mit der Situation anders umzugehen und die »Freundschaft« aufrechtzuerhalten? Ich fürchte: nichts. Seine Reaktion war verständlich und zudem vernünftig. Ludwigs Anfrage war in mehrerer Hinsicht unangemessen: Es war der falsche Ort, der falsche Zeitpunkt, die falsche Art und Weise zu fragen. Und der Mangel an Sensibilität, mit der Ludwig sein Anliegen vorbrachte, war ein weiteres Zeichen dafür, wie wenig er sich eigentlich für Gabriel interessierte.

### Undank ist der Welten Lohn

Die gut verdienende Ärztin Sophie S. und ihr Mann, der ebenfalls Arzt ist, haben einen guten Freund. Er heißt Thomas und ist Fotograf – aber nur partiell erfolgreich. Er ist ein Tausendsassa mit unentwegt neuen Ideen, aber mangelndem Durchhaltevermögen. Immer wieder ist er in Not und weiß nicht, wie er seine Miete bezahlen soll. Da die Ärztin ein gutes Herz hat, hat sie ihm schon öfter »aus der Patsche« geholfen. Im Laufe ihrer Freundschaft ist schon viel Geld an Thomas geflossen, meist ohne große Worte. Eines Tages bekommt sie einen Brief von ihm:

*Hallo liebe Sophie!*

*Da ich nicht weiß, wie ich Dich am besten erreichen kann, schreibe ich Dir diesen Brief und habe diesbezüglich nur die kleine Bitte an Dich, Deinem Mann gegenüber nichts zu erwähnen, da er mich sonst gleich anrufen wird. Ich möchte Dich fragen, ob Du mir zwischen 2.000 und 5.000 Euro leihen kannst. Das Geld kann ich Dir im Juni 2011 zurückzahlen, weil ich dann Eingänge erwarte. Ich biete Dir einen schriftlichen Vertrag zu den handelsüblichen Zinsen an, damit Du siehst, dass Du mir vertrauen kannst.*

*Die wirtschaftliche Lage ist nicht einfach, aber ich habe noch nicht aufgegeben, obwohl meine Sorgen nicht weniger werden. Der neue Freund meiner Exfrau hat diese angezeigt, weil sie widerrechtlich Kindergeld kassiert. Ich mache mir große Sorgen und habe Angst, dass die Situation eskaliert und unsere beiden Kinder, die ja bei ihr leben, darunter leiden. Ich hoffe, dass ich Dich nicht allzu sehr belaste, aber bitte hilf mir.*

*Jetzt noch eine ganz andere Frage an Dich. Ich habe wunderbare Bilder in Übergröße fotografiert, für die ich Abnehmer oder eine Galerie suche. Vielleicht kennst Du ja ein paar Leute. Wenn Du eine Möglichkeit hast, eine dementsprechende Verbindung herzustellen, wäre das super. Ich habe Dir die Motive als Ausdrucke beigelegt. Die Bilder sind in natura auf Silberfolie gedruckt und UV-beschichtet, heißt: Sie halten bis zu 300 Jahre. Die Bilder glänzen durch die Beschichtung matt, je nach Betrachtungswinkel.*

*Hoffentlich nerve ich Dich nicht allzu sehr mit dem Geschriebenen und hoffe auf eine baldige Antwort von Dir.*
*Viele liebe Grüße, Dein Thomas*

Sophie liest diesen Brief – mit einem gewissen Entsetzen. Schon wieder braucht Thomas Geld. Und nicht nur das: Er bittet sie auch darum, ihm ihre persönlichen Kontakte geschäftlich zur Verfügung zu stellen. Aber am allerschlimmsten findet sie, dass sie bei der von ihr erwarteten Hilfestellung ihren Mann hintergehen soll. Dieser Vorschlag baut auf einem Verlangen auf, das ihr zuwider ist. Offenbar geht Thomas davon aus, dass sie leichter dazu zu überreden ist als ihr Mann. Sophie beschließt daher, Thomas' Wünschen in keiner Weise nachzukommen. Sie schreibt ihm einen freundlichen aber sachlichen Absagebrief, auf den Thomas sehr wütend reagiert. Er wirft ihr in einem Telefonat Herzlosigkeit und Rücksichtslosigkeit vor. Einen Dank für die vielen Hilfestellungen von Seiten Sophies, sprich für die vielen Überweisungen in all den Jahren, spricht Thomas nicht aus.

Sophie ist traurig und empört über diese Reaktion. Thomas verhält sich in keiner Weise wie ein Freund. Er verlangt, äußert aber keinen Dank. Er hat kein Verständnis für ihren Standpunkt und bietet ihr seinerseits auch nicht an, all die bisher von ihr erhaltenen Zuwendungen in irgendeiner Weise wiedergutzumachen. Sei es durch Hilfe, die er ihr bei irgendetwas anbietet, ein Bild-Geschenk oder sonst irgendeine nette Geste, sei es auch nur in Form eines verbalen herzlichen Dankeschöns. Sophie wird aufgrund dieser Erfahrung immer vorsichtiger, wenn Freunde sie um etwas bitten.

## Die Nachteile finanzieller Selbstlosigkeit

Alles, was Menschen im Guten miteinander verbindet, kann auch konfliktträchtig sein.

Wie soll sich jemand verhalten, der Geld von Freunden bekommt, ohne es zu verlangen und scheinbar nichts dafür zurückgeben zu müssen? Gibt es solche selbstlosen Menschen, die für ihre Freunde einfach nur aufkommen und nichts dafür haben wollen als reinen Dank? Zweifellos gibt es das. Vor allem Menschen in kreativen Berufen können, früher wie heute, über solche selbstlose Freundschaften berichten. Viele Schriftsteller, Maler, Komponisten haben Hilfe von ihren Freunden erhalten – und gaben dafür nichts retour – außer ihrer Kunst. Doch was findet in solchen Fällen statt?

*Karl M. ist Chemiker und hat eine gut bezahlte Stelle in einem Forschungsinstitut in Heidelberg. Er hat eine Freundin, die ebenfalls Wissenschaftlerin ist, lebt aber allein. Karl ist seit längerem mit Victor befreundet, den er sehr bewundert. Victor ist attraktiv, lebendig, einfallsreich und immer loyal. Er ist ein aufgrund seiner Begabung erfolgreicher Filmemacher und verdient mit seinen Projekten auch immer wieder so viel Geld, dass er einigermaßen davon leben kann. Doch nach einem Schicksalsschlag befindet sich Victor in einer prekären Lage und erzählt seinem Freund Karl unter großer Anspannung, wie ihm zumute ist.*

*Karl bietet Victor sofort Hilfe an, ohne dass er von Victor darum gebeten wurde. Karl vermittelt Victor eine neue Wohnung, und zudem schlägt er ihm vor, ihn monatlich mit einer überschaubaren Summe zu unterstützen. Victor will ablehnen. Er hat schon immer Probleme damit gehabt, Geschenke anzunehmen. Er selbst ist lieber der Gebende als der Nehmende. Dies aus einem einfachen Grund: Victor ist klar, dass er, wenn er etwas annimmt, auch in einer Schuld steht. Das heißt, er weiß nur zu gut, dass ein Gleichgewicht zwischen Geben und Nehmen vorhanden sein muss, damit eine Freundschaft nicht kippt.*

*Er bringt seine Bedenken Karl gegenüber zur Sprache. Doch Karl wischt seine Einwände beiseite. Victor gäbe ihm so viel, dass er sich wegen der Geldsumme keine Gedanken machen brauche. Es bleibt Victor auch nichts anderes übrig: Er braucht dringend Geld. Also nimmt er an. Da das berufliche Auf und Ab für Victor weiter ein Problem bleibt, überweist Karl regelmäßig Geld. Karls Hilfe wird zwar von Victor immer wieder thematisiert, weil er sich schämt, Karls Geld anzunehmen. Zu einer echten Klärung kommt es aber nicht, nichts ändert sich. Irgendwann sagt Karl: »Ach, geh mir mit deinen Schuldgefühlen. Ich kann es nicht mehr hören. Ich leide keinen Mangel, gebe gern, und außerdem bist du mir wichtig.« Victor, sehr fleißig, kümmert sich um Gelder aus Filmfonds, verhandelt, dreht, gewinnt Preise bei Filmfestivals.*

*Doch kaum ist ein Film abgedreht, geht die Suche nach dem nächsten Projekt und einer neuen Finanzierung von vorne los. Er grübelt immer wieder über das Thema Geld. Er kennt viele Lebensgeschichten von Schriftstellern, bildenden Künstlern und Komponisten wie auch Filmemachern: Viele von ihnen hatten gute Freunde, die ihnen immer wieder halfen. Ohne Freundschaftshilfe wäre so manches Genie zugrunde gegangen, sagt sich Victor, doch er fragt sich auch selbstkritisch, ob ihm aufgrund seiner Begabung eine solche Hilfe ebenfalls zusteht.*

*Zweifellos: Karl steht fest zu ihm. Doch im Laufe der Jahre verschärft sich ein Problem: Victor weiß nicht, was er für Karl tun kann. Er fragt sich, wie er Karl in irgendeiner Weise eine Gegenleistung für seine dauerhafte finanzielle Unterstützung bieten kann. Karl lebt gut, ist immer großzügig und verlangt nichts – außer Victors Gesellschaft. Victor kümmert sich um seinen Freund, wo er nur kann: mit konkreter Hilfe im Alltag, Anregungen, Einladungen, Ratschlägen. All diese Bemühungen nützen aber nicht viel: Victors Schuldgefühl »häuft sich« ebenso wie die finanziellen Summen, die Karl für Victor ausgibt. Daraus entsteht ein weiteres Problem. Victor wagt kaum noch, Karl für manch eine seiner Verhaltensweisen zu kritisieren. Karl ist sehr schlampig, findet seine Sachen oft nicht, ist manchmal sehr konfus und bringt mit seiner chaotischen Art auch seine Freunde durcheinander. Karls Argument ist: Im Institut bin ich überorganisiert und ordentlich, ich will es nicht auch noch zu Hause sein müssen. Früher haben sich die beiden auf eine sehr fruchtbare Weise kritisiert – nach dem Prinzip: Wenn mich jemand kritisieren darf, dann mein Freund.*

*Doch nun werden die Gespräche zwischen den beiden Männern seltener. Der gegenseitige Umgang ist zwar nach wie vor sehr freundlich, aber die aufregenden lebendigen Debatten von früher scheinen nicht mehr möglich. Auch die Debatte über Karls Finanzspritzen wird nicht fortgeführt. Als Victor eines Tages Karl sagt, er habe in der nächsten Zeit genug Geld und bräuchte keine Hilfe mehr, bemerkt Karl trocken: »Wir lassen es mal so, wie es ist. Du weißt ja nie, wie es weitergeht bei dir.«*

*Diese Bemerkung wirkt auf Victor sehr ambivalent. Einerseits ist er gerührt über die andauernde Fürsorge, andererseits spiegelt sich in ihr auch ein mangelndes Vertrauen in seine »Überlebensfähigkeit«. Traut Karl ihm denn nicht zu, es auch ohne seine Hilfe zu schaffen?*

*Im weiteren Verlauf der Freundschaft wird es immer schwieriger für Victor, mit Karls Großzügigkeit umzugehen. Für ihn ist undurchschaubar, warum Karl sich so verhält. Weil Victor auf seine Fragen mehrfach keine Antwort bekommen hat, fragt er nun nicht mehr – und fühlt sich zunehmend unwohl. Lauter offene Fragen stehen im Raum: Welche Gegenleistungen kann er noch anbieten? Soll er Karl um ein weiteres Gespräch bitten und darauf bestehen, dass dieser seine Zuwendungen einstellt? Wäre das aber nicht eine Beleidigung – und ein Zeichen von Undankbarkeit? Die Lösung wie auch der weitere Fortgang der Freundschaft sind offen.*

Die Gründe für die Verhaltensweisen der beiden Freunde sind vielschichtig: Karl hat wirklich ein gutes Herz. Möglicherweise ist seine Großzügigkeit aber auch ein Zeichen dafür, dass er Victor gerne in Abhängigkeit von sich hält. Er genießt die Macht, die aus Victors Dankbarkeit ihm gegenüber erwächst. Victor, begabt und erfolgreich, spürt seine Schwächen dadurch umso mehr. Er schafft es nicht, so zu leben, dass er abgesichert ist. Karl ist in dieser Hinsicht der Stärkere. Er hat Geld genug. Aber er empfindet sich vermutlich als den Schwächeren von beiden, was Begabung, Attraktivität und Originalität anbelangt – lauter Qualitäten, für die er Victor bewundert. Victor nimmt aus Lebensangst und Selbstzweifel Karls Hilfe nur allzu gern an, ohne an dieser Situation wirklich etwas zu ändern. Dafür zahlt er den Preis der Schulden – und der Schuld. Denn ihm ist klar: Er kann die Summen, die er von Karl bekommen hat, niemals zurückzahlen. Er tröstet sich damit, dass Karl das auch nie von ihm verlangt hat.

### *Resümee*

Wollen Sie gute Freunde gewinnen und behalten?

Dann wäre es am besten, den allbekannten Satz »Bei Geld hört die Freundschaft auf« einfach umzudrehen: »Mit Geld fängt wirkliche Freundschaft an.« Er stammt von dem Theologen Peter W., der von mir zum Thema »Freundschaft und Geld« interviewt wurde. Sein Argument lautet, gerade eine Freundschaft ermögliche einen fairen Umgang mit Geld. Denn in welcher anderen zwischenmenschlichen Beziehung hätten wir schon ähnlich gute Chancen? Er selbst erwarte für seine Hilfe weder Gegenleistungen, noch würde er gern mit einer »Dankesschuld« belästigt werden. Sollten wir diese Einstellung nun der christlichen Einstellung eines wahrhaft gläubigen Pfarrers zuschreiben? Oder ist diese Haltung nicht generell erstrebenswert, um Geldprobleme in Freundschaften erst gar nicht aufkommen zu lassen?

Die vorangegangenen Beispiele zeigen jedenfalls, dass aus fünf Gründen in Freundschaften Konflikte entstehen, die dem Geld geschuldet sind:

1. Wenn beiden Parteien nicht klar ist, was Freundschaft bedeutet und darunter jeweils etwas anderes verstehen. Das passiert oftmals, wenn Menschen sich lange kennen und treffen, ohne dass im Laufe der Zeit deutlich wird, warum man eigentlich beisammen ist. Aus Zeitvertreib? Aus gemeinsamen Interessen? Aus Zuneigung und Wertschätzung des jeweils anderen? In solchen Fällen sind die einen dann der Meinung, es handele sich um Freundschaft, während die

anderen das Beisammensein allenfalls als gute Bekanntschaft ansehen. Die Ansprüche, die aus diesen unterschiedlichen Betrachtungsweisen resultieren, sind zwangsläufig konfliktträchtig, vor allem, wenn es um Geld geht.

2. Wenn eine Seite vortäuscht, dass es sich um Freundschaft handelt. Diese Art von Täuschung erleben, wie gesagt, vor allem Reiche. Doch nicht nur diejenigen, die um die Freundschaft zu einem Reichen buhlen, haben dann ein Problem, auch den Reichen erwächst daraus ein Problem. Sie werden im Laufe solcher Erfahrungen misstrauische und es fällt ihnen, vor allem bei neu entstehenden Freundschaften, immer schwerer, daran zu glauben, dass es sich wirklich um Freundschaft handelt. Jedes Kompliment wird dann als tendenziös gedeutet, jede Zuneigungsäußerung steht unter dem Verdacht, mit indirekt manipulativen Absichten verbunden zu sein, entsprechend dem Motto: »Wer so nett und freundlich zu mir ist, will bestimmt irgendetwas von mir haben.« Diese Annahme und das daraus resultierende Misstrauen werden dann zum Maßstab der Wahrnehmung anderer.
3. Wenn Ungleichheit bei den Eigentumsverhältnissen vorliegt. Hat einer der Freunde mehr Geld als der andere, entsteht sofort die Frage: Wer bezahlt bei gemeinsamen Aktivitäten? Immer nur derjenige, der mehr Geld hat, lädt mal der eine, mal der andere ein oder macht man halbe-halbe? Und was hat es mit dem Leihen und Schenken von Geld auf sich? Muss diejenige Person, die mehr hat, auch mehr geben? Darf diejenige Person, die weniger hat, immer Hilfe erwarten? Und wenn sie finanzielle Hilfe erhält, ist sie dann zu Dankbarkeit und Gegenleistungen verpflichtet? Muss sich derjenige, der mehr hat, schuldig fühlen, wenn er dem Freund Hilfe verweigert? Und wie schuldig muss sich derjenige fühlen, der Geld von einem Freund bekommt, ohne dass irgendwelche Erwartungen an ihn gestellt werden?
4. Wenn klare Regeln unter Freunden fehlen. Oftmals scheuen sich Freunde, vorab über bestimmte Regeln zu reden, an die sie das Leihen und Schenken gerne knüpfen würden. Die Nüchternheit, die das Aufstellen von Regeln bedeutet, scheint nicht in das emotionale Konzept einer Freundschaft zu passen.
5. Die Hauptursache für einen latenten Konflikt unter Freunden ist oft das Nichtansprechen von Gefühlen. Es kann sein, dass sie einem peinlich sind, dass man sich ihrer schämt oder schuldig fühlt und es daher scheut, diese unangenehmen Aspekte anzuprechen.

Doch genau eine schonungslose Offenheit dem anderen gegenüber wie auch ein Zusammenhalten, sich gegenseitig helfen und sensibel mit den Problemen der anderen Person umzugehen, sind die Aspekte einer wahren, aufrichtigen Freundschaft.

An dem Mut zu einem klaren Ja oder einem klaren Nein führt daher kein Weg vorbei. Die Angst, durch ein Nein eine Freundschaft zu verlieren, bremst die Offenheit, zu Ungunsten der Klarheit, die jede Freundschaft vertragen können muss. Der Theologe Peter W. formuliert es so: Wenn ich mit Geld helfe, dann tue ich es mit einem bedingungslosen Ja. Oder ich sage Nein und erkläre es dem anderen. Sowohl das Ja als auch das Nein sollten für beide Beteiligten in einer wirklichen Freundschaft auszuhalten sein.

Immer wieder frage ich mich, warum es selbst unter Freunden so schwer ist, über eigene Ängste, Schuldgefühle, Schwächen und sein Scheitern zu reden – gerade in Bezug auf Geld.

Haben wir den Druck, selbst in Freundschaften »perfekt« zu sein, so sehr verinnerlicht? Ist die Angst, sich einem nahen Menschen zu öffnen und damit vielleicht die Freundschaft zu gefährden, so groß, dass wir unsere Gefühle nicht mehr aussprechen? Man könnte meinen, dass sich hier »die Katze in den Schwanz beißt«: Um die Freundschaft nicht aufs Spiel zu setzen, wird über bestimmte Themen geschwiegen – und genau mit diesem Schweigen riskiert man die Freundschaft erst. Dahinter steckt die Angst, die auch in einer Liebesbeziehung wirkt: Wenn der andere weiß, wie ich wirklich bin und was ich wirklich fühle, kann er mich gar nicht mehr mögen. Womit wir wieder beim übersteigerten (Narzissmus) oder tatsächlich nicht vorhandenen Selbstwertgefühl angekommen wären.

Jedenfalls wäre es ein spannendes Experiment unter Freunden, diesem Prinzip zu folgen:

In einer Freundschaft haben Rechenbilanzen nichts zu suchen. Alles was man gibt, muss man bereit sein zu schenken und darf es keinesfalls gegeneinander verrechnen. Und wenn man nicht geben will oder kann, spricht man es offen aus und begründet es – in aller Freundschaft.

## 5. Die Familie als Keimzelle und Symptomträger von Problemen

Im nun folgenden Kapitel soll veranschaulicht werden, wie sich der unterschiedliche Umgang mit Geld innerhalb einer Familie von einer Generation zur nächsten und übernächsten auswirkt und aufgrund verschiedener Sozialisation verändert. Denn nirgendwo sonst wird das diesbezügliche Verhalten von Kindern so sehr geprägt wie im Familienverband.

Einerseits wird ein Kind mit den Maßstäben und Werten konfrontiert, die die Eltern – aufgrund ihrer eigenen Erziehung – im Umgang mit Geld für wichtig halten. Des Weiteren erleben Kinder emotional, wie ihre Eltern damit umgehen, und was es für sie bedeutet. Andererseits übernehmen die Eltern gesellschaftlich geltende Maßstäbe und Werte hinsichtlich des Geldes, ohne dass dies ihnen bewusst ist. Die geltenden gesellschaftlichen Maßstäbe sind von ihnen ebenso verinnerlicht wie die eigenen Erfahrungen und Werte.

Die Folgen dieser familiären Lern- und Erfahrungsprozesse in Sachen Geld wirken oft ein Leben lang. Und da jeder Mensch ein Mitglied unserer Gesellschaft ist, wirken diese auch wieder auf unsere Gesellschaft zurück. Wenn nun, wie es nicht erst seit heute der Fall ist, Geld die Welt regiert, beherrscht es damit in gewisser Weise auch die Familien.

Und nicht nur das. Jede Familie ist betroffen von den politischen Ereignissen ihrer Zeit und dadurch mit einbezogen: Kriege, Nachkriegsereignisse, Inflation, politische Trends, Ideologien. Dies sind Faktoren, die bis in das »Private« hineinwirken. Die politischen Ereignisse wiederum hängen mit den wirtschaftlichen Prozessen zusammen. Insofern spiegeln sich in der Familie nicht nur individuelle Entwicklungen und gesellschaftliche Ereignisse wider, sondern auch weltwirtschaftliche Prozesse.

So gut wie alle Familien mussten im Europa der Nachkriegszeit unter schwierigen Bedingungen ihr Leben bewältigen. Millionen junge Männer, Ehemänner und Väter, die in den Krieg gezogen waren, kamen nicht mehr zurück. Und diejenigen, die zurückkamen, waren versehrt – körperlich und seelisch. Gerade in Deutschland wurden sie außerdem, bewusst oder unbewusst, durch Schuldgefühle belastet. Viele von ihnen, die sich mit dem Nazi-Reich identifiziert und auf den Endsieg gehofft hatten, kamen als Verlierer heim. Selbst diejenigen, die im Widerstand oder stille Mitläufer des Systems waren, befanden sich keineswegs in einer besseren Lage.

Sehr viele Familien hatten durch den Krieg Heimat, Grund und Boden, Haus und Besitz verloren. Die Auswirkungen der beiden Weltkriege und der Nazi-Zeit sind bis heute folgenreich – auch wenn diese nicht auf den ersten Blick ersichtlich sind. Die materiellen Nöte, die nach dem Krieg das Familienleben beherrschten, sind längst überwunden. Doch die seelischen Nöte, die einst mit Geldsorgen verbunden waren, wirken bis heute in unserer Wohlstandsgesellschaft nach: über die Großeltern, die Eltern und auch – oft übersehen – bis hin zu den Kindern und Enkeln.[45] Viele ungelöste Konflikte, nicht verarbeitete Trauer und die daraus resultierenden Handlungsmuster werden oft von Generation zu Ge-

45 Vgl. dazu die lesenswerten Veröffentlichungen über die Nachkriegsgeneration:
Bode, Sabine: Die vergessene Generation. Die Kriegskinder brechen ihr Schweigen.
Ustorf, Anne-Ev: Wir Kinder der Kriegskinder. Die Generation im Schatten des Zweiten Weltkrieges.

neration unbewusst weitergegeben und beeinträchtigen die seelische Stabilität der Nachkommen.

### Die Not von damals und die seelischen Nöte von heute

In den Nachkriegsfamilien war der permanente finanzielle Mangel allgegenwärtig. Hauptthema in ihnen war: das mangelnde Geld. Egal ob morgens, mittags oder abends, ständig lag die Angst um die eigene Existenz wie ein nicht abzuschüttelnder Schatten auf den Menschen. Zwei Beispiele sollen verdeutlichen, wie frühe Kindheitserfahrungen bis heute ihre Folgen zeitigen:

*Sabine L., Mitte fünfzig, sieht sich heute noch in ihren Albträumen am Küchentisch sitzen, die Eltern zetern und schreien. Wie immer geht es darum, dass zu wenig Geld im Haus ist. Wenn es überhaupt einmal Wurst gibt, bekommt diese nur der Vater aufs Brot. Er ist ja der Einzige, der Geld nach Hause brachte. Das war der Mutter zwar immer zu wenig, und so ließ sie ihre Wut an ihm aus, beklagte sich lautstark und bezeichnete ihren Mann als Versager. Wie ein Damoklesschwert hingen die wirtschaftlichen Sorgen über der Familie. Die Verbindung von Essen und dem es begleitenden emotionalen Stress führte bei Sabine dazu, dass sie, als sie in die Pubertät kam, eine massive Essstörung entwickelte. Ihr großes Ziel im Leben war, niemals selbst in eine Situation zu kommen, in der sie von solchen existenziellen Sorgen geplagt wurde. Sie ist eine erfolgreiche Bankmanagerin geworden, aber unfähig, sich auf eine tiefe Beziehung zu einem Mann einzulassen.*

Sabine L. hat sich weder mit der keifenden Mutter identifiziert noch mit dem Vater, der von der Mutter als »Versager« abgestempelt wurde. Sie ist ihren eigenen Weg gegangen. Doch ihre frühen Erfahrungen mit Geldknappheit und dem damit verbundenen Stress waren so mächtig, dass sich Sabine als eine Art »Lebensrettung für ihre Psyche« schwor, niemals wieder Armut zu erleben. Ihre Essstörung ist ein bis heute nicht überwundener Protest dagegen, etwas einnehmen zu wollen (das Essen), was mit Streit verbunden ist.

*Ulrich K. wurde Anfang der Fünfzigerjahre als Sohn eines Musikers und einer Lehrerin geboren, die ihr Studium noch nicht abgeschlossen hatte. Der Vater bekam eine Stelle als Dirigent in einer Kleinstadt in Süddeutschland, als Ulrich ein Jahr alt war. Die Mutter aus »gutem Hause« war große Belastungen nicht gewöhnt und hatte Schwierigkeiten, mit Kind und Studium zurechtzukommen. Nach zwei Jahren fester Anstellung kündigte der Vater, um »frei« zu sein. Seine Versuche, als freischaffender*

*Musiker Engagements zu finden, erwiesen sich als erfolglos. Der Mutter blieb darauf nichts anderes übrig, als nach ihrem Studium so schnell wie möglich zu unterrichten und als Hilfslehrerin wenigstens etwas Geld zu verdienen. Streit war zwischen den Eltern an der Tagesordnung. Damit verbunden: Vorwürfe, Ängste und Schuldzuschreibungen. Zwei Zimmer mussten untervermietet werden, die Familie rückte näher zusammen, was die Lage nicht vereinfachte. Die Rechnungen beim Kaufmann mussten angeschrieben werden. Schließlich verließ die Mutter zusammen mit ihrem Sohn den Vater, und die Trennung wurde beschlossen. Der kleine Sohn erlebte eine Situation, die für ein Kind lebensbedrohlich ist: Geldmangel, Verlust des Vaters, zu wenig Zuwendung der Eltern.*

Beim Interview mit Ulrich trat klar zutage, dass er bis heute Angst hat, Geld auszugeben und für sich zu fordern, soweit die Forderungen nicht über formalisierte Vorgänge geregelt sind. Im Laufe des Interviews wurde ihm klar: Geldausgeben wie auch -fordern ist bei ihm angstbesetzt. Er sagt: »Gebe ich Geld aus, habe ich weniger davon auf der Seite und weiß nicht, wie lange es dauert, bis »neues« da ist. Fordere ich Geld, werde ich eventuell dafür bestraft, zurückgewiesen und abgelehnt, weil meine Forderungen als unangemessen angesehen werden.« Die kindliche Gefühlserfahrung wirkt bis heute nach. Sein beruflicher und finanzieller Erfolg als Anwalt spielt dabei keine Rolle. Die Angst ist stärker als die Wahrnehmung des Erfolgs. (Siehe dazu auch das Kapitel »Angst und die weltweite Finanzpolitik« auf S. 165)

### Armut und Reichtum: Leid, Scham und Stress in Familien

Welche Erfahrungen machen Kinder heute, die in einer armen Familie aufwachsen, was ist ihr Hintergrund? Meist ist ihre Familie unvollständig, weil sich die Eltern schon wenige Jahre nach ihrer Geburt getrennt haben. Die Mutter ist in der Regel diejenige, die mit der Kindererziehung und dem Geldverdienen allein zurechtkommen muss.

An dem folgenden Fallbeispiel wird deutlich, wie sehr sich Kinder mit den Nöten ihrer Eltern, meist ihrer Mütter, identifizieren. Weil die Mütter oft keinen ihnen nahestehenden Partner haben, mit dem sie ihre schwierige Situation besprechen können, müssen verstärkt ihre Söhne und Töchter dafür herhalten. Sie haben Klagen zu ertragen, werden zur Sparsamkeit angehalten und direkt oder indirekt dazu aufgefordert, etwas zum Unterhalt der Familie beizutragen, damit diese über die Runden kommt.

*Uwe N. ist vierzehn Jahre alt. Er und sein jüngerer Bruder gehen in die gleiche Gesamtschule einer Großstadt. Der Vater lebt weit entfernt in einer anderen Stadt und zahlt für die Kinder keinen Unterhalt, da er selbst kein Geld hat. Ihre Mutter arbeitet als Serviererin in einer Gaststätte – für einen Stundenlohn von acht Euro. Manchmal bringt sie mehr, manchmal weniger Trinkgeld mit nach Hause. Sie ist oft sehr erschöpft und hat ihren Söhnen nur wenig Kraft entgegenzusetzen, wenn Konflikte auftauchen. Durch ihre offensichtliche, aber nicht ausgesprochene Hilfsbedürftigkeit appelliert sie auf indirektem Weg an das Pflicht- und Verantwortungsgefühl ihres älteren Sohnes. Er kümmert sich um eine Art Dauerunterstützung für seine Mutter – nicht nur in seelischer Hinsicht, sondern auch in materieller. Uwe verdient Geld, indem er jeden Job annimmt, den er kriegen kann: Er mäht den Rasen des Nachbarn, geht für ein paar Euro für eine alte Frau einkaufen und gibt einem jüngeren Schüler Nachhilfe-Unterricht. Er kümmert sich zudem um den kleinen Bruder, hilft ihm bei den Schularbeiten. Er tröstet seine Mutter, wenn sie, nach einem Streit mit dem Besitzer der Gaststätte, weinend nach Hause kommt.*

*Als ich ihn frage, wie er zu Geld steht, antwortet er: »Wir brauchen es dringend, und ich kann es einfach nicht ertragen, wenn Mama immer so traurig und müde ist. Und so mach ich, was ich kann, um ihr zu helfen.« Auf die Frage, was er später für einen Beruf ergreifen will, erwidert er: »Ich weiß es noch nicht. Gern würde ich Landschaftsgärtner oder so etwas Ähnliches werden. Aber ob Mama mir eine Ausbildung bezahlen kann, keine Ahnung.«*

Hier findet Erziehung ohne väterliches Vorbild und ohne wirkliches Eingreifen der Mutter statt. Der Junge übernimmt wie ein Erwachsener Verantwortung und verzichtet auf vieles: auf Konsum, Freizeit, Spaß und Freude. Er wirkt ruhig, viel zu ernst und frühreif für sein Alter. Wie wird er später mit seinen Kindern umgehen? Wird der früh erlebte Verzicht ihn später eher großzügig oder geizig werden lassen?

Es kommt viel häufiger vor, dass gerade Kinder aus armen Familien solidarischer denken und handeln als Kinder aus reichen oder wohlhabenden Familien. Doch ein Gegenbeispiel zeigt, dass Armut keineswegs weise macht oder eine gute Herzensbildung garantiert.

*Elsie D. ist sechszehn Jahre alt. Sie ist noch immer an der Hauptschule, weil sie schon zweimal sitzengeblieben ist. Sie hat drei jüngere Geschwister. Ihre beiden Eltern sind Hartz IV-Empfänger. Sie haben zudem Schulden bei einem Freund der Familie, der ihnen vor drei Jahren 3.000 Euro für eine neue Kücheneinrichtung und eine neue Couch geliehen hat. Der Vater, einst Lastwagenfahrer, kann seinen Beruf aus gesundheitlichen Gründen nicht mehr ausüben. Die Mutter hat keine Ausbildung und sich vielfach in Aushilfsjobs versucht. Seit drei Jahren gibt sie sich allerdings keine Mühe mehr, neue Arbeit zu finden. Sie sitzt mit ihrem Mann Tag für Tag vor dem Fernseher – mit Chips und Bier. Wenn Elsie, da war sie noch jünger, einmal in dem unordentlichen Wohnzimmer aufräumen wollte, wurde sie angebrüllt. Sie solle sich doch um ihren eigenen Dreck kümmern. Also hat Elsie es bleiben gelassen. Egal, was sie macht, ihre Eltern sind mit sich beschäftigt, aber nicht mit der Erziehung ihrer Kinder. Ob Elsie ihre Kleider wechselt oder seit Wochen im selben grellbunten T-Shirt mit rosa Leggings herumläuft, kümmert sie nicht. Elsie ist es mittlerweile auch ziemlich egal, wie sie aussieht. Eigentlich hat das Mädchen ein gutes Herz. Sie liebt ihre kleine Schwester Anni sehr und kümmert sich um sie. Aber Elsie ist ziellos, unkonzentriert, weiß nicht, was sie aus ihrem Leben machen will. Taschengeld gibt es ab und zu, wenn der Vater nach einigen Glas Bier gute Laune hat. Die Sozialarbeiterin schaut vorbei – und hat es aufgegeben, etwas verändern zu wollen. Die Familie hält sich irgendwie über Wasser, schlimmere Vorkommnisse sind nicht zu vermerken. Soweit scheint ja alles Lebensnotwendige da zu sein: der große Fernseher, der volle Kühlschrank mit den billigen Lebensmitteln von Aldi.*

*Als ich Elsie frage, was Geld für sie bedeutet, zuckt sie mit den Schultern: »Keine Ahnung.« Als ich sie weiter frage, was sie denn mal werden und womit sie ihr Geld verdienen möchte, grinst sie mich an und sagt: »Mit nichts. Es hat ja sowieso keinen Zweck. Früher wollte ich mal Kosmetikerin lernen. Aber die gibt es ja wie Sand am Meer. Und Mutti wird sicher kein Geld dafür opfern, dass ich so einen überlaufenen Beruf lerne.«*

Hier führen Armut und Arbeitslosigkeit zu einer Erstarrung. Niemand in der Familie handelt und entscheidet etwas, das wieder aus der Hartz IV-Situation herausführen könnte, weil »es ja doch keinen Zweck hat«. Die Teilnahmslosigkeit und das vermeintliche »Nicht-Mehr-Gebraucht-Werden« lähmt nicht nur die Eltern, sondern auch Elsie. Das »Gelähmt-Sein« der Eltern schlägt sich auch auf die Erziehung der Kinder nieder. Erziehung wäre mit Aktivität, Gestalten und bewusstem Gewähren-Lassen verbunden. Doch wozu, wenn alles umsonst ist? Das Wort »umsonst« spielt dabei eine doppelte Rolle: Niemand strengt sich noch für etwas an, weil es ja eh sinnlos und »umsonst« ist. Und »umsonst« – ohne arbeiten zu gehen – kann die Familie leben, weil sie fast alles hat, was sie zum Lebensunterhalt braucht. Geld spielt selbst in dieser Armut keine wirkliche Rolle, jedenfalls nicht als brennendes Thema oder Problem, das gelöst werden muss. Der Geldmangel wird verdrängt. Der Schuldenberg, der auf der Familie lastet, wird den Tiefen des Vergessens überantwortet. Doch die Zeitbombe tickt, und was wird wohl passieren, wenn sie explodiert?

Ob es Elsie gelingt, diese Erstarrung aufzubrechen und ihren eigenen Weg zu gehen, sei dahingestellt. Doch ihre Chancen stehen eindeutig schlechter als die von Uwe. Uwe hat aus Mitgefühl für die fleißige Mutter selbst zu handeln und nach Auswegen zu suchen begonnen. Als Kind armer Eltern mag Elsie sinnbildlich vielleicht leichter in die Welt ziehen, um dort alles besser zu machen und sich neue Vorbilder zu suchen, als ein Kind von Reichen dies oftmals kann. Denn dieses wird eher dazu neigen, seine Familienverhältnisse als selbstverständlich und maßgeblich für sich zu nehmen, also das vorhandene Vermögen zu idealisieren und die Ängste, die die Eltern in den meisten Fällen haben, mit zu übernehmen.

Aber letztendlich ist Elsie ihrer Erziehung oder Nicht-Erziehung ebenso verhaftet wie ein Kind reicher Eltern. Armuts- oder Wohlstandsverwahrlosung zeigen sich in beiden Fällen in Sinnentleerung, emotionaler Teilnahmslosigkeit, mangelnder Herzensbildung und Empathie für andere.

Reichtum scheint, was Erziehung betrifft, ein schwieriges Feld zu sein. Wie wirkt sich Reichtum auf die Wohlstandskinder von heute aus? Welche Maßstäbe und Werte vermitteln reiche Eltern ihren Kindern? Über dieses Thema gibt es nur wenige Informationen oder Untersuchungen, von vereinzelten Veröffentlichungen einmal abgesehen.[46]

Kinder aus reichen Familien haben es auf eine ganz andere Weise schwer als Kinder aus armen Familien. Es erfordert eine hohe Ausgeglichenheit seitens ihrer Eltern, sie nicht mit den eigenen Dringlichkeiten und Problemen (Vermögen sichern, Vermögen mehren, Vermögen verlieren) zu belasten.

Generell scheint es für Kinder reicher Eltern viel schwerer zu sein, sich von ihren Eltern abzugrenzen und einen eigenen Weg einzuschlagen als für Kinder aus »normalen« Familien. Geld wirkt hier wie ein Klebstoff, der die Kinder an die Eltern bindet: Es schafft Sicherheit, Bequemlichkeit, vermeintliche Sorgenfreiheit, Lebensgefühle, die kein Mensch wirklich gern und freiwillig aufgibt. Die finanziellen Zuwendungen und der Luxus, von denen reiche Kinder meist umgeben sind, verführen zum Verbleiben und eben nicht zur Loslösung und einem Aufbruch zu unbekannten Gestaden.

Was Kinder reicher Eltern mit ihrer finanziellen »Erblast« schultern müssen, wird meist mangels entsprechender Kenntnis unterschätzt. Die Freiräume sind eng, das Familienleben wird vom Reichtum und der Tradition bestimmt. Das Vermögen verpflichtet die Erben dazu, etwas fortzuführen und zu erhalten,

---

46 Wie zum Beispiel Thomas Druyen in seinem Buch »Goldkinder.

was sie vielleicht gar nicht wollen. Ich konnte zwei grundlegend verschiedene Einstellungen beobachten, mit denen Reiche ihre Kinder erziehen: Sie werden entweder materiell übermäßig verwöhnt oder gezwungen, auf eine künstliche Art bescheiden zu sein.

Von der Verwöhnung war hier am Beispiel von Tanja bereits die Rede, die grenzenlos Geld für sich in Anspruch nehmen kann, ihre Langeweile durch ständiges Konsumieren vertreibt und keine Lebensziele hat (siehe S. 33). In diesem Fall hat Erziehung, im Sinne von Grenzen setzen und Maßstäbe vermitteln, nicht stattgefunden. Von ähnlichen Beispielen können wir immer wieder in den Zeitungen lesen. Wer kennt nicht irgendeinen Bericht über das Kind von Reichen aus der Boulevard-Presse? Wer kennt nicht gar Fälle aus eigener Erfahrung?

In Münchens In-Diskothek P1 gibt es Jugendliche, die ihre eigenen vom Vater gesponserten Wodka-Flaschen an der Bar stehen haben. Viele Jugendliche reicher Eltern leben ohne jeden Ehrgeiz und feste Strukturen in den Tag hinein, nachdem sie von ihren Eltern unter größten Mühen und finanziellen Kosten durch das Schulsystem geschleust wurden.

So erzählte mir ein Selfmade-Millionär, der namentlich nicht genannt werden möchte: »Ich kenne viel zu viele junge Leute, die sich durch den Besitz von ein bisschen zu viel Geld in jungen Jahren zugrunde gerichtet haben. Deshalb sollte meine Tochter erst nach meinem Tod davon erfahren. Bis dahin wird sie das eine oder andere über den Umgang mit Geld gelernt haben und wissen, wie man alleine in der Welt zurechtkommt.«[47]

Auch bei den Kindern von Reichen ist – wie bei ihren Eltern – Verschwendung das naheliegende Verhalten, wenn sie so viel mehr Geld zur Verfügung haben, als sie überhaupt ausgeben können. Vom notwendigen Lebensunterhalt ganz zu schweigen. Ich kenne Jugendliche, die von ihren Eltern 30.000 Euro Taschengeld im Monat bekommen. Diese Kinder des Überflusses, mit Garderoben für mehrere Leben im Schrank und dem elektronischen Equipment mehrerer Personen, sind dadurch nicht unbedingt glücklicher. Viele der jungen Reichen sind von Drogen oder Alkohol abhängig, ohne Ziel, ohne Lebensplan und – letztendlich einsam.

Wie Eltern sich mittels ihres Reichtums der Pflicht entziehen, ihre Kinder zu erziehen, zeigt ein weiteres Beispiel aus der Familie Onassis. Weder Aristoteles noch seine Frau Tina nahmen die Elternrolle gegenüber ihren Kindern wahr. Sie

47 Peter Evans, ebd. S. 39

waren moderne Nomaden, ohne wirklich festen Wohnsitz. Sie kamen und gingen, wie sie wollten und blieben für ihre Kinder oft monatelang verschwunden. Alexander und seine Schwester Christina wurden in die Obhut von Kindermädchen und Privatlehrern gegeben. Sie wurden zwar im Luxus groß, andererseits aber von ihren Eltern emotional vernachlässigt. Alexander hat nie in seinem Leben eine öffentliche Schule besucht. Die direkte Folge war, dass er keinerlei Freunde in seinem Alter hatte. Dafür verkehrte er früh mit der Prominenz. Er wurde mit seiner Schwester zum Abendessen mit Winston Churchill oder Cary Grant auf die Yacht seines Vaters eingeflogen.

Evans, der schon erwähnte Onassis-Biograph schildert eine Szene, in der Aristoteles Onassis einem Freund in seinem Schloss in Südfrankreich das Appartement seines damals sechsjährigen Sohnes zeigt: »*Er öffnete einen Garderobenschrank, in dem 50 kleine Anzüge hingen. Militäruniformen, Segelkleidung, Yacht-Outfits. Ari fragte ihn: ›Was denkst du? Verwöhne ich den Jungen zu sehr?‹ Ich sagte zu ihm, dass er dies wahrscheinlich täte und dass es schrecklich sein müsse, in so jungen Jahren so viel zu besitzen und dass es doch ein besonderer Reiz und eine Freude wäre, auf Dinge warten zu müssen. Ari brach diese Diskussion abrupt ab. Am nächsten Morgen machte Brien einen Spaziergang im Schlossgarten und wurde plötzlich hinterrücks von Alexander mit seinem kleinen Auto angefahren. Als Ari von dem Unfall hörte, meinte er, dass das doch nur ein Spielzeug wäre, woraufhin Brien antwortete: ›Aber eines, das zwanzig Stundenkilometer fährt‹, woraufhin Onassis entgegnete: ›Nein, fünfundzwanzig!‹ Mit zehn Jahren bekam Alexander von seinem Vater ein Speed-Boot geschenkt, und die Angestellten seines Vaters, den Alexander einerseits bewunderte, andererseits aber auch fürchtete, wurden seine engsten Vertrauten. Das Verhältnis zwischen Alexander und seiner Schwester Christina war kühl. Sie war ein schüchternes kleines Mädchen, dessen Schüchternheit oft als Arroganz oder Hochmut interpretiert wurde. Zu bestimmten Zeiten weigerte sie sich zu sprechen und musste in Zürich Kinderpsychotherapeuten konsultieren, die ihr Schweigen als den Wunsch, Aufmerksamkeit zu erzeugen, interpretierten. All ihre Kindheit hindurch wurde sie in ihren Zimmern niemals alleine gelassen, Kindermädchen und Bodyguards beschützten sie Tag und Nacht und berichteten ihrem Vater alles, was sie tat. Sie lebte in ihrer eigenen abgeschlossenen seelischen Welt innerhalb der Welt ihres bewunderten Vaters. In den seltenen Fällen, wenn die ganze Familie Onassis zusammen war, wurde die Atmosphäre durch das permanente laute Zanken und Schreien ihrer Eltern vergiftet.*

*Ihre schöne und schlanke Mutter Tina war nach Angaben einer Bekannten beschämt, solch ein eher plump wirkendes, unbeholfenes und eher hässliches Kind produziert zu haben, und es war ihr von daher nicht möglich, ihre Tochter zu lieben.«*[48]

Grenzenlos über Geld zu verfügen und sich nichts anderem als der Mehrung und Zurschaustellung des eigenen Reichtums zu widmen, widerspricht dem Grundsatz jeder liebevollen Erziehung, die Kinder brauchen, um ihr Leben als Erwachsene meistern zu können. Erst durch die Erfahrung von Grenzen sind Grenzen sinnvoll zu überschreiten.

Die erzwungene Bescheidenheit ist wiederum das Gegenstück zur grenzenlosen Verwöhnung. So erhalten die Kinder von Brett Wilson, einem der reichsten Männer Kanadas, nur einen bescheidenen Betrag für ihren Lebensunterhalt. Sie verdienen sich das Geld für ihr Universitätsstudium und ihre Urlaubsreisen selber und werden auch nicht viel Geld erben, da ihr Vater vorhat, sein Vermögen an wohltätige Organisationen zu verschenken. Er hält es für besser, Reichtum umzuverteilen, solange man noch lebt. Aus Angst, ihre Erben durch zu große Verwöhnung zu verweichlichen, zwingen Patriarchen ihre Kinder dazu, am Fließband in ihrer Fabrik zu arbeiten oder sich ihren Urlaub durch Putzen zu verdienen.

Auch ich habe mein Studium durch verschiedene Jobs mitfinanziert. Ich habe Hotelzimmer geputzt, in einem Getränkemarkt Kisten aufgestapelt, in einem Großmarkt Regale gefüllt, bin an einer Kasse im Supermarkt gesessen und habe in einer Kneipe bedient. Es hat mir bestimmt nicht geschadet, sondern mich im Gegenteil motiviert, mein Studium möglichst schnell zu Ende zu bringen. Durch meine Arbeitsstellen habe ich vor allem begriffen, wie hart manche Frauen ihr Geld verdienen, die, nachdem der Supermarkt schließt, noch eine Stunde lang quasi unentgeltlich den Kasseninhalt zählen müssen und dann nach Hause fahren, um dort noch den Haushalt zu machen und sich um die Kinder zu kümmern. Ich möchte diese Erfahrungen nie missen, weil sie mich immer wieder auf den Boden der Realität zurückbringen, der für viele Menschen Alltag ist. Ich konnte am eigenen Leib spüren, wie anstrengend und erschöpfend es ist, sich mit körperlicher Arbeit seinen Lebensunterhalt zu verdienen.

An diesen Beispielen wird deutlich, dass die erzwungene Bescheidenheit und die Pflichten, die reiche Eltern ihren Kindern auferlegen, dazu führen, dass diese mehr Realitätssinn haben. Doch bleibt es eine spannende und offene Frage, welche langfristigen Auswirkungen diese Erziehung hat. Und ob die Kinder von Reichen

48 Vgl. dazu Peter Evans

denn wirklich großzügiger, weniger angstbesetzt, sozialer und lebenstüchtiger sind, wenn sie zur Bescheidenheit erzogen wurden.

Allein in Deutschland gibt es eine steigende Anzahl von Familien, die in der Nachkriegszeit bis weit in die 70er-Jahre hinein zu viel Geld gekommen sind: Familienunternehmen, die klein anfingen und nun groß dastehen – mit der offenen Frage: Was geschieht mit diesem »Erbe«?

## Lust und Last eines Familienerbes

Immer mehr Deutsche können von dem leben, was ihnen ihre Eltern hinterlassen haben. In der Zeit nach dem Krieg baute die Generation des sogenannten Wirtschaftswunders Deutschland wieder auf. Die ihr nachfolgende Generation des Wohlstandes, die den Krieg nicht mehr erlebt hat, konnte vor Beginn der Globalisierung und den mit ihr verbundenen weltwirtschaftlichen Unsicherheiten über viele Jahre hinweg ihr Vermögen sichern. Die Generation der jetzigen Erben hat daher das Glück, mit riesigen finanziellen Reserven in eine ansonsten ungewisse Zukunft zu blicken. Jährlich werden in Deutschland Milliarden von Euro vererbt.

*Einer dieser Erbinnen wurde nach üblichen Maßstäben nicht nur sehr viel hinterlassen – nämlich ein Renaissanceschloss –, sondern damit verbunden auch die Verpflichtung, das heruntergekommene Anwesen und seine 90 Zimmer zu renovieren und instand zu halten. »Heute weiß die allein erziehende Mutter von sechs Kindern, dass sie nicht nur ein Schloss geerbt hat, sondern auch den Neid. Der schlägt ihr aus der Bevölkerung entgegen, berichtet sie, und dass sie darunter leide, weil sie ja hart arbeite für den Glanz, in dem sie lebe.«*[49]

Aber manche Eltern übertreiben eben in jeder Hinsicht maßlos: Ihr übermäßiger Wille, der auf das erzieherische Ziel ausgerichtet ist, dass sich ihre Kinder dem Erbe restlos verpflichtet fühlen, kann oft das Gegenteil erreichen. In einer familiendynamisch zu verstehenden Gegenreaktion lehnen die Kinder ihr Erbe daraufhin eher ab, hassen das Familienunternehmen und wollen nichts mehr davon wissen.

*L. H., ein sehr reicher Freund von mir, erzählte mir bei einem Mittagessen von seiner diesbezüglichen Einstellung. Seiner Meinung nach werden die meisten Inhaber eines Familienunternehmens von dynastischen Ideen und Vorstellungen*

49 Marc Beise: Erbe verpflichtetet, SZ vom 20./21.8.11, S. 26

*geleitet. Sie möchten ihre Unternehmen wie kleine Königreiche an ihre Kinder weitergeben. Dahinter stecken viele verschiedene Motive: der Wunsch, sich dadurch in gewisser Weise unsterblich zu machen, etwas Einzigartiges aufgebaut zu haben, seine Kinder gut versorgt zu wissen. Auffällig sei, dass viele Unternehmer ihren Söhnen deshalb auch den Vornamen geben, den sie selbst tragen, so dass dem Senior immer ein Junior folgen kann. Manche Menschen stürben dann mit fast 70 Jahren immer noch als Junioren. L. erzählte mir, dass er von solchen dynastischen Ideen überhaupt nichts halte. Er gönne seinen Töchtern ein völlig entspanntes und kreatives Eigenleben.*

Das ist eine Haltung, die ich persönlich bewundernswert finde. Als ich auf einer Reise einen reichen, älteren Herrn kennenlernte, der Anfang siebzig war, erzählte er mir, wie es ihm als »Erbe« gegangen ist. »*Endlich kann ich machen, was ich will*«, sagte er stolz. Als ich nachfragte, was er damit meine, erwiderte er: »*Kürzlich ist mein 93-jähriger Vater verstorben. Und nun kann ich reisen, wann ich will. Das ging bis dahin nicht, weil mein Vater auf Schritt und Tritt mein Leben kontrollierte und mich zwang, mich ausschließlich um mein zukünftiges Erbe zu kümmern. Da gab es keine Freizeit für mich. Jetzt hingegen kann ich endlich mein Leben genießen.*«

Man sieht, dass ein Erbe Möglichkeiten eröffnet, der eigenen Selbstfindung aber auch enge Grenzen setzt. Ganz abgesehen davon können zahlreiche Konflikte durch eine Erbschaft ausgelöst werden. Es gibt Familien, deren Mitglieder auf Grund der Aufteilung des Erbes heillos zerstritten sind und keinen Kontakt mehr miteinander haben.

*Andrea, eine zierliche Frau Mitte fünfzig, hat kürzlich ihre Mutter verloren, die hochbetagt in einem Pflegeheim gestorben ist. In ihrer Herkunftsfamilie gab es immer Ärger ums Geld. Deshalb hatte ihre Mutter auch einen Erbvertrag aufsetzen lassen, um zukünftigen Streit zwischen den fünf Geschwistern zu vermeiden. Als Andreas Vater starb, hatte er seiner Frau die Anteile an der Firma, die er besaß, vererbt. Der älteste Bruder von Andrea, Gerd, hatte BWL studiert und schon als Prokurist in der Firma des Vaters mitgearbeitet. Er machte es zur Bedingung, dass er die Verantwortung für die Firma nur dann übernehmen würde, wenn er 51 Prozent der Firmenanteile überschrieben bekäme, was die Mutter unter Druck auch tat. Die drei Schwestern gingen völlig leer aus. Der Vater und Firmengründer hatte aber auch dem jüngeren Bruder, der Welthandel studierte, versprochen, dass er, wenn er sein Studium beendet habe, ebenfalls in die Firma einsteigen könne, was der ältere Bruder mit dem Argument zu verhindern suchte: der jüngere Bruder solle doch gefälligst erst mal anderswo erste Berufserfahrungen machen. Um den Druck auf den älteren Sohn zu erhöhen, überschrieb die Mutter ihre 49 Prozent dem jüngeren Sohn, was wiederum den älteren ärgerte. Nun fochten die beiden Brüder ihren Kampf auf den Beirats-Sitzungen des Unternehmens aus, bis der jüngere schließlich aufgab und sich auszahlen ließ. Als ihr Vater starb, lebte Andrea mit ihrem Mann in Amerika. Auf Anraten ihres Anwaltes entschloss sie sich, ihren Pflichtteil am Erbe geltend zu machen, was wiederum die Mutter so sehr ärgerte, dass sie zwanzig Jahre lang kein Wort mehr mit ihr sprach.*

So kann der Streit ums Erbe ganze Familien zerstören und auseinanderbringen. Andrea hat nie verstanden, warum ihre Mutter ihre Brüder immer vorgezogen hat. Die Brüder bekamen die Anteile an der Firma, während sich die Mädchen einen reichen Mann suchen sollten. Was durchaus ein weitverbreitetes Ansinnen bei Besitzenden ist, seien es Bauern, Adelige oder reiche Unternehmer. Andrea fand das immer schon extrem ungerecht.

*»Wenn es ums Erbe geht, ist jeder nur noch auf den eigenen Vorteil bedacht«, bemerkte Evelyn, deren Mutter vor fünf Jahren starb. Mit ihren drei Schwestern begann ein zäher Kampf um jeden Gegenstand. Obwohl ihre Mutter mit einem ausführlichen Vertrag alle Eventualitäten zu regeln versuchte, waren die Schwestern und ihre Anwälte jahrelang damit beschäftigt, die zwischen ihnen eskalierte Situation in den Griff zu bekommen. Was blieb, war tiefe Enttäuschung. Alle fühlten sich ungerecht behandelt und übergangen, weil ihre Lieblingsgegenstände, ihr Lieblingsporzellan aus Meißen oder ihr Lieblingsbild gerade die jeweils andere Schwester bekommen hatte. Jetzt sitzen sie mit ihren wertvollen Erbstücken zuhause, sind allesamt unzufrieden und meiden verärgert jeglichen Kontakt.*

Bei diesen Beispielen geht es eigentlich nicht wirklich ums Geld. Der Streit ums Erbe und um die Wertgegenstände wird dazu benutzt, um die bestehenden Animositäten zwischen Geschwistern, die wahrscheinlich schon seit ihrer Kindheit existieren, auszutragen. Die ihnen zugrundeliegenden Gefühle wie Neid und Eifersucht werden normalerweise nicht angesprochen oder sogar verleugnet, finden ihren Ausdruck dann aber im Streit ums Erbe.

Das Phänomen »Erbe als Stellvertreterkrieg« hat mir auch Herr Simon, erfolgreicher Anwalt in der Münchner Kanzlei BTU, bestätigt. Er wies mich zudem darauf hin, dass es aus eben diesem Grund auch besser sei, »nur« Geld zu vererben, das sich gut und problemlos verteilen lässt. Mit Gegenständen wie Mobiliar, Schmuck und anderen Wertgegenständen sind immer persönliche Vorlieben und Erinnerungen verbunden. Das ist vielleicht auch ein Grund, weshalb sich die Erben um diese besonders verbittert über Jahre hinweg streiten.

### Der Verlust der Kindheit

Ein weiteres Phänomen unserer Zeit sind Kinder, die im Reichtum versinken und keine Kindheit mehr erleben. Ausgerechnet in einem ehemals kommunistischen Land finden wir Beispiele dafür.

*Zu Gast bei Hofe: Kinder leben im Luxus und geben sich wie kleine Erwachsene. Nirgendwo wohnen mehr Milliardärskinder als in Moskau. Die deutsche Fotografin Anna Skladmann hat die Mächtigen von morgen porträtiert: »Jakob ist erst neun und besitzt schon eine eigene Waffensammlung. Besonders gerne mag er Kalaschnikows … Stolz posiert er mit der viel zu großen Maschinenpistole im prunkvollen Schlafzimmer seiner kleinen Schwester. Verstörend wirkt das Bild, sein kühler Blick hat etwas Erwachsenes, ein Kindersoldat im Sonntagsanzug. Nur die Stofftiere auf dem Sofa erinnern daran, dass hier immer noch ein Kind in die Kamera schaut.«*[50]

Auf Motive wie dieses ist Anna Skladmann zuhauf gestoßen, als sie sich in Moskau auf die Suche nach den Sprösslingen der Superreichen machte. Für ihren Fotoband »Little Adults« hat sie mehr als ein Dutzend Kinder der schwerreichen russischen Oberschicht porträtiert. »Die Kinder stehen für eine neue Generation, die mit anderen Werten und Traditionen aufwächst als noch in der Sowjet-Ära«, sagt die 24-Jährige. »Einige von ihnen könnten dieses Land eines Tages führen.« Skladmann setzt ihre Protagonisten zwischen Himmelbett, Fuhrpark und Schlossbalkon in Szene. »Die Oligarchen von morgen sind heute noch fünf bis 14 Jahre alt, wohnen in opulenten Luxuslofts mit Blick auf den Kreml. Ihre Eltern gehören zu den Nouveaux Riches. Einer Schicht, die nach dem Zerfall der Sowjetunion zu großem Reichtum gekommen ist und diesen auch gerne öffentlich zeigt«, sagt Skladmann.

Während in Russland mehr als 25 Millionen Menschen unterhalb der Armutsgrenze leben, wächst der Milliardär-Nachwuchs in einer grotesken Parallelwelt auf, befehligt eigenes Hauspersonal, fährt in Luxuskarossen und schaut vom Kinderzimmer auf die Skyline der Stadt. Beneidenswert? »Nein«, erwidert Skladmann:

---

50 Vgl. dazu info@annaskladmann.com

»Diese Kinder werden schon früh zu Eliten erzogen. Ihr Tagesablauf wird von den Eltern sehr streng durchgeplant, so etwas wie Freizeit kennen sie kaum.« Keine Spur von Ausgelassenheit, von jugendlicher Verspieltheit deutet sich hier an. Stattdessen blicken die Kinder auf so groteske Weise steif, streng und unnatürlich ernsthaft in die Kamera, dass von den meisten Bildern nicht nur eine subtile Komik, sondern auch ein subtiler Horror ausgeht. Es ist, als gehörten die Kinder zur kostspieligen Ausstattung: zurechtgemacht und platziert, ein Teil des Besitzes ihrer Eltern. Ob sie glücklich sind? Vermutlich nicht.

## Der Preis des Reichtums: Eine Familie berichtet

Als ich anfing, die Familienmitglieder dreier Generationen in Köln zu interviewen, war mir gleich klar: Das wird spannend. Durch die Interviews und die Bereitschaft jedes Einzelnen, offen Auskunft zu geben, entstand ein lebendiger Eindruck generationsübergreifender Verhaltensmuster, eine Abfolge von Bildern, Ereignissen – wie in einem Film.

Im Laufe der Interviews wurde klar, wie sehr familiäre Beziehungen vom Geld gesteuert sind, ohne dass dies wirklich jemand will. Brüche, Wandel und Umwertungen wurden sichtbar. Die erwachsen gewordenen Kinder wie auch die Enkelkinder denken, fühlen und handeln anders als ihre Großeltern und Eltern. Andererseits haben sie Einstellungen und Haltungen ihrer Eltern und Großeltern übernommen.

So einzigartig jede Familie auch ist, so sehr teilt sie doch zugleich das Schicksal vieler anderer Familien – die Zeitumstände, die politischen Ereignisse und die allgemeine Wirtschaftslage. Und so würde es mich nicht wundern, wenn Sie das eine oder andere Phänomen, das hier beschrieben wird, aus Ihrer eigenen Lebensgeschichte kennen oder aus der Ihrer Freunde und Bekannten.

Die Kölner Familie steht jedenfalls exemplarisch für viele andere und lässt uns im Folgenden sehen:

- wie politische und wirtschaftliche Einflüsse auf die Familie einwirken
- wie unterschiedlich ihre Mitglieder mit den Einflüssen von außen umgehen
- wie in ihr die emotionale und rationale Bewertung des Geldes festgeschrieben oder neu definiert wird
- welche Gefühle die Familienmitglieder zusammenhalten oder auseinanderbringen
- wie unterschiedlich mit Geld umgegangen wird und
- warum es für etwas steht, das als wertvoll oder wertlos angesehen wird

In den nachfolgenden Beschreibungen schildere ich sowohl die Lebensgeschichte aller Beteiligten aus ihrer Perspektive als auch meine persönlichen Eindrücke. Am Ende dieses Kapitels werde ich diese Familiengeschichte deuten wie auch zeigen, was wir daraus allgemein lernen könnten.

*Die Großeltern-Generation: Nöte, Krieg und Wiederaufbau*

*Ich schaffe es! Der Großvater Friedrich L.*

Friedrich L. ist eine eindrucksvolle Erscheinung. Groß, mit vollem weißgrauen Haar, lauter Stimme und raumeinnehmend. Man merkt, dass er es gewohnt ist, die Dinge in die Hand zu nehmen, zu steuern – und wenn etwas nicht klappt, auch einzugreifen. Kein Wunder, dass Friedrich L. als Ingenieur und Unternehmer außerordentlich erfolgreich war und ist. Eine gewisse Unruhe und Ungeduld gehen von ihm aus. Aber nicht nur das. Er strahlt auch einen offensichtlichen Optimismus aus, der sich am besten so zusammenfassen ließe: »Geht nicht gibt's nicht!«

Als ich ihn das erste Mal traf, war ich beeindruckt von seiner Ausstrahlung, seiner Dominanz und natürlich neugierig auf seine Geschichte. Gleichzeitig konnte ich mir sehr gut vorstellen, dass es nicht gerade einfach ist, neben einem solchen Mann zu bestehen.

Friedrich L. wurde 1929 in einer Kleinstadt in Nordrhein-Westfalen geboren. Seine Mutter, Karin L., hatte, wie es damals üblich war, nach der Geburt ihres ersten Sohnes ihren Beruf als Verkäuferin aufgegeben. Der Vater, Herbert L., war als technischer Leiter in einer staatlichen Institution beschäftigt und reiste viel. Geld war durch das regelmäßige Einkommen des Vaters zwar vorhanden, aber gerade einmal so viel, dass man davon einigermaßen leben konnte.

Friedrich, ein lebhaftes und intelligentes Kind, konnte sich ohne Weiteres damit abfinden, ein Geschwisterchen zu bekommen, und rivalisierte erstaunlich wenig. Die Mutter war nun mit einem dreijährigen Kind und einem neugeborenen Knaben gut beschäftigt. Ihr gefiel es nicht, dass ihr Mann so viel unterwegs war.

Schon mit zehn Jahren wurde Friedrich in ein Internat geschickt, da die Eltern ein Stipendium für ihn erreicht hatten. Friedrich erinnert sich noch daran, dass dort Mut und Kameradschaft sehr viel galten. Dass zudem Drill die Erziehung beherrschte, wird von ihm nicht weiter kritisch angemerkt.

Schon als Zwölfjähriger verlor er seinen Vater. Die Mutter erhielt nach dem Krieg nur eine kleine Witwenrente, die knapp zum Leben reichte. Friedrich L. berichtet, wie schwer es für die nun unvollständige Familie war, ohne Vater »irgendwie durchzukommen«. Friedrich erlebte wie viele seiner Altersgenossen Armut und Not. Er versuchte, seiner Mutter zu helfen, indem er kleine Aufträge annahm, um etwas dazuzuverdienen. In seinen Worten: »… man musste immer schauen, irgendwie durchzukommen.«

Geld war etwas für ihn, das man sich durch Zielstrebigkeit und Anstrengung verdienen konnte. Mit dieser Einstellung hat er später auch seine eigene Macht und die aus ihr resultierende Möglichkeit, zu siegen, erlebt. Auf die Frage, wie in seiner Familie mit Geld umgegangen wurde, erklärt er: »Da kein Geld vorhanden war, konnte man damit auch nicht umgehen.« Und: »… Wünsche wurden nicht geweckt, weil es nichts gab, was Wünsche ausgelöst hätte.« Außerdem erwähnt er, dass er mit seiner Mutter nicht reden konnte, und zwar über gar nichts.

Aus welchem Grund er sich für eine Laufbahn als Ingenieur entschied, war ihm zu dieser Zeit selbst nicht ganz klar. Er selbst sagt: »Ich kann mich gar nicht mehr richtig daran erinnern, warum ich das studiert habe. Eigentlich sollte ich Koch werden, aber ich bekam ein Stipendium und begann dann eben zu studieren.«

Er schloss sein Studium nicht nur mit einem Diplom, sondern sogar mit einer Doktorarbeit ab. Viel Zeit zum Nachdenken über sich und sein Leben hatte er nicht. Der Antrieb, es zu schaffen und gut zu sein, brachte ihn dazu, schnell und gezielt voranzukommen.

Das deutsche Wirtschaftswunder kam ihm dabei zu Hilfe: Gute Leute wurden für den Wiederaufbau dringend gebraucht. Kurz nach Beendigung seines Studiums bekam er eine für die damalige Zeit gut dotierte Stelle als Ingenieur in einem Düsseldorfer Maschinenbauunternehmen mit 3.000 Mitarbeitern. In Bonn, wo er studierte, hatte er mittlerweile eine hübsche junge Frau, Irene S., kennengelernt, die gerade als Medizinisch-Technische Assistentin ihre Ausbildung beendet hatte.

*Der Trieb, zu überleben: Die Großmutter Irene L.*

Zu unserem ersten Gespräch erschien Irene L. in einem eleganten hellblauen Twinset, über einem passenden, dunkelblauen Rock. Ohne gestylt zu wirken, war sie doch ausgesprochen geschmackvoll gekleidet. Offenkundig hatte sie, so mein erster Eindruck, Sinn für Schönes. Zweifellos eine attraktive Frau, die sehr höflich und – zugleich dennoch unsicher war.

Im Interview fiel mir auf, dass sie sowohl eine gewisse Härte wie auch eine große Verletzlichkeit an sich hatte. Beides äußerte sich vor allem im unterschiedlichen Tonfall, in dem sie von ihrem Leben berichtete: sanft, bestimmt, unsicher, zitternd, manchmal auch latent wütend, überlagert von Höflichkeit.

Irene S. wurde 1935 in einem kleinen Dorf in Österreich geboren, als Tochter eines Apothekers und einer Hausfrau. Mit einer zwei Jahre älteren Schwester wuchs sie in bescheidenen Lebensumständen auf. Ihren Vater bezeichnete sie als ausgesprochen streng, und ihre Mutter empfand sie als nachgiebig und eher still. Zuhause war das Leben streng geregelt. Es wurde von ihnen viel Disziplin verlangt. Spiel und Spaß waren verpönt. Die Kinder hatten zu funktionieren. Der Vater leitete seine Strenge nicht etwa vom christlichen Glauben ab.

Im Gegenteil: Der Vater war überzeugter Atheist, Pragmatiker und Rationalist. Für ihn zählte nur, was ordentlich, notwendig und nützlich war. Er half durchaus den Menschen im Dorf, wenn sie in Not waren, und hatte originelle Einfälle. Doch sehr viel Lebensfreude gab es nicht in der Familie. »Wir waren bettelarm … es war ein unendlicher Kampf um das Geld.« Auch war nicht ausgeschlossen, dass der Vater zuschlug, wenn ihm etwas nicht passte. Von der Originalität, Hilfsbereitschaft wie auch der Strenge und Gewalttätigkeit des Vaters erzählt Irene nicht ohne Bewegtheit. Vaterverehrung und Vaterkritik liegen bei ihr dicht beieinander.

Die Familie zog gleich nach dem Krieg mit wenigen Habseligkeiten von Österreich in die Bundesrepublik. Der Anfang in der fränkischen Kleinstadt war nicht einfach. Aus- oder Umsiedler wurden damals generell nicht mit offenen Armen aufgenommen. Dem Vater Irenes gelang es, eine Stelle als Apotheker zu bekommen, ohne dass er die Nachweise für seine Ausbildung erbringen konnte. Die damals elfjährige Irene erlebte, wie zwar nach und nach die Not geringer wurde, aber die freudlose Stimmung blieb. Über Geld wurde oft gestritten, vor allem dann, wenn der Vater zu viel Geld für sich ausgab und die Mutter und die Kinder zu sparen hatten. Strenge, Sparsamkeit, manchmal Schläge prägten die häusliche Atmosphäre.

»Mein Vater war sehr streng, er war ein Tyrann. Aber er war auch ein interessanter Mann und hilfsbereit … Ich hätte mir schon einen anderen Vater gewünscht, der etwas nachsichtiger gewesen wäre.« Dazu eine Mutter, die mehr schwieg als redete und selten oder gar nicht Partei für ihre Töchter ergriff. »Sie hatte kein Stimmrecht.« Es ist nicht auszuschließen, dass die Mutter, auch wenn Irene es nicht direkt aussprach, im Laufe der Jahre zunehmend verbitterte.

Irene war fleißig, gut in der Schule, machte Abitur, und schlussendlich entschied sie sich für ein Studium der Pharmazie.

Über viel Geld verfügte sie nicht, sie wurde kurzgehalten. Das war immer wieder schmerzlich und widersprach ihrem Schönheitssinn, ihrem Interesse an kulturellen Ereignissen und ihrer Lebenslust. Aber dafür war kein Geld da. Sie war ein ausnehmend hübsches und neugieriges Mädchen, doch ihren Eltern schien ein niedergedrücktes, angepasstes Kind lieber als ein lebendiges Mädchen mit eigenem Willen. Irene schildert ihre Kindheit als eng, manchmal trostlos und anstrengend. Sie bemerkt, dass der Mangel an Geld früher nie an ihrem Selbstwert »gekratzt« hätte. Heute sei es anders, meint sie. »Die jetzige Krise, die macht mir schon große Angst.«

Irene lernt Mitte der 50er-Jahre den großgewachsenen und stark wirkenden Friedrich L. kennen. Sein Optimismus und seine Zielstrebigkeit imponieren ihr. Irene und Friedrich heiraten und ziehen nach Köln. Friedrich fand dort sofort eine Stelle, und Irene hatte gerade ihre Prüfungen erfolgreich bestanden und arbeitete in einem Labor. Zur Gründung eines Hausstandes fehlte im Prinzip alles. Beide fangen bescheiden an. »Als Studenten haben wir beide gerade einmal so viel verdient, dass wir die Miete bezahlen konnten, aber bis zum Ende des Monats hat es nie gereicht. Ich habe immer alle Ausgaben aufgeschrieben. Aber ich war deswegen nicht unglücklich. Ich habe nie jemanden beneidet, der mehr hatte. Ich dachte, das kriege ich schon irgendwann mal.« Kleine Kredite werden aufgenommen und abgestottert, man spart. Die Freude an Museumsbesuchen, Konzerten und Theater verbindet das Paar, und für beide ist das Leben nicht mehr so freudlos wie das der Vorkriegs- und Kriegsjahre. Aufbruch und Verbesserung der finanziellen Verhältnisse sind in Sicht.

Friedrich arbeitet sehr viel und unentwegt – und baut seine Karriere auf. Bald stellt Irene fest, dass sie schwanger ist. Im Jahr 1958 wird der erste Sohn geboren. Drei Jahre später der zweite Sohn.

### *Wer wagt, gewinnt: Der allmähliche Aufstieg*

Nach der Geburt von Andreas ist Irene weiterhin berufstätig, und Friedrich macht Karriere. Er wird in einem anderen Maschinenbauunternehmen Geschäftsführer. Sein Gehalt ist mittlerweile beachtlich – im Vergleich zum Gehalt anderer Akademiker-Berufe.

Drei Jahre nach Andreas' Geburt kommt Christian zur Welt, und Irene wird die Doppelbelastung im Beruf und als Mutter zu groß. Nach 11 Jahren Berufstätigkeit in einem Labor gibt sie ihre Stelle auf, um sich nur noch um ihren Mann und ihre Söhne zu kümmern.

Die Familie zieht in eine größere Wohnung. Friedrich ist sehr viel unterwegs. Und Irene? Sie ist zuhause, begleitet ab und zu ihren Mann und befasst sich mit Kunst, vor allem mit bildender Kunst. Es ist genug Geld da, um eine Haushaltshilfe einzustellen. Die Kinder wachsen heran, und alles scheint seinen Gang zu gehen.

Als ich sie frage, worauf sie stolz ist in ihrem Leben, erwidert sie: »Auf nichts. Vielleicht auf die Zeit, in der ich es schaffte, meinen Mann zu unterstützen.« Sie fügt nachdenklich hinzu: »Ich habe gedacht, wenn ich meine Kinder liebe, dann wird alles richtig. Aber das stimmt nicht. Liebe allein genügt nicht. Ich glaube, es muss noch Verständnis dazukommen.« Was sie im Nachhinein hätte anders machen wollen, erzählt sie nicht. Zu Friedrichs Gehalt kommen kleinere Beteiligungen und schlussendlich sogar die Partnerschaft im Unternehmen hinzu. Friedrich L. ist, so sagt es auch seine Frau, eine Siegernatur. Er verhandelt geschickt, ist fleißig, gilt immer als vertrauenswürdig. Er verdient nicht nur immer mehr, sondern wird im Laufe der nächsten Jahrzehnte auch zum mehrfachen Millionär. Er ist immer in Aktion, reist, bestimmt, entscheidet, arbeitet Tag und Nacht. Sein Leben ist anstrengend, nicht nur für seine Frau, sondern auch für seine Söhne.

Friedrich ist laut, intensiv, dominant und überaktiv. So beschreibt ihn jedenfalls sein älterer Sohn Andreas. Doch zu Andreas hat der Vater offensichtlich eine besondere Beziehung. Auch wenn er sich nicht wirklich für die Seelenlagen und Neigungen seines Sohnes interessiert, liebt er ihn auf seine Weise. Zeigt sich diese Liebe auch in seiner Großzügigkeit und Vertrauen gegenüber Andreas? Geld wird bei Friedrich nicht aus dem Fenster geworfen, aber es macht ihm Freude, seine Familie zu verwöhnen. Wie Friedrich zu seinem jüngeren Sohn Christian steht, der sich in geschäftlicher Hinsicht als nicht so tüchtig erweist wie Andreas, bleibt offen. Es stand wohl nie zur Debatte, dass Christian sein Nachfolger wird.

Friedrich meint, dass die Verwandtschaft eigentlich nicht neidisch auf seinen zunehmenden Wohlstand reagiert habe. Er sagt: »In unserer Familie haben wir nie über Geld gestritten und immer alles geteilt.« Auf die Frage, was ihm wichtig sei, erwidert er: »Ehrlichkeit, Geradlinigkeit und – keine Schulden zu machen.« Das Sprichwort: »Üb immer Treu und Redlichkeit« wäre für ihn sein ganzes Leben lang maßgeblich gewesen.

Bemerkenswert ist, dass er sich selbst nie reich vorgekommen ist. Ihm wäre es immer nur darauf angekommen, sparsam zu sein, nichts zu verschwenden. »Es soll so viel Geld da sein, dass meine Familie gut davon leben kann, ansonsten betrachte ich es nicht als unsere Aufgabe, groß Geld einzusammeln.«

Friedrich hat kaum Zeit, sich um die Erziehung seiner Kinder zu kümmern. Aber er geht mit ihnen in Museen; die Kinder erhalten eine gute Ausbildung, und für Bildung wird ebenfalls gesorgt. Aus seinen sparsamen Anmerkungen wird deutlich, dass er sehr an seiner Frau hängt. Doch wie sehr hängt sie an ihm? Irene fühlt sich ihm verpflichtet, und wirkt gequält, als sie dies ausspricht.

Das Leben der Familie ist durch die Arbeit und den Erfolg des Vaters bestimmt.

Er ist weltweit unterwegs, das Unternehmen, das er mittlerweile mit anderen Aktionären führt, expandiert zunehmend. Er trifft immer wieder – auch in Krisenphasen (zuletzt 2008) – die richtigen Entscheidungen, von denen er auch seine Aktionärs-Kollegen überzeugen kann.

Mehr oder weniger ordnen sich seine Frau und seine Söhne dem dominanten Vater und Ehemann unter. Friedrich ist ein Patriarch, eine Autorität, ohne dass er sich groß um den Lebensweg seiner Söhne bekümmert. Eine klassische Konstellation? Friedrich sieht mit zunehmendem Alter ein, dass er die Verantwortung an seinen Sohn Andreas übergeben muss.

Mittlerweile ist aus dem Nachkriegsdeutschland eine Wohlstandsgesellschaft geworden. Fleiß, Anpassung und Stillhalten, nicht überwundene Schuldgefühle – die Tugenden und Gefühle, die die 50er- und 60er-Jahre bestimmt haben sind für die heranwachsende Nachkriegsgeneration immer weniger bestimmend. In den Jahren, in denen Andreas und Christian heranwachsen, herrscht ein anderer Zeitgeist: Protest gegen die alten Autoritäten, Kritik an der (bürgerlich-kleinbürgerlichen) Gesellschaft mit ihren Zwängen und das Recht auf Selbstbestimmung sind die immer wichtiger werdenden Ziele dieser Generation. Ein Konfliktpotential? Der wachsende Wohlstand der Familie L. eröffnet zwar neue Perspektiven und Möglichkeiten, doch innerlich wirken sich die nicht-gelösten Lebensthemen der Eltern nachhaltig auf ihre Kinder aus.

### *Die Nachkriegsgeneration: Hineinwachsen in den Wohlstand*

#### *Was ich verspreche, halte ich auch! Der erstgeborene Sohn, Andreas L.*

Andreas ist bereits im Büro, als ich zu unserem Interviewtermin eintreffe. Es ist das Büro, das sein Vater einst angemietet und in dem er mit dem Sohn jahrelang zusammen gearbeitet hat. Die Design-Möbel sind teuer, die Räume sind hell, Aktenordner stehen herum. Papiere liegen verstreut auf den Tischen und Schreibtischen herum, und ich habe den Eindruck, dass die Strukturen und Ordnungssysteme, die hier einst vielleicht geschaffen wurden, in sich zusammengefallen sind.

Andreas wirkt leicht gestresst. Doch von Beginn an ist er konzentriert und aufmerksam. Mit seinen auffallend blauen Augen sieht er mich an, ohne einen Anflug von Unsicherheit oder Skepsis. Er ist geschmackvoll gekleidet, groß und schlank und hat einen offenen Blick. Seinem Gegenüber vermittelt er sofort den Eindruck von Integrität. Es ist gar nicht so einfach zu sagen, warum. Würde man mich fragen, ob ich es für möglich hielte, das Andreas einen Menschen betrügt, würde ich spontan sagen: »Nein, das halte ich nicht für möglich.« Er strahlt eine Grundanständigkeit aus. Mir fällt im Laufe des Interviews durch kleine Nebenbemerkungen auf, wie umfassend gebildet und belesen er ist, ohne viel Aufhebens davon zu machen.

Andreas wurde Ende der Fünfzigerjahre geboren und ist in relativ bescheidenen Verhältnissen aufgewachsen – zumindest anfänglich. Mit dem zunehmenden beruflichen Aufstieg des Vaters wurde das Familienleben schwieriger.

Es kam zu immer mehr Spannungen in der Familie. Die Gründe dafür waren unter anderem: die berufliche Belastung und Dominanz des Vaters und ein Dauerdruck, der mit den Verpflichtungen für das Unternehmen verbunden war.

Und weiter bemerkt er: »Es gab immer wieder einmal Streitereien in unserer Familie. Sie drehten sich meist um Meinungsverschiedenheit über Politik und Macht.« Die manchmal autoritäre Art des Vaters trug auch nicht gerade dazu bei, dass Ruhe und Frieden herrschten, dadurch waren meine Eltern sehr mit sich beschäftigt.

Andreas kämpft sich allein durch, lebt in einer Einzimmerwohnung. Er macht Abitur und fängt an, Kunstgeschichte zu studieren. Für Andreas beginnt eine gute Zeit. Das Studium macht ihm Freude, er lernt Leonie, seine zukünftige Frau, kennen und verliebt sich in sie. Sie heiraten. Andreas bekommt eine gute Stelle als Kurator in einem Museum in Köln. Zwei Kinder werden im Abstand von vier Jahren geboren. Erst Victor, dann Christine. »Wir lebten wie eine normale Familie und waren glücklich dabei.«

Die Situation ändert sich, als Andreas eines Tages feierlich von seinem Vater in die Büroräume der Firma gebeten wird. Der Vater bittet seinen Sohn darum, seinen Beruf aufzugeben und mit ihm gemeinsam das Unternehmen zu führen. Andreas, in der Zwickmühle zwischen den eigenen Interessen und der Ehre, die ihm der Vater angedeihen lässt, entscheidet sich dafür, dem Vater zuzusagen. Er ist zu diesem Zeitpunkt Mitte dreißig.

Der Vater weiß anscheinend um Qualitäten seines Sohnes, der intelligent, fleißig und strebsam ist. Doch auch wenn Friedrich seinen Sohn schätzt, macht er ihm das Leben nicht gerade leicht. Andreas ist von nun an auf Gedeih und Verderb vom Vater abhängig. Friedrich ist zwar großzügig und bezahlt Andreas' Arbeit gut. Aber er ist auch außerordentlich anstrengend. Die tägliche Zusammenarbeit mit dem Vater zehrt an Andreas' Nerven.

Auf meine Frage, mit welcher historischen oder literarischen Figur Andreas sich am ehesten identifizieren würde, antwortet er: »Mit Robin Hood. Auch wenn mein Vater mich nicht als Kämpfer für die Armen und Entrechteten eingesetzt hat, hat er mich doch in den Kampf geschickt.« Im Laufe des Interviews wird noch deutlicher, was Andreas mit der Figur Robin Hood verbindet: »Das Gute zu tun« ist eines seiner Lebensmotive.

Andreas nimmt wahr, dass viele Reiche, mit denen er unvermeidlich in Berührung kommt, wie seine Mutter an gar nichts glauben. Für solche Menschen gibt es nichts Höheres als Geld. »Das Geld ist Gott geworden. Und der, der über sehr viel Geld verfügt, ist gottgleich. Er kann machen, was er will. (Damit spricht Andreas aus, was ich in diesem Buch schon mehrmals skizziert habe: Der (Irr-)Glaube an die Macht des Geldes, mit dem man alles kaufen kann, ist in der kapitalistischen Gesellschaft zum Religionsersatz geworden.) Wenn all diese Menschen kein Geld mehr hätten, würden sie das wahrscheinlich kaum überleben. Sie wären nackt und bloß. Sie wären unfähig, auch nur einen Nagel in die Wand zu schlagen. Denn dafür hatte man ja immer Personal.«

»Das Gute zu tun« ist für Andreas deshalb weit mehr als nur ein theoretisches Lebensmotto, er hilft seinen Freunden deshalb, wo er kann. Gleichzeitig erlebt er jedoch, dass er – je mehr Menschen um seine Hilfsbereitschaft wissen – zunehmend Gefahr läuft, ausgenutzt zu werden. Diese Erfahrung hat er schon in seiner Studentenzeit gemacht, als er seine Wohnung Freunden zur Verfügung stellte, die nicht nur undankbar, sondern auch zerstörerisch mit seinem Eigentum umgingen.

Als sich sein Vater eines Tages ganz aus dem Geschäft zurückzieht und die Gesamtverantwortung an ihn übergibt, wird Andreas' Lage keineswegs leichter. Der Druck, die alltägliche Machtausübung des Vaters, fallen nun zwar weg, aber dafür ist Andreas nun auch der Alleinverantwortliche für den Erhalt und das Wachstum des Familienvermögens, ohne dass er sich diese Aufgabe auch nur annähernd gewünscht hat.

Andreas sagt: »Zweifellos habe ich mich nicht genügend von meinen Eltern abgegrenzt. Weil ich immer hoffte, etwas Gutes schaffen zu können. Außerdem finde ich es wichtig, Entscheidungen nicht dauernd umzuwerfen. Uns gehören die Firmenanteile – und dazu stehen wir.«

Seine Erfahrungen als Gesellschafter und Nachfolger seines Vaters sind keineswegs immer erfreulich. »Ich war manchmal kurz davor, depressiv zu werden und fühlte mich ausgebrannt.«

Doch geht es nicht nur ihm so: Die meisten heutigen Firmennachfolger erleben Ähnliches. Sie haben nicht viel zu vermelden. Der Preis für den ererbten Reichtum ist oft erstaunlich hoch. Andreas weiß es – und hat die Konsequenzen gezogen: »Ich will das mit meinem Sohn nicht fortsetzen. Ich werde nicht den Fehler machen wie so viele Eltern, die von ihren Kindern verlangen, genau so zu handeln, wie sie es wollen. Wenn sich mein Sohn für das Unternehmen seines Großvaters interessiert, bin ich auch einverstanden.«

Es sei immer wieder so, meint Andreas: Die *Gründerväter* üben die Macht aus, definieren und werten sich durch sie auf. Die *Nachfolge-Generation* hat das Geld zu erhalten und zu verwalten. Oft gelingt es ihr nicht, die *Enkelgeneration* für das Unternehmen ihrer Großeltern respektive Eltern zu interessieren. Was sicher auch damit zusammenhängt, dass sie sich in diesen »Imperien« ohnmächtig und vom Informationsfluss ausgeschlossen fühlen. Kein Wunder, dass so manche Enkel keine Lust mehr haben und deshalb ihre Unternehmensanteile zu verkaufen suchen. (Andreas' Feststellungen über die heutige Entwicklung von Familienunternehmen werden von Untersuchungen bestätigt.)[51]

Im Laufe der Zeit stellt sich durchaus heraus, dass Andreas vorsichtig, klug, vorausschauend und geschickt Entscheidungen fällt und durchsetzt. Mit den Angestellten der Firma versteht er sich, sie schätzen ihn. Aber seine Freundlichkeit wird nicht nur von den Kollegen seines Vaters, sondern auch von neuen »Geschäftsfreunden« missverstanden: nämlich als Ausdruck von Schwäche. »Ich bin immer noch der Meinung, dass man sich mit klugem Verhalten und Freundlichkeit besser durchsetzt als mit Rücksichtslosigkeit, Ellbogen und Kälte.«

Andreas steht unter großem Druck. Er reist herum, hat zahlreiche aufreibende Termine. Er muss vorausplanen, über hohe Investitionen in die Firma entscheiden, ohne zu wissen, wie sich der Markt entwickelt. Er wünscht sich, auch einmal ausruhen, einen Rat holen zu können. Aber von wem? Wem kann er vertrauen?

Als ich wissen möchte, mit welchem Gefühl er Geld am ehesten besetzen würde, erwidert er: »Misstrauen.« Er selbst sei keineswegs frei davon. Wie oft hat er im guten Glauben an den guten Menschen erlebt, wie er »über den Tisch gezogen wurde«. Solche Probleme mit (vermeintlichen) Freunden und Geschäftspartnern hatte Andreas während seiner Studentenzeit und als Kurator im Museum nie. Heute muss er immer damit rechnen, dass ihm irgendjemand, den er kennenlernt, sofort einen tollen »Deal« und ein spannendes »Meeting« vorschlägt. Beide Worte sind mittlerweile für ihn zu Reizworten geworden.

Und damit kommen wir zu einem weiteren Aspekt. Der zunehmende Reichtum, die zunehmende Verantwortung wirken sich nicht nur auf Andreas' Freundschaften, sondern auch auf seine Ehe aus. Seine Frau wünscht sich nichts sehnlicher, als dass Andreas sich endlich von der Erwartungshaltung der Eltern löst und sein eigenes Leben lebt. Sie empfindet viel Respekt und Liebe für ihren Mann. Doch die unterschiedlichen Bewertungen von Geld werden zum Konfliktthema: Leonie hält Geld für unwichtig, Andreas hat sich unentwegt um Geld »zu kümmern«. Er kann es sich gar nicht leisten, Geld als »unwichtig« anzusehen. Die Tatsache, dass Leonie nicht mehr arbeitet, vereinfacht die Lage nicht gerade. Doch der Zusammenhalt, die gemeinsamen guten Jahre und Interessen, Liebe und Pflichtgefühl bewirken, dass Andreas und Leonie sich immer wieder zusammenraufen.

Leonie und Andreas leben nach wie vor nicht wie die vielen Millionäre, die sie kennen. Sie sind eher bescheiden in ihren Lebensansprüchen. Andreas vermeidet

51 Vgl. dazu die Untersuchungen von Tom Rüsen: Krisen und Krisenmanagement in Familienunternehmen: Schwachstellen erkennen, Lösungen erarbeiten, Existenzbedrohung meistern.

alles, was Neid erregen könnte: Er hat keine teuren Autos, keine aufwendige Kleidung, kein Protzen nach außen.

»Meine Kinder können viel mehr genießen als ich«, sagt Andreas. »Über mir hängt immer das Damoklesschwert der Firma. An Kleinigkeiten kann ich mich sehr erfreuen, aber viel Geld ausgeben für irgendeinen Luxus erscheint mir nicht sinnvoll. Wir sind auch keine Angeber, das brauchen wir nicht.« Andreas ist zudem konsequent dagegen, Schulden zu machen. »Schulden sind grauenhaft. Schuldenmachen treibt in den Weltkonkurs. An Schulden verdienen nur die Banken. Und so zieht sich ein Schuldennetz um die ganze Welt. Es geht immer nur darum, alles zu optimieren, zu diversifizieren. Aber das ist nicht das Leben!«

»Das klingt ja ganz nach Aufbruch?«, frage ich, und Andreas nickt.

*Wenn nur das Thema Geld nicht wäre: Die Schwiegertochter Leonie L.*

Leonie und ich treffen uns in ihrer Privatwohnung. Freundlich, herzlich und etwas scheu werde ich empfangen. Seit mehr als vier Jahren hat sie ihren Beruf als Internistin wegen einer Erkrankung aufgegeben. Sie ist Anfang fünfzig. Die meiste Zeit ist sie zuhause, liest viel, liebt die Natur und hält sich oft in dem Landhaus auf, mit Freude an der Arbeit im Garten. Eine gewisse Traurigkeit umgibt sie. Zumindest ist dies mein Eindruck.

Bevor wir auf das Hauptthema »Familie und Geld« eingehen, sprechen wir über ihre Herkunft. Ihre Kindheit war nicht einfach. Als sie eineinhalb Jahre alt war, flohen ihre Eltern mit ihr aus der DDR und versuchten, in Westdeutschland eine neue Existenz aufzubauen. Der Vater war als Versicherungsvertreter tätig. Ein zweites Kind, ein Sohn, wurde geboren. Drei Jahre nach der Geburt des Sohnes absolvierte die Mutter eine Ausbildung als Schneiderin und war in diesem Beruf tätig. Sie war sehr auf ihre Schönheit bedacht und gab viel Geld für Kleider und Kosmetik aus, merkt Leonie kritisch an und fügt sinngemäß hinzu: Die Mutter hätte das Geld eher für teure Stoffe als für ihre Kinder ausgegeben. Zweifellos hatte sie keinen leichten Stand. Der Vater neigte zu Alkoholismus und hatte ein Faible für andere Frauen. Hat er sich für seine beiden Kinder interessiert und sich um sie gekümmert? Eher nein, meint Leonie, eher überhaupt nicht. Eines Tages verabschiedete er sich von der Familie und ward nicht mehr gesehen. Leonie war zu diesem Zeitpunkt siebzehn, ihr Bruder vierzehn Jahre alt. Die Großmutter mütterlicherseits kümmerte sich ab und zu um die Kinder. »Ich habe sie sehr geliebt«, sagt Leonie.

Das Geld in Leonies Herkunftsfamilie war immer knapp. Der Vater zahlte nicht für seine Kinder, geschweige denn, dass er sich um sie kümmerte. Leonie hatte das

Glück, dank eines Stipendiums Medizin studieren zu können. In der Universität in Wien lernte sie den gutaussehenden Andreas kennen, der schon im vierten Semester Kunstgeschichte studierte. Die beiden lebten ein unbeschwertes Leben: Sie gingen auf Flohmärkte, tanzten, besuchten Ausstellungen, machten Reisen und hatten viele Freunde. Sie heiraten. Leonie schafft es, ihre Doktorarbeit abzuschließen, kurz vor der Geburt des ersten Kindes, Victor. Andreas promoviert und hat das Glück, eine Stelle als Kurator in einem großen Museum in Nordrhein-Westfalen zu bekommen. Das Paar zieht von Wien nach Köln. Leonie arbeitet zunächst als Ärztin in einer Klinik. Bei der Mitarbeit an einem Forschungsprojekt merkt sie, dass ihr die Forschung mehr liegt als die Behandlung von Patienten. Dennoch entscheidet sie sich, eine eigene Praxis zu eröffnen. Sie wird wieder schwanger, die Tochter Christine wird geboren. Leonie schafft es, Familie und Beruf miteinander zu vereinbaren. Die Familie lebt in einem Reihenhaus mit Garten. »Mir war eine intakte Familie, ein Reihenhaus, ein guter Beruf und ein Auto wichtig. Alles andere war nicht in meinem Lebensprogramm.« Nach fünfzehn Jahren wendet sich das Blatt. Mit dieser Bemerkung leitet Leonie ein Thema ein, das von nun an zu einer Herausforderung wurde: Andreas tritt in die Firma seines Vaters ein und gibt seinen Beruf auf.

Bisher lebte das Paar mit den Kindern völlig unabhängig von Andreas' Eltern. Nun hat Andreas auf einmal nicht nur sehr viel Geld zu verwalten, es steht ihm auch sehr viel Geld zu Verfügung. Das Thema Geld beginnt die alltäglichen Gespräche zu beherrschen. Andreas hat sich mit seinem dominanten Vater und der Vermögensverwaltung bzw. der Unternehmensführung auseinanderzusetzen. Er ist gestresst, oft frustriert. Aber auch Leonie ist in einer Zwickmühle. Natürlich weiß sie es zu schätzen, dass Geld in Hülle und Fülle vorhanden ist und die als Kind erlebten finanziellen Nöte nun der Vergangenheit angehören. Doch der Preis für den zunehmenden Reichtum ist hoch. Immer mehr ist sie gelangweilt von den Verpflichtungen und der Lebensart, die mit dem Unternehmertum ihres Mannes einhergehen: Die vielen Essen und Gespräche mit reichen Leuten, die sie nicht interessieren, sondern eher nerven. Leonie weigert sich, sich mit Luxuslabels und Statussymbolen zu umgeben. Ihr liegt vielmehr an einem unauffälligen Leben als an einem Dasein im Luxus. Die zunehmende Inanspruchnahme ihres Mannes, der ebenfalls keineswegs nur glücklich über seine Aufgabe ist, machen ihr zu schaffen. Sie sagt, er habe sich im Laufe der Zeit sehr verändert, wäre angespannt, dauernd unter Druck. Der Stress, die Sorge um die richtigen Geldanlagen und die häufige Abwesenheit und Fremdbestimmtheit ihres Mannes führten immer wieder zu Auseinandersetzungen und hätten, erzählt Leonie, über einige Zeit ihre Beziehung ziemlich belastet.

Wer das Geld hat, hat die Macht, denke ich während des Interviews. Und welche Macht hat der Mensch, der vom Geld eines anderen lebt?

»Andreas macht es sehr gut, er hat wirklich ein kaufmännisches Talent«, bemerkt sie. »Ich weiß nicht einmal, wie viel Geld vorhanden ist ... etliche Millionen, denke ich.« Sie fügt hinzu: »Bei uns sieht vieles so leicht aus, aber es ist nicht leicht.«

Ihr Sohn wäre der Überzeugung, sie habe ein leichtes Leben. Aber so sei es keineswegs. »Ich habe mir alles erarbeitet, was ich bin. Und auch jetzt sitze ich nicht einfach herum, sondern kümmere mich um die Verwaltung und den Erhalt der Wohnungen, die wir besitzen.« Trotz der erfreulichen Tatsache, dass Leonie viel mehr Zeit für sich hat und zudem für den Erhalt des Vermögens tätig ist, fehlt ihr etwas: Kontakt zu gleichgesinnten Menschen. »Ich kann mein Leben selbst steuern. Doch ich wünsche mir mehr geistige Resonanz.«

Es sei einerseits toll, Geld zu haben, andererseits beschränke es einen. »Es ist ein redundantes Thema und bringt keine Weiterentwicklung.« Doch sie erkennt an, dass Andreas ihr aus Liebe und dank seines Vermögens viel hat zukommen lassen: mehr Möglichkeiten, Wohnungen, Freiraum. Mir fällt auf, mit wie viel Liebe, Respekt und Bewunderung Leonie von ihrem Mann spricht.

Leonie hat sich vor gar nicht langer Zeit der Quantenmedizin zugewandt und befasst sich auch mit Buddhismus und Meditation. Die Beschäftigung mit diesen Themen hat sie auch zu einem anderen Verständnis von Gott und der Welt gebracht. Sie selbst schätzt sich als einen sehr skrupulösen Menschen ein. »Aber ich meine schon, dass ich richtig lebe.« Auf meine Frage, was sie von den Menschen allgemein hält, erwidert sie: »Ich finde Menschen schon toll. Doch der Wahnsinn ist zum Greifen nahe.« Sie kritisiert die Gesellschaft, in der nur bezahlte Arbeit als Arbeit angesehen wird. Ein selbstbestimmtes, geistig ausgerichtetes Leben ist das, was sie sich am meisten wünscht und in gewisser Weise auch lebt. Mit Freude nähme sie zur Kenntnis, dass ihr Mann sich im Laufe der letzten Jahre immer mehr von den Erwartungen der Eltern löst und neue Wege geht – in die Selbstbestimmtheit. Andreas, so meint sie, wäre geleitet von dem Lebensziel, ein guter Mensch zu sein. Am Ende unseres Interviews sagt Leonie: »Ich bin mit meinem Leben an sich sehr zufrieden. Ich habe einen tollen Mann. Ich hab so viele Ideen: Ich kann zu allem etwas Konstruktives beitragen. Ich habe einen intuitiven Zugang zu neuen Zusammenhängen.«

*Ich spiele ein anderes Spiel: Der zweite Sohn, Christian L.*

Für ein Interview war Christian nicht zu gewinnen, aber er war bereit, schriftlich ein paar Fragen zu beantworten. Und so war ich auf diese Aufzeichnungen wie auf Berichte seiner Mutter und seines Bruders Andreas angewiesen.

Christian, 1961 geboren, war ein lebendiges und sehr kreatives Kind, mit vielen Ideen und Einfällen. Viel Lust zum Lernen hatte er nicht, aber er macht Abitur. Er hat schon früh ein Faible für südamerikanische Musik, träumt sich in die warme Welt der Indios. Christian fängt eine Grafiker-Ausbildung an. Er kann sehr gut zeichnen, ist künstlerisch begabt. Mit Freundinnen und Freunden ist er nachts viel unterwegs, ist lebenslustig. Er bekommt so viel Geld von seinem Vater, dass er einigermaßen gut davon leben kann. Soll er für seine eigene Lebensplanung seinen Vater oder seinen Bruder als Vorbild sehen? Christian erlebt in seiner Kindheit und Jugend einen unentwegt arbeitenden Vater, einen mehrfach begabten und fleißigen Bruder – und eine Mutter, die mit sich selbst beschäftigt ist. Er verlässt das Haus seiner Eltern, als er gerade einmal sechzehn ist, und beginnt ein eigenes Leben.

Christian ist bei seinen Freunden gern gesehen. Andreas nimmt mit etwas Sorge wahr, dass sein Bruder nicht den »gewöhnlichen Weg« geht, sondern sich immer mehr nach seinen eigenen Ideen ausrichtet. Christian lebt eine Zeit lang auf Ibiza. Er befasst sich mit den Heilkräften der Aloe Vera-Pflanze und beginnt, Cremes und Lotions aus dieser Pflanze herzustellen. Gottlob hat er keine Existenznöte. Er muss nicht unbedingt Geld verdienen. Dabei ist er keineswegs untätig, sondern auf seine eigene Weise produktiv.

»Über Geld habe ich nie viel nachgedacht. Wozu auch? Entweder es ist da oder auch nicht da. Ändert das irgendetwas? Ich habe nie Geldprobleme gehabt.«

Er heiratet eine sympathische und warmherzige Frau südamerikanischer Herkunft und bekommt eine Tochter. Die kleine Familie kehrt nach Köln zurück und wohnt in einer Eigentumswohnung. In dieser wie auch in der Familie seiner Frau erfährt er Fröhlichkeit, Warmherzigkeit und Zusammenhalt. Seine Tochter gedeiht und beginnt nach ihrem Schulabschluss eine Lehre als Gärtnerin.

Über Christian wird in der Familie nicht viel gesprochen. Er bekommt regelmäßig seinen Unterhalt – ohne im herkömmlichen Sinn einer »Arbeit« nachgehen zu müssen. Bei den Familienfesten ist er dabei, ohne dass über seine Lebensart groß debattiert wird. Man zuckt die Schultern, wenn von ihm die Rede ist. Es scheint, als würden sich alle damit abfinden, wie Christian lebt. Christian ist ausgestiegen, ohne zuvor jemals richtig eingestiegen zu sein. Er hat es geschafft, ein anderes Leben als das seiner Eltern zu leben – und bleibt kreativ. Er zeichnet und malt – und ist frei.

Was Christian bewogen hat, so zu leben, ist durchaus nachvollziehbar. Der Vater, der im Laufe der Zeit zum mehrfachen Millionär geworden ist – war offenkundig kein Vorbild, dem es nachzueifern galt. Und wie sieht es mit dem Bruder aus, der sein Studium abschließt, promoviert, heiratet, eine Familie gründet und dann auch noch erfolgreich die Unternehmensnachfolge antritt? Christian sieht wahrscheinlich sehr wohl, was es für Andreas bedeutet, diesen Weg zu gehen: sehr viel Stress und Sorgen. Christian lebt das »Kontrastprogramm«: nicht Geld zu verwalten, sondern Geld für ein freies Leben auszugeben. Allerdings muss er sich vorwerfen lassen, dass er das nur kann, weil er dank der männlichen Mitglieder seiner Familie, die genau das tun, was er ablehnt, finanzielle Unterstützung erhält, ohne die üblichen Gegenleistungen zu erbringen.

Alle Familienmitglieder haben sich damit anscheinend arrangiert.

Ist Christian glücklich? Welche Wünsche hat er? Was wird er seiner Tochter mit auf den Weg gegeben? Wir wissen es nicht.

### *Die Enkelgeneration: Reich sein in Zeiten der Finanzkrise*

#### *Wir leben in einer Schuldenwelt: Der Enkel, Victor L.*

Victor ist Ende zwanzig. Selbstsicher wie höflich öffnet er mir die Tür zu seinem Büro, das man nicht unbedingt als besonders aufgeräumt bezeichnen kann. Victor wirkt schon auf den ersten Blick angenehm. Er sieht eher wie ein Künstler aus oder wie ein junger Mann, der sich in einer Umweltinitiative engagiert, als wie ein junger, aufstrebender Geschäftsmann. Er ist lässig gekleidet und erscheint nicht mit Anzug und Krawatte. Seine zielgerichtete wie auch präzise Art, auf meine Fragen zu antworten, ist meiner Wahrnehmung nach mit Sensibilität verbunden. Er wirkt weder abgebrüht noch zynisch. Im Gegenteil, er ist offen, aufrichtig, kritisch und kann zuhören. An seinen Stellungnahmen zur Weltwirtschaftskrise wird schnell deutlich, dass er gut informiert ist. Sein Studium als Architekt hat er erfolgreich abgeschlossen. »Ich beschäftige mich nebenher ständig mit Wirtschaftstheorien. Wie man in der Zukunft Geld verdienen kann, ist eine Frage, die mich interessiert. Habe ich eine Idee, die es noch nicht gibt?« Ein eigenes Unternehmen hat er gerade gegründet, mit einer Geschäftsidee, die sich eher zufällig ergab: die Herstellung origineller Möbel, alles Einzelstücke. Der erste Erfolg hat sich bereits in einem Ausmaß eingestellt, das ihn selbst verwundert. Zeitungen schreiben über seine Geschäftsidee und seine Originalität.

Ohne Einschränkung meint er, seine Kindheit wäre glücklich gewesen. Seine Eltern waren liebevoll, offen und hätten ihm durchaus sinnvolle Grenzen gesetzt. »Immer würde ich sagen, dass sie beide gute Menschen sind. Dass sie das Herz auf dem richtigen Fleck haben. Jeder der beiden hat natürlich seine Fehler, wie ich und jeder andere auch. Meine Mutter ist sehr großzügig und liebevoll. Mein Vater hat mir gezeigt, als ich klein war, dass Gott sozusagen in jedem Baum und Stein steckt.« Es ist selbstverständlich für ihn, dass er Respekt vor seinen Eltern wie auch vor seinen Großeltern hat. Ihm ist bewusst, welche Werte und Tugenden ihm vorgelebt und auch gefordert wurden. »Also von meinem Opa habe ich vermittelt bekommen, dass absolute Pünktlichkeit wichtig ist. Von meiner Mutter wie von meinem Vater, dass man immer ehrlich sein soll. Man soll andere Leute nicht anlügen, sondern lieber eine unbequeme Wahrheit nett formulieren, als gar nichts sagen. Von meiner Oma habe ich sehr viel Anstand gelernt, Umgangsformen, dass man Respekt vor älteren Leuten haben soll ...« Die Art und Weise, wie er antwortet und sich im Gespräch zeigt, macht sofort glaubwürdig, was er von seiner Kindheit berichtet. Er war ein Kind, das geliebt und gewünscht war. Er bezeichnet seine Eltern, vor allem seinen Vater, als durchaus streng. Es wurde darauf geachtet, dass die Kinder nicht unmäßig viel Taschengeld bekamen, abends nicht zu spät nach Hause kamen und nicht dauernd vor dem Fernseher saßen.

Auf die Frage, wie er sich seine weitere berufliche Zukunft vorstellt, erwidert er: »Viel Veränderung, es liegt nicht nur an meiner jetzigen Lebensphase, sondern auch an den wirtschaftlichen Umständen ... Beruflich würde ich mir wünschen, dass sich die Marktgegebenheiten ändern und es gerechter zugeht ...«

Und wie geht Victor selbst mit Geld um? Luxusgüter sind ihm unwichtig, Angst in Bezug auf Geld hatte er in seiner Kindheit und Jugend nicht. Seine Eltern lebten trotz des anwachsenden Vermögens bescheiden und erzogen auch ihn zur Bescheidenheit. Er erlebt durchaus, dass Menschen auf ihn neidisch sind. »Ja, aber ich achte nicht mehr darauf.«

Die Einstellung seiner Eltern zum Geld sei unterschiedlich: Sein Vater wäre großzügig, seine Mutter eher sparsam. Er neige mehr zur Großzügigkeit. »Geiz ist eindeutig ein Charakterfehler für mich. Ich kriege Gänsehaut, wenn ich daran denke ... Das Schlimmste ist, wenn man mit Geld geizig ist ... Weil Geld das Wertloseste auf der Welt überhaupt ist, quasi ... Warum soll ich jetzt geizig sein? Lieber lebe ich jetzt gut, anstatt mein Leben lang zu planen. Geld ist zum Ausgeben da.«

Sein Plädoyer für Großzügigkeit bedeutet aber nicht, dass Victor mit Geld leichtfertig umginge.

Sein existenzielles Grundvertrauen hat wenig mit Geld zu tun. Sorgen oder Angst um seine Zukunft hätte er allenfalls unbewusst. »Ich glaube an das Leben, ich glaube an mich«, sagt er ohne eine Spur von Eitelkeit. »Wenn ich sterbe, was bringt mir das Geld? Warum soll ich mich absichern? Natürlich ist das nicht schlecht. Aber angenommen, es kommt eine Finanzkrise oder eine Währungsreform, und alles wird entwertet, dann hast du etwas, was im Prinzip nichts wert ist ... Ich kenne Milliardäre, bei denen ich mich frage: Warum macht der aus seinem Leben nicht etwas wirklich Sinnvolles? Unterstützt Leute? Stattdessen macht er Intrigen bei sich zuhause und verliert Geld.«

Auf meine Frage, mit welchem Symbol er Geld darstellen würde, antwortet er prompt: »Geld würde ich als Asche darstellen. Gold nicht, aber Geldscheine sind aus Papier, verbranntes Papier.« Aufgrund meiner Frage, ob Geld Menschen eher verbindet als trennt, wird noch deutlicher, welche ambivalente Bedeutung dieses für ihn hat: »Geld ist das Übel auf der ganzen Welt, meiner Meinung nach. Die Meere werden aus reiner Profitgier ausgefischt, die Umwelt verschmutzt. Geld ist eigentlich an allem schuld, was uns auf der Welt nicht gefällt. Von daher glaube ich, dass Geld die Leute sowohl trennt als auch verbindet. Verbindet, wenn sie es gemeinsam verdienen, trennt, weil manche Leute sterben, aufgrund der Geldgier einiger weniger.« Für ihn gibt es einen Ausweg aus dem Dilemma: »Wenn Leute mehr Gutes mit ihrem Reichtum tun würden, würde ich es positiver sehen. Aber da die meisten Leute nur die Zinsen haben wollen oder aufgrund ihres Besitzes so viel Schlechtes in der Welt bewirken, vor allem die Natur betreffend, und sich zudem Menschen für Geld verkaufen, denke ich so.« Geld ist seiner Ansicht nach ein Suchtmittel. Aber diese kritische Sichtweise hindert ihn nicht, sich für den Erhalt des Vermögens einzusetzen, das sein Großvater geschaffen hat.

Victor beschreibt, wie wichtig sein Großvater für ihn ist: »Wir müssen meinem Großvater dankbarer sein ... Wir sind verpflichtet, das, was er geschaffen hat, zu schützen, ihm zuliebe. Ob meine Kinder Geld haben, ist mir egal. Ich hab noch keine Kinder. Ich will nur nicht, dass man es aus Respektlosigkeit verschleudert.« Er betrachtet sich in gewisser Weise als Nachfolger seines Großvaters, der Verantwortung für das Vermögen übernimmt. »Es ist nicht so, dass ich das Geld von Opa aufbewahren möchte, sondern dass man vernünftig damit umgeht, so wie er es auch gemacht hat. Wenn man Geld ausgibt, gibt man es aus. Aber nicht so, dass man es schwachsinnig von der Inflation auffressen lässt.«

Spannend ist seine Antwort auf die Frage, ob er der Meinung sei, dass Geld die Welt regiert. »Ja, Geld und Liebe«, entgegnet er, »manche würden für Geld jemanden umbringen, und manche, die lieben, würden sich für nichts auf der Welt bestechen lassen.«

Welche Zukunftspläne und Visionen hat Victor? »Ich wäre gern Politiker.« Die Zukunft ist offen, und der Wunsch nach einer besseren Welt ist groß. Er würde, wenn er denn Politiker wäre, in Bildung, Forschung, Entwicklung und Umwelt investieren. Also nicht in die Wirtschaft, sondern in etwas, was einen vernünftigen Fokus hat. »In etwas, was auch in den nächsten zehn Jahren rentabel sein wird.« Stehen diese Aussagen im Zusammenhang mit seinem Glauben? Glaubt er an Gott oder an etwas anderes? »An einen höheren Kosmos, an einen Gott, an einen Schöpfer«, erwidert er.

Und glaubt er, dass er ein weiteres Mal auf die Erde kommen wird? Schlicht und einfach antwortet er: »Ja.« Das Gewissen, so meint er, sei angeboren. Es käme »vom Herzen, vom Verstand auch. Aus diesem Grund kann auch ein ungläubiger Mensch ein Gewissen haben.«

Als ich von ihm wissen möchte, welche Werte und welche Einstellung er seinen Kindern in Bezug auf Geld beibringen würde, formuliert er: »Schwer zu sagen, ich bin selbst noch jung. Aber ich würde sagen, Geld macht nicht glücklich. Es ist oftmals Grund für viel Leid, Ärger und Unglück. Dein wahres Glück findest du nur in dir selber, denn du musst an dir arbeiten. Den inneren Diamanten muss man schleifen, anstatt zu denken: Ich bin was wert, wenn ich Geld habe. Es ist viel mehr wert, sich selbst etwas wert zu sein … und in sich selbst einen Schatz zu haben, als den Schatz im Geldbeutel zu tragen. Gut ist es natürlich, wenn man genug Geld hat, damit man sich ein paar Annehmlichkeiten leisten kann. Aber ich sehe das Geld als gar nicht wichtig für ein glückliches Leben. Würde sagen, suche dir einen Job, der dich erfüllt, werde glücklich mit dem, was du machst … Lieber weniger Geld und mehr Glück, als mehr Geld und weniger Glück.« Victor ist dabei, mit seinem eigenen Unternehmen sehr erfolgreich zu werden.

*Geld ist für mich eigentlich kein Thema: Die Enkelin, Christine L.*

Das Erste, was mir an Christine auffällt, ist die Reinheit, die sie ausstrahlt, womit ich eine bestimmte Art von Unbescholtenheit und Klarheit meine. Sie wirkt ruhig, konzentriert, zeigt keine Unruhe oder Ungeduld, obgleich sie zu Beginn des Interviews sagt, sie habe nur eine Stunde Zeit und stände zudem vor einer Prüfung. Christine studiert Biochemie und hat den Wunsch zu heiraten und eine Familie zu gründen.

Fast identisch mit ihrem Bruder beurteilt sie ihre Kindheit: Ja, auf jeden Fall habe sie eine glückliche Kindheit gehabt. Über ihre Eltern sagt sie: »Beide sind sehr fröhlich, auch bodenständig und liebevoll, witzig, haben guten Humor und sind ehrlich und schlau.«

Ehrlichkeit, Offenheit und Humor seien wichtige Eigenschaften bzw. Fähigkeiten, die ihr als wichtig vermittelt wurden. Ihre Erziehung sei »liberal und mit Grenzen« gewesen. Das findet Christine vollkommen in Ordnung, denn ein Laisser-faire sei nicht gut. Ihr wäre klar, dass ihre Eltern sehr viel strenger erzogen worden wären, aber das hätte zeitbedingte Gründe: Früher waren Eltern eben durchwegs strenger. Außerdem hätten ihre Eltern, als sie Kinder und Jugendliche waren, mehr Nöte und Einschränkungen erlebt als sie und ihr Bruder, die abgesichert wären.

Auf die Frage, welche Gefühle sie in Bezug auf Geld hat, antwortet sie: Auf jeden Fall das Gefühl von Unsicherheit. »Wenn man etwas hat, dann ist es eben schwierig, es anzulegen oder zu behalten. Wenn man nichts hat, kriegt man auch so ein ängstliches Gefühl vermittelt. In der heutigen Zeit ist es normal, dass das Thema Geld immer wieder einmal in Gespräche einfließt.«

Mit ihrem Taschengeld habe sie weitgehend machen können, was sie wollte. Mit Geschenken, Spielzeug etc. sei sie keineswegs überbordet worden, im Gegenteil. Den Eltern war es wichtig, dass die Kinder spielen und nicht konsumieren.

Für ihre Mutter sei Geld weniger wichtig gewesen als für ihren Vater. Die Mutter lege keinen großen Wert auf Statussymbole. Der Vater im Prinzip auch nicht. Doch da er das Unternehmen führt, sei seine Lage anders.

Ihre Freundinnen und Freunde kämen nicht aus dem Milieu der Reichen und Superreichen. »Natürlich kenne ich ein paar Leute aus diesen reichen Familien, natürlich können sie auch nett sein, aber ich war nie auf diesem Niveau und konnte mit denen nichts anfangen, weil mir das einfach zu blöd ist. Ich bin nicht so.« Wichtig sei ihr, dass Freunde auf der gleichen Wellenlänge wären und Eigenschaften hätten, die sie (ohne dies extra zu erwähnen) auch an ihren Eltern schätzt: Ehrlichkeit und Witz. Mit ihren Freunden rede sie nicht über Geld. Die Freunde wüssten meist nicht, woher das Geld kommt, das es ihr ermögliche, in einer eigenen großen Wohnung zu wohnen und ein Auto zu besitzen. Neid und Missgunst erführe sie nicht. Und wenn sie mit Freunden ausgeht, bezahle jeder einmal. Der Grund, warum sie in ihrem sozialen Umfeld kaum negative Erfahrung damit mache, ein Kind reicher Eltern zu sein, hätte wohl mit den Werten zu tun, die die Eltern ihr und ihrem Bruder vermittelt hätten. Wichtig sei nicht das Geld in letzter Konsequenz, sondern das Leben. Sie selbst hätte ihre Lebensziele nicht auf die Vermehrung des Geldes oder die Fortführung des Unternehmens ausgerichtet. Das sei bei ihrem vier Jahre älterer Bruder anders: Er hätte sich früh für Finanzthemen und das Unternehmen interessiert, hätte früher als sie Geld und dazu mehr Geld als sie bekommen, zumindest, so Christine: »... habe ich ein bisschen das Gefühl.«

An sie wurde nie der Wunsch oder die Bitte herangetragen, sich in der Firma zu engagieren. »Also ich bin nicht wirtschaftlich unbegabt, und wenn er es nicht machen würde, hätte ich mich da auch informiert oder hätte es vielleicht auch gemacht. Aber so ist es für mich praktisch, weil es mir nicht so liegt wie ihm ... auch weil ich meine Begabung und Wünsche in anderen Bereichen sehe.«

Ob sie auch glaube, dass Geld die Welt regiert, frage ich sie. Ihre Antwort kommt spontan: »Ja, ich glaube, dass alle Menschen kapitalistisch sind. Dass Geld über allem steht: über den Gefühlen und über der Achtung ... Das finde ich furchtbar.

Aber ich glaube, man kann nichts dagegen tun.« Als Symbol für Geld würde sie die Hochhäuser in Frankfurt auswählen, den Finanzdistrikt, wo die Börsenmakler tätig sind: Zentren der Macht. Auch wenn es nicht immer so sei, aber Geld würde durchaus Menschen eher trennen als verbinden.

In ihrem Freundeskreis spiele Geld keine Rolle. Aber: »Es gibt natürlich Gesellschaftsschichten oder Menschen, die bewusst in ihrer Schicht bleiben wollen und nichts zu tun haben möchten mit Leuten, die weniger Geld haben.«

Woran glaubt Christine? Ist sie, wie ihre Großmutter, eine Atheistin? Keineswegs. »Ich glaube nicht an Gott, aber ich glaube an etwas Höheres. Ich bin mehr eine Buddhistin, ich glaube an Wiedergeburt, ich meine also, dass ich schon auf der Welt war. Es ist keine Frage für mich, dass man im Leben die Aufgabe hat, sich weiterzuentwickeln und auch etwas Gutes zu tun, so dass man irgendwann die höchste Stufe erreichen kann.«

Christine ist davon überzeugt, dass das Gewissen von einer solchen Haltung geprägt sei. Das Gewissen »... kommt aus der Seele ... Ich glaube schon, dass jeder Mensch eine Seele hat, jeder Mensch hat natürlich eine andere. Und ich bin besonders gerechtigkeitsbedürftig. Habe auch schnell ein schlechtes Gewissen. Aber viele Leute, hab ich das Gefühl, haben gar kein Gewissen. Das sieht man an dem, wie sie handeln. Einfach nur auf Geld bedacht, keine Gefühle, menschenverachtend.« Sie spitzt es noch zu: »Ich würde sagen, dass der Mensch ein Parasit ist, wie er die Erde ausnimmt. Ich glaube allgemein, dass die Menschen noch nicht so weit entwickelt sind, was die Nächstenliebe angeht oder in Bezug auf die Frage, wie man die Erde schützt. Ich habe das Gefühl, dass die meisten Menschen auf sich bedacht sind und die Erde ausbeuten oder auf ihren eigenen Vorteil bedacht sind. Der größte Teil. Es gibt natürlich auch andere Leute.«

Sie wirkt in diesem Moment nachdenklich. Was sie an sich selbst am meisten schätzt, sei ihre Ehrlichkeit und ihre ganze Art überhaupt. Sie wünsche sich allerdings schon auch, etwas lockerer zu werden, »was zum Beispiel die Universität betrifft ... nehme die schon ernst, mache mir viele Gedanken. Es wäre schön, wenn ich den innerlichen Leistungsdruck manchmal abschalten könnte.«

Ist Christine trotz ihrer Kritik an der Art und Weise, wie Menschen heute mit Geld umgehen, pessimistisch? Nein, eigentlich nicht: »Ich glaube eher, dass das Gute siegen wird. Ich habe den Eindruck in meinem Freundeskreis, dass wir die Zukunft gar nicht so negativ sehen, wie es oft dargestellt wird. Ich glaube, dass es untereinander eine Gemeinschaft gibt, eine positive Einstellung.«

*Aus der Zusammenfassung aller Gespräche, die ich mit den drei Generationen der Kölner Familie L. geführt habe, ergibt sich im Folgenden ein Bild, das hinsichtlich des Themenkomplexes Geld-Beziehungen-Gesellschaft durchaus einige allgemeingültige Schlüsse zulässt. Wenden wir uns daher zuerst der Kommunikation, danach den Gefühlen und zuletzt den einzelnen Rollen aller Beteiligten innerhalb des Familiengefüges zu.*

*Kommunikation*

Friedrich und Irene, die Großeltern, haben in ihrer Kindheit erlebt, dass sich die Gespräche ihrer Eltern über Geld vor allem um die Notwendigkeit zu sparen, zu verzichten und fleißig zu sein gedreht haben. Beide haben als Kinder vermittelt bekommen, dass auch sie etwas dazu beitragen müssen, dass die Familie »durchkommt«. Die Gespräche ihrer Eltern waren mit der Aufforderung verbunden, selbst zu handeln: Friedrich verdient als Junge etwas dazu, Irene wird klargemacht, dass sie vieles, was sie sich wünscht, nicht bekommen kann. Auch Leonie, Andreas' Frau, erlebt in ihrer Kindheit Geld als »Not-Thema«: Es ist der Grund für Ehestreitigkeit, Tristesse und mit der Aufforderung zu verzichten verbunden.

Andreas erlebt von Kindheit an, dass das Alltagsleben in seiner Familie stark von der Arbeit seines Vaters bestimmt ist: Die Vermögensmehrung und -sicherung lassen den Vater unentwegt beschäftigt und innerlich besetzt sein – auch wenn er zu Hause ist. Hat er überhaupt Zeit, sich um etwas anderes als »ums Geld« zu kümmern? Über die Freuden und Nöte seiner Frau und Kinder zu sprechen und ihnen zuzuhören? Und umgekehrt: Sind seine Frau und seine Kinder offen dafür, mit ihm darüber nachzudenken, was es für ihn bedeutet, sehr viel zu arbeiten? In Friedrichs Leben bleibt nicht sehr viel Platz für zwischenmenschliche Fragen. Über Geld wird geredet, aber nicht über die Gefühle, die damit verbunden sind.

Weder die Hektik, Ängste und Anstrengungen, die mit Friedrichs Arbeit verbunden sind, noch die daraus entstehenden Konflikte kommen zur Sprache, dennoch sind die mit ihr verknüpften Gefühle wie Macht, Ohnmacht, Angst, Hilflosigkeit und Manipulation vorhanden und vor allem: wirksam.

Andreas und Christian verlassen beide als Teenager das Haus der Eltern. Die Frage nach dem Warum drängt sich auf: Mit wem konnten sie über ihre Lebensfragen reden? Wie allein fühlten sie sich? Haben Sie nicht genug Aufmerksamkeit und Liebe von Seiten ihrer Eltern erfahren?

Sowohl Irene als auch Friedrich betonen, dass Geld an sich nicht so wichtig sei. Das glaubt man ihnen auch. Andererseits hat Friedrich jedoch verinnerlicht, dass Reichtum ein Zeichen von Erfolg ist und Ausdruck seiner Macht, verbunden mit der Sorgepflicht für seine Familie. Doch will seine Familie auf diese Weise versorgt werden? Wollen seine Ehefrau und die Kinder wirklich, dass er Tag und Nacht arbeitet, um den Besitz zu mehren? Seine Frau wünscht sich sicher eine Absicherung. Aber seine Kinder wünschen sich wie alle Kinder der Welt, dass ihr Vater für sie und nicht immer nur für die Firma da ist.

Für Leonie und Andreas beginnen die Streitigkeiten und Eheschwierigkeiten in dem Moment, in dem Andreas in der Firma seines Vaters tätig wird. Ihr bisher weit bescheideneres, aber glückliches Leben verändert sich rigoros.

Hier ließe sich fragen, ob sich die Folgen der Ehre, die ihm sein Vater hat zuteilwerden lassen, nicht gegen ihn gekehrt haben. Will Andreas' Vater wirklich, dass sich die Lebensqualität seines Sohnes verschlechtert, nur weil er sich um das Familienunternehmen kümmern muss? Will Andreas' Mutter, dass sich ihr Sohn für das Unternehmen kaputt macht?

Sowohl Andreas als auch seiner Frau Leonie ist aufgrund eigenen Erlebens bewusst, dass es im Leben Dinge gibt, die viel wichtiger sind als das Geld. Sie setzen deshalb in der Erziehung ihrer Kinder andere Schwerpunkte: Sie unterhalten sich viel mit ihren Kindern über zwischenmenschliche Fragen, kümmern sich um sie, sind zärtlich und fürsorglich und setzen Grenzen. Dies wirkt sich positiv auf die Kinder aus. Sie fühlen sich geliebt, haben Selbstvertrauen, sind kritisch und sensibel. Victor beschäftigt sich mit Wirtschaft und Finanzen. Er liest und weiß viel darüber. Er macht deutlich, wie problematisch die grenzenlose Ökonomisierung ist und welche Schäden sie anrichtet.

Christine hat an diesen Themen weit weniger Interesse als ihr Bruder. Sie mag sich nicht darüber unterhalten – weder kritisch noch klagend noch sinnend. Im Fokus ihres Interesses steht ihr Studium, das Zusammensein mit Freunden.

Andreas und Leonie haben mit ihren Kindern auf eine Art und Weise über Geld gesprochen, in der es weder zu einer Überbetonung noch zu einer Marginalisierung kam. Es ist in ihrer Familie nicht mit strengen Sparregeln und auch nicht mit Maßlosigkeit verbunden. Dass mit dieser Art von Kommunikation nicht alle Probleme gelöst sind, versteht sich von selbst.

Es sieht jedoch so aus, als hätten Victor und Christine von ihren Eltern auf liebevolle und intelligente Weise gelernt, dass sich durch eine kritische Haltung, einen gewissen Optimismus, durch den Glauben an sich selbst und die Zukunft die meisten Probleme lösen lassen. Beide Kinder können dies formulieren und sind sich dessen somit bewusst.

*Gefühle*

Vor allem Friedrich und Irene haben als Kinder erlebt, dass Geld bzw. Geldmangel *Angst* macht. Dieser Angst lagen konkrete Gründe zugrunde: Krieg, Flucht und Verlust. Beiden wurde sehr schnell klar: Wenn Geld da ist, braucht man nicht zu verhungern und hat ein Dach über dem Kopf. Aber wie leben, wenn man keines hat? Und damit kein Essen, kein Dach über dem Kopf? Mein Eindruck war, dass bei Irene die frühere Armut bis heute nachwirkt und mit Angst besetzt ist. Ohne oder zu wenig Geld – kein Leben. Diese Angst verschärft sich mit zunehmendem Alter, in dem die Existenzsicherung nicht mehr durch eigene Arbeitsleistung gewährleistet ist. Dabei spielt es überhaupt keine Rolle, ob monatlich 2.000 Euro aufs Konto kommen oder 5 Millionen zur Verfügung stehen.

Friedrich reagierte dagegen mit Mut auf den Mangel, den er in seiner Kindheit und Jugend erlebt hat. *Mut* ist das emotionale Gegenprogramm zur Angst. Friedrich tut alles, um fleißig und ehrenhaft möglichst viel Geld zu verdienen. Dass er dies schafft, hebt sein Selbstwertgefühl. Doch was dabei verloren geht, ist Empathie und Mitgefühl, Gefühle, die er anscheinend nicht anders als durch finanzielle Großzügigkeit zeigen kann. Es ist auch die Frage, wie viel Mitgefühl Friedrich für sich selbst hatte. Und ob er im Laufe seines erfolgreichen Lebens vielleicht vergessen hat, dass auch er Liebe, Anerkennung, Zuneigung braucht?

Andreas' Gefühle bezüglich Geld sind hochambivalent. *Zweifel, Ängste, Sorgen* stehen auf der einen Seite. Geld ist das Bindemittel, das ihn an seine Eltern kettet. Der Druck, den Erwartungen der Eltern entsprechen zu müssen, verschafft ihm ein *Gefühl von Abhängigkeit.* Unter diesem Druck entwickelt er einen enormen Leistungswillen und Durchhaltevermögen. Doch werden seine Anstrengungen belohnt oder anerkannt? Und wenn ja, von wem? Der Mangel an Anerkennung und die vielen Kränkungen, die Andreas erdulden muss, beeinträchtigen seine Lebensfreude. Sein Wunsch nach einem selbstbestimmten Leben wird konterkariert durch negative Erfahrungen im Geschäftsleben, dem er sich täglich stellen muss.

Auf der anderen Seite stehen ein größerer Freiraum und das positive *Selbstwertgefühl*: anderen Gutes tun zu können. Natürlich schlägt sich dies nicht nur in seiner finanziellen Großzügigkeit nieder, sondern zeigt sich ebenso in seiner *Fähigkeit zur Empathie,* die er bei seinen Eltern vermisst hat. Andreas fühlt mit anderen Menschen, kann sich gut in sie hineinversetzen und ist oft bereit, zu helfen. Auch wenn diese Hilfsbereitschaft zunehmend von einem Gefühl des *Misstrauens* begleitet wird, nachdem viele Menschen in Andreas auch »eine Art Privatbank« sehen, bei der man sich bedienen kann.

Leonie hingegen hat Geld gegenüber vor allem negative Gefühle. Es ist für sie kein Wert an sich, bringt nicht weiter, ist störend. Es scheint für sie eher eine »Bedrohung« ihrer persönlichen Werte wie Bescheidenheit, Intellektualität und Intuition zu sein. Für Leonie sind widersprüchliche Wünsche und Gefühle damit verbunden: der Wunsch nach Selbstbestimmtheit durch bewussten Verzicht, *Gefühle der Dankbarkeit für die Freiheit,* die es ermöglicht, und *Wut und Betroffenheit* hinsichtlich des Wahnsinns, der mit und wegen des ständigen Mehr und Zugewinns betrieben wird.

Geld ist für Leonie gefährlich, wie sie nicht zuletzt an Andreas und den Veränderungen in ihrer Ehe sehen kann, und erzeugt daher auch Angst. Denn es beeinträchtigt die Kommunikation mit Gleichgesinnten, verändert die Gefühlswelt, verstärkt die Einsamkeit, setzt unter Druck, zieht Lebenskräfte ab usw.

Christian, von dem ich am wenigsten erfahren habe, wird Geld wahrscheinlich mit dem *Gefühl von Sorglosigkeit* verbinden. Dass er versorgt wird, ohne eine Gegenleistung erbringen zu müssen, bietet ihm die Freiheit, seinen eigenen Neigungen und Aktivitäten ungehindert nachgehen zu können. Es gibt für ihn sichtlich keinen Grund, sich in das System hineinzubegeben. Er entzieht sich dem Anspruch, der heute an fast alle Menschen gestellt wird: sich seinen Lebensunterhalt durch eigene Arbeit zu verdienen!

Victor hat wie sein Vater *ambivalente Gefühle.* Er setzt Geld mit »Asche« gleich und sieht es als »das Übel der Welt« an. Die logische Folgerung: Je mehr es die Welt beherrscht, umso mehr ist unser freies, unabhängiges Leben gefährdet. Geld hat hier also eine eindeutig entwertende Wirkung. Gleichzeitig verschafft es Victor die Möglichkeit, neugierig und kreativ zu sein. Das hat ihm sein Großvater vermittelt, den er sehr bewundert. Und diese Möglichkeiten waren auch der Antrieb für ihn, sich schon in jungen Jahren Wissen über das »Kapital« anzueignen und als junger Unternehmer erfolgreich zu werden.

Christines *Gefühle* in Bezug auf Geld sind bestimmt *durch Sachlichkeit, Distanz und Relativierung.* Es ist für sie ein neutrales Mittel, dem sie aber auch negative Wirkung zuspricht. Ihr Selbstbewusstsein und *inneres Sicherheitsgefühl* scheinen ihr aber trotzdem Vertrauen in die Zukunft zu geben.

Die hier geschilderten familiären Lebensgeschichten und -entwürfe lassen sich nicht getrennt sehen von Politik, Wirtschaft und Zeitgeist und den mit ihnen einhergehenden gesellschaftlichen Veränderungen. Friedrich und Irene wuchsen unter denkbar schwierigen Bedingungen auf: Im *Nationalsozialismus* großzuwerden, bedeutete, in einer gewalttätigen, zwangsstrukturierten Gesellschaft zu leben. Kriegsnot und Armut beeinträchtigten die Jugendjahre und den Beginn des Erwachsenenlebens während des Wiederaufbaus. Geld wurde vorwiegend aus dem Grund verdient, die vielen psychischen und physischen Mangelerfahrungen zu überwinden. Erst danach war es auch ein Vehikel, um sich Erfolg und Anerkennung zu verschaffen. Andreas hat im Gegensatz zu seinen Eltern keine Not erlebt, aber ein vom Streben nach Zugewinn gesteuertes Familienleben. Er wuchs bereits in einer *Wohlstandsgesellschaft* auf, ohne dass dieser Wohlstand auch mit einem psychischen Wohlbefinden einherging. Seine Freude an der Freiheit, die er sich während der Zeit des Alleinlebens in der Spätpubertät erkämpfen musste, ging einher mit dem Befreiungsprozess einer ganzen Generation. Er gehörte zwar nicht mehr direkt zu der 68er-Generation, dafür war er zu jung. Aber die *Hippie-Bewegung und die politische Protestbewegung* inspirierten auch ihn und ließen ihn andere Wege gehen als seine Eltern. Während seiner Jugend, seines Studiums und zu Beginn seiner Ehe spielte Geld für ihn noch keine große Rolle. Er war sich für keinen Aushilfsjob zu schade und lernte auf diese Weise Menschen kennen, die niemals reich sein würden. Leistungsdruck gab es zweifellos schon damals, er war aber nicht vergleichbar mit dem heutigen.

Die Auswirkungen des *Befreiungswillens und politischen Protestes der 68er-Generation mit ihrer massiven Kapitalismus-Kritik,* die mit Ende der 60er-Jahre begann, waren aus der Gesellschaft nicht mehr wegzudenken, unabhängig davon, wie man sie heute einschätzt und bewertet.

Ob diese gesellschaftlichen Trends Einfluss auf Christians innere Haltung und seine Verweigerungshaltung gegenüber der Familie hatten, ist denkbar, wissen wir aber nicht. Auch welche tieferen Ursachen es hatte, dass Andreas, der seine Kindheit als nicht einfach bezeichnet, so ganz anders mit seinen Kindern umging als seine Eltern mit ihm, können wir nur vermuten. Doch sicherlich wirkten sich die positiven gesellschaftlichen Trends dieser Befreiungsphase, zu deren Beginn Andreas auch die an gleichen Werten orientierte Leonie traf, auch in das Selbstverständnis seiner Generation hinein: Raus aus dem Muff der Fünfzigerjahre, der konservativen Bevormundung, Kritik an der Elterngeneration und die intellektuellen Debatten über Psyche, Politik und Wirtschaft.

Auch Leonie erzieht ihre Kinder anders, als sie selbst erzogen wurde. Sie ist für ihre Kinder da, spricht mit ihnen, hört ihnen zu, kümmert sich liebevoll um sie. Ihre werteorientierte Einstellung zum Leben, ihrer Ehe und ihren Kindern spiegelt sich in Victors und Christines Handeln und Denken wider. Beide folgen in gewisser Weise den elterlichen Werten. Victor und Christine sind kritisch, haben Selbstvertrauen und sind sehr wahrscheinlich liebesfähig.

Dennoch werden sie es deshalb nicht leichter haben als ihre Eltern, wenn auch in anderer Hinsicht. Denn Victor und Christine sind in eine immer undurchsichtiger werdende Welt mit einer *drohenden Dauer-Finanzkrise* hineingewachsen. Sie stehen beide unter einem enormen Leistungsdruck, den ihre Eltern, Andreas und Leonie, in ihrer Jugend so noch nicht erlebt haben.

Wie sie mit dieser globalen Krise, die sich auf verschiedenste Weise auf ihr Leben auswirkt, umgehen werden, wird sich zeigen. Auffallend ist, dass sie wie ihre Mutter und in Ansätzen auch ihr Vater ein Interesse an spirituellen Themen haben und an etwas Höheres glauben.

Was in den 70er-Jahren undenkbar war, ist heute wieder möglich: sich ohne Furcht vor Spott mit Sinn- und Daseinsfragen auseinanderzusetzen – ein zunehmender Trend in einer vom Kapital bestimmten kalten Welt, in der sich die Sehnsucht vieler Menschen nach Transzendenz widerspiegelt.

In vielen Medien wird dieser Trend eher negativ bewertet und abgelehnt. Aber das stört die beiden nicht. Sie sprechen offen und ohne Scheu über ihre Ansichten.

### *Rollen*

Natürlich ist keine der hier interviewten Personen auf eine einzige Rolle festzulegen. Jeder Mensch hat viele Rollen und damit ebenso viele Funktionen. Jedoch ist es oft so, dass innerhalb einer Familie die Mitglieder auf bestimmte Rollen festgelegt werden oder sich auch selbst auf sie festlegen. Diese Festlegung geht oft mit einer »Einschränkung« der individuellen Handlungsmöglichkeiten und des persönlichen Freiheitsraumes einher, und es dauert oft Jahre – oder geschieht nie –, bis sich die Einzelnen von ihren Rollenzuschreibungen wieder befreien können.

Dabei geht es nicht um die Befreiung an sich, sondern um das Bestreben, ein erfüllteres Leben zu leben. Aus Respekt vor der Familie, von der hier die Rede ist, will ich niemandem eine reale Rolle zuschreiben. Das können nur die Familienmitglieder selbst.

Gehen wir daher einen anderen Weg, um die möglichen Funktionen/Rollen in einer reich gewordenen Familie als typische herauszuarbeiten, wie sie auch für vergleichbare Familien zutreffen könnten: In dieser Familiengeschichte liegt der Stoff für ein Theaterstück, in dem die einzelnen Protagonisten Rollen übernehmen, die wiederum allgemeinmenschliche Entwicklungen sichtbar machen, mit denen sich der Zuschauer identifizieren kann. Lassen wir also unsere Phantasie spielen und entwerfen ein Szenarium. Welches Mitglied der Familie L. könnte in Bezug auf unser Thema: wie Geld unsere Beziehungen und Gefühle beeinflusst, welche Rolle in diesem Stück spielen?

*Friedrich L. ist der Boss und Gründervater:* Er schafft es, er gewinnt, er ist der Patriarch. Er hat Verantwortung und ist erfolgreich. Das ist die Sonnenseite. Die Schattenseite ist: Er ist einsam, niemand fragt eigentlich nach ihm. Er gleicht dies aus, indem er dominant und laut ist und alle Menschen in seiner Umgebung steuert – um sich bemerkbar zu machen und geliebt zu werden. Er steht für den Typus Mann, der in der Nachkriegszeit den Wohlstand dieses Landes mit geschaffen hat: durch Fleiß, Durchsetzungswillen, Durchhaltevermögen und Geschick – die Qualitäten eines Unternehmers. Geld ist für ihn ein Erfolgsfaktor.

*Irene L.* übernimmt die Rolle der *Unternehmergattin,* die ihrem Mann zur Seite steht und ihm den Rücken freihält, dabei aber nicht so lebt, wie sie eigentlich leben möchte. Angst, den erreichten Wohlstand wieder zu verlieren, Wut, wie auch das Eingeständnis, dass sie vieles besser hätte machen können, Träume von Freiheit und einem selbstbestimmten Leben kommen bei ihr zum Vorschein. Sie steht für die vielen Frauen von Unternehmern, die ihrer eigenen Interpretation nach – partiell oder ganz auf die Verwirklichung eigener Lebenspläne verzichten – und am Ende ihres Lebens nach dem »Lohn« dafür fragen. Geld ist für sie ein Substitut, durch das die Lebensängste in Schach gehalten werden.

*Andreas* kommt als dem *Nachfolger seines Vaters* eine Schlüsselrolle in diesem Stück zu. Er ist begabt, fleißig, zuverlässig und bringt viele Opfer. Doch wie seine Mutter verzichtet er auf ein selbstbestimmtes Leben. Er leidet unter der enormen Verantwortung und dem Pflichtbewusstsein, das er sich selbst auferlegt hat und das alle von ihm fordern. Er steht für die vielen Männer und Frauen, die mehr oder weniger freiwillig die Nachfolge ihrer Väter antreten und deren eigene Wünsche und Lebenspläne sich dadurch in einem schmerzhaften Kontrast zu den an sie gestellten Erwartungen der Gründerväter befinden. Gleichzeitig sieht Andreas jedoch die vielen Möglichkeiten, die es ohne Geld für ihn nicht gäbe. Langsam erkennt er, dass er diese Möglichkeiten in Anspruch nehmen kann, ohne sich Tag und Nacht um die Firma zu kümmern.

*Christian hat die Rolle des Aussteigers inne.* Er lebt sein eigenes Leben, ohne Arbeit und eigenen »Verdienst« im herkömmlichen Sinn. Die Reaktion der Familie auf ihn heißt: ihn in Ruhe lassen. Geld ist für Christian ein Sicherheitsfaktor, es ermöglicht ihm, »frei« zu sein von den Zwängen, die in der Arbeitswelt und der Welt des Geldes unvermeidlich sind.

*Leonie ist die kritische Träumerin.* Auch sie spielt – wenn auch auf andere Weise – einen Gegenpart zu der Familie ihres Mannes. Auf gesellschaftlichen Status und Luxus kommt es ihr nicht an. Vielmehr ist es ihr wichtig, die Welt und die Menschen zu begreifen. Obgleich sie in ihrem Beruf sehr gut ist, definiert sie sich nicht gänzlich durch ihn. Nachdenken und Verstehen sind ihr wichtiger als der »Einsatz von Ellbogen«. Sie sieht Geld als Verführung an, das falsche Leben zu leben.

*Victor* könnte dafür prädestiniert sein, die Rolle des *Visionärs* zu übernehmen. Er sieht und begreift, was auf dem weltweiten Finanzmarkt geschieht und welche Gefahren die globale Entwicklung mit sich bringt. Er hat Ideen, denkt politisch. Doch was tun? Erst einmal Entwürfe für eine bessere Welt im Kopf haben? Nein, es geht ihm um viel mehr als das. Die Finanzwelt gibt ihm Anlass zur Gesellschaftskritik und bietet ihm gleichzeitig die Chance, sich zu beweisen und zu bewähren. Er schafft es, aus eigener Kraft eine Firma zu gründen, die neue Maßstäbe setzt. Einerseits folgt er den Idealen seines Großvaters, andererseits findet er neue eigene Wege.

*Christine* ist eine Persönlichkeit, die unbeirrt ihren eigenen Weg geht. Sie hat klare Lebenspläne, ist zukunftsbejahend, zielgerichtet und unbestechlich. Geld ist für sie der Stoff, den man selbst webt – durch seine Arbeit. Es hat für sie den Zweck, sinnvoll und gut zu leben. Mit ihren Lebensplänen verbindet sich durchaus persönlicher Ehrgeiz, aber nicht aus Geltungsdrang heraus, sondern um der Sache willen.

In einem Theaterstück sind solche Rollen wichtig, um die Gesamtlage und den Grundkonflikt zu erhellen.

Der *Turning-Point,* um das sich das Stück dreht, ist Andreas' Sinnfrage. Welchen Sinn hat mein Leben? Gibt es einen tieferen Sinn, der weit über den wirtschaftlichen Erfolg hinaus geht? Was macht mich wirklich aus? Diese Frage stellt er sich in einer Schlüsselszene des Stückes, in der er seiner Familie klar macht, dass er zwar weiterhin die Verantwortung für das Unternehmen tragen will, die damit verbundenen Verpflichtungen aber einschränken möchte. In der Familie beginnen daraufhin die Diskussionen darüber, ob es einen Sinn im Leben gibt und welchen Sinn man dem eigenen überhaupt geben könnte.

Dass die alteingesessene, reiche Unternehmerfamilie L. im Hinblick auf die Entwicklung und unterschiedliche Einstellung der Generationen zum Geld kein Einzelfall, sondern stellvertretend für viele andere ist, haben mir auch viele andere Mitglieder großer Unternehmerfamilien erzählt, die ich interviewt habe. So verläuft die Lebensgeschichte Andreas', um noch ein weiteres Beispiel zu geben, in vielerlei Hinsicht parallel zu der von Clemens B.:

*Clemens' ganze Liebe gilt schon immer, seitdem er denken kann, der Musik. Er ist musikalisch so begabt, dass er bereits mit zwanzig Bratsche im Berliner Symphonie-Orchester spielte.*

*Clemens kommt aus einer der großen deutschen Familien, die ihr Vermögen im Einzelhandel gemacht hat. Obwohl er darüber »todunglücklich« war, entschloss er sich nach dem Abitur, dem Druck seiner Eltern und Großeltern nachzugeben und Jura und BWL zu studieren, obwohl ihn diese Fächer nicht interessierten. Die Idee, weiterhin sein Geld als professioneller Musiker zu verdienen, musste er aufgeben, weil er nicht mehr die entsprechende Zeit zum Üben hatte.*

*Dass er sich dabei wie König Midas inmitten all seiner ererbten Reichtümer sinnentleert und irgendwie einsam fühlt, erwähnt er mir gegenüber mehrmals und weiß auch warum: »Weil ich aus dynastischen Gründen meine Leidenschaft für die Musik aufgeben musste, das wird's wohl sein.«*

*»Wirtschaftsimperien sind wie Dynastien«, meint er. »Zuerst fühlst du dich geehrt und bist irgendwie stolz darauf dazuzugehören, aber irgendwann kippt das Ganze. Du spürst die Opfer, die du dafür bringen musst. Bis du irgendwann merkst, dass du das Höchste, was es gibt, auf dem Altar der Dynastie geopfert hast: deine persönliche Freiheit.«*

*Seine Kinder haben es besser. Denn seine Frau und er fördern ganz bewusst, dass ihre Kinder ihre eigenen Wege gehen.*

### *Resümee*

In der Familie fängt das Leben jedes Menschen an. Die Prägungen, die er dort erlebt, hinterlassen Spuren – oft bis zum Lebensende. In der Familie erfährt er auch nachhaltig, wie man mit Geld umzugehen hat und umgeht. Ob er sich nun dem Diktum der Familie unterwirft, sich dagegen sträubt oder dieses sogar noch verstärkt nachlebt, hängt von vielen Faktoren ab.

In der Familie spiegelt sich die allgemeingesellschaftlich gültige Bewertung von Geld wider.

Das, was in der Gesellschaft gilt, wird unbewusst oder bewusst von den Eltern adaptiert: Schaffe Geld heran! Sei fleißig, damit du leben kannst. Ohne Geld sind wir nichts. Sei sparsam! Wer Geld hat, hat die Macht. Das sind typische Kernsätze. Ob sie ausgesprochen oder nur gedacht und gefühlt werden, spielt gar keine entscheidende Rolle. Sie verdeutlichen, wie das Kapital nicht nur die Welt beherrscht (siehe Karl Marx), sondern auch die Psyche beeinflusst.

Bei all diesen Sätzen spielt die Familie eine Schlüsselrolle. Hier wird dem Kind, dem Jugendlichen vorgelebt, wie über Geld Beziehungen gesteuert werden.

Doch eines wird dabei meist außer Acht gelassen: dass Geld von Menschen erdacht und erschaffen wurde. Nicht mehr und nicht weniger. Und wie Menschen damit umgehen, hat seine Ursachen in ihnen selbst – und nicht im Geld.

# II. TEIL

# DAS GELD UND DIE GEFÜHLE IN BEZIEHUNGEN

Gehen wir nun einen Schritt weiter und sehen nach der Betrachtung der individuellen wie der familiären Ebene, des Liebes- und Freundschaftsverhältnisses, wie sich Geld nun im gesamtgesellschaftlichen Kontext auf unsere Beziehungen und Gefühle auswirkt.

Dabei geht es mir um Gefühle, die grundlegend zum Wesen des Menschen mit dazugehören, aber meist negativ bewertet werden: Angst, Gier, Geiz, Neid, Schuld und Scham. Es sind Gefühle, die auch in positiv besetzte Gefühle wie Liebe und Mitgefühl mit hineinspielen, vor allem aber in einem sehr engen Verhältnis zu Reichtum und jeder Art von Besitz stehen. Es kommt ihnen in jeder Beziehung (auch in der zu uns selbst) eine bedeutsame Rolle zu, selbst (oder gerade) dann, wenn sie nicht bewusst von uns wahrgenommen werden.

Gefühle kommen und gehen und haben mehr oder weniger ein »Eigenleben«. Wer kann sich seinen Gefühlen schon entziehen? Wer sie vollends beherrschen? So kann es zum Beispiel vorkommen, dass jemand seinen Partner nicht mehr liebt, das Verschwinden seiner Liebe gar nicht richtig wahrnimmt, aber durch sein Handeln ausdrückt: Er wird geizig, hat Schuldgefühle, schämt sich, je nachdem. Indirekt wie direkt werden diese Gefühlslagen in seinem Sprechen und Handeln deutlich. Denn Menschen sprechen und handeln immer auch so, wie sie fühlen. Und gerade diejenigen, die behaupten, sie seien nicht gefühls-, sondern vernunftgesteuert, wollen nicht wahrhaben, wie viele Gefühle in ihre vermeintlich rein rational getroffenen Entscheidungen bereits mit eingeflossen sind.

Wie wirken sich die oben genannten Gefühle nun also auf Beziehungen aus? Warum rufen sie so heftige und folgenreiche Konsequenzen hervor und sind so stark mit Besitztum verknüpft? Und was tun wir, um mit diesen Gefühlen umzugehen? Befragen wir Menschen, sehen wir uns Romane, Filme und Berichte an und betrachten die sozialen Kontexte, in denen sie entstehen und wirken.

## 1. Angst und Verunsicherung durch die weltweite Finanzpolitik

Es ist nicht das erste Mal, dass Europa in den letzten hundert Jahren ökonomisch am Abgrund steht. Die beiden Weltkriege bewirkten nicht nur in politischer, wirtschaftlicher Hinsicht den Untergang einer Epoche, enorme Verluste, seelische Erschütterung und Desorientierung. Diese Verlust- und Untergangserlebnisse wirken bis heute nach und werden unbewusst von Generation zu Generation weitergegeben.[52] Stefan Zweig, einer der großen Schriftsteller des letzten Jahrhunderts, schildert in seinen beeindruckenden Erinnerungen den Untergang der Habsburger Monarchie nach dem Ersten Weltkrieg und das Verlorengehen einer vermeintlich sicheren Welt.[53] Es dauerte jeweils Jahrzehnte, die kollektiven Traumatisierungen, die die beiden Weltkriege ausgelöst hatten, zu überwinden – oder besser: auf dem Weg zu sein, sie zu überwinden.

In unserer heutigen Zeit wiederum scheint die Allmacht des Geldes so allgegenwärtig zu sein wie noch nie zuvor.

Dabei fiel mir bei meinen Interviews, Recherchen, beim Lesen vieler Bücher, in Fernseh- und Rundfunksendungen immer wieder auf, wie häufig Geld mit Angst und Unsicherheit in Verbindung gebracht wird. Es scheint, als ob viele Menschen Geld mit Leben in Armut und dem (sozialen) Tod gleichsetzen. (Im Familienkapitel war bei Irene bereits davon die Rede.)

Aber nicht nur einzelne Menschen haben Geldängste. Unsere ganze Gesellschaft ist mehr oder weniger davon betroffen. Angst kommt heute gerade deshalb auf, weil die Menschen unser kapitalistisches Finanzsystem nicht mehr begreifen können.

Sechs Jahre nach der Finanzkrise von 2008 wird die Angst vor einem Kollaps des weltweiten Finanzsystems nach wie vor tagtäglich durch die Medien vermittelt – tatsächlich ist die Krise ja auch nach wie vor nicht vorbei. Sie scheint eher in die nächste Runde zu gehen. Und so vergeht kaum eine Woche, in der uns Experten aller Couleurs in Fernseh-Talkrunden nicht in Angst und Schrecken versetzen. In unseren Köpfen und Herzen wird die Angst geschürt, auch wenn wir wissen, dass Angst ein denkbar schlechter Ratgeber ist.

Wolfgang Sperling, Professor an der Psychiatrischen Uniklinik Erlangen, sieht eine bestehende Verbindung zwischen der gegenwärtigen Wirtschaftskrise und

---

52 Darüber können vor allem die Therapeuten berichten, die Familienaufstellungen (nach der Methode des Familientherapeuten Bernd Hellinger) durchführen und die Verflechtung von politischen, ökonomischen und persönlichen Prozessen mit entsprechenden Auswirkungen auf die Psyche direkt in der räumlichen Aufstellung von die Familienmitglieder vertretenden Personen erleben.

53 Stefan Zweig: Die Welt von gestern. Erinnerungen eines Europäers.

vielen seiner Angstpatienten mit Panikattacken: »Es gibt einen realen Hintergrund für die Erkrankung: die hohe Verschuldung.« Der Umgang mit den Schulden aber sei irrational. Statt das Problem an der Wurzel zu packen und zu lösen, steigere man sich in eine immer größere Panik hinein. »Einem Angstpatienten gibt man in einem solchen Fall erst einmal ein starkes Beruhigungsmittel zur akuten Entlastung«, sagt der Psychiater. Danach aber müsse man beginnen, an der eigentlichen Ursache des Problems zu arbeiten.

Ähnlich sei es mit dem Finanzmarkt: »Immer größere Rettungsschirme wirken nur vorübergehend, müssen in immer höheren Dosierungen gegeben werden, um wieder zu wirken, und erzeugen dabei das Risiko einer Abhängigkeit.« Nötig wäre aber, dauerhaft am Auslöser des Problems zu arbeiten, also die Verschuldung konsequent abzubauen. Stattdessen, so Sperling, laufe in einer Endlosschleife jedoch der immer gleiche Mechanismus ab wie bei einem Panikpatienten: Das Problem taucht auf, es gibt eine Sofortmaßnahme dagegen, Beruhigung setzt ein, danach wird die Aufmerksamkeit vom Problem wieder abgelenkt, es kommt zu Desinteresse, doch das Problem wirkt im Hintergrund weiter und kehrt bei der nächsten Panikattacke mit umso mehr Wucht wieder zurück.

Ausgerechnet ein Börsianer an der Wall Street stellte in diesem Zusammenhang die richtige Frage: »Wenn die Schulden das Problem sind, warum macht man dann immer mehr davon?«[54] Hier zeigt sich die Verflechtung von Geist und Psyche, von Materiellem und Ideellem in ihrer ganzen Tragweite: Einerseits löst unser Umgang mit Geld erst unsere Verlustangst und Panik aus, andererseits sieht selbst der psychiatrische Fachmann die Lösung des psychischen Problems in der Lösung des für jeden Einzelnen von uns nicht mehr lösbaren Finanzproblems der Welt.

Die Finanzkrisen selbst, die uns in immer kürzeren Abständen heimsuchen, und die damit verbundenen fallenden Kurse werden nach dem Schuldenmachen selbst auch durch menschliche Ängste und die Tücken der Börsentechnik verursacht. Versicherungen und Investmentfonds verkaufen dann aus der Furcht davor, Geld zu verlieren, auf einen Schlag gleich Millionen von Aktien, womit sie deren Kurse erst recht unter ein bestimmtes Niveau fallen lassen und damit bewirken, was sie eigentlich verhindern wollten.

Doch die Angst in Verbindung mit Geld wird nicht nur öffentlich geschürt, sondern hängt auch von der Höhe des individuell vorhandenen Vermögens ab.

Wissenschaftliche Studien zeigen, dass ein regelmäßiges, ausreichend hohes Einkommen zur Zufriedenheit und Sorglosigkeit beiträgt, aber der Besitz von sehr

54 Harald Freiberger, in: SZ vom 6./7. August 2011, S. 2

viel Geld Ängste schürt. Es gibt überraschend viele Reiche, die – so befremdlich dies klingen mag – eigentlich »arm dran sind«. Sie machen sich um ihren Reichtum permanent Sorgen. Dieses Phänomen wird als »Wohlstandsparadoxon« bezeichnet.

Es ist nachgewiesen, dass das Wohlstandsparadoxon in vielen, durchaus unterschiedlichen Ländern ähnlich verläuft: Nahezu überall gibt es eine Einkommensgrenze, auf die, hat man sie erst einmal überschritten, proportional so gut wie keine Steigerung des Lebensglücks mehr folgt. Wie die Einkommensgrenze definiert ist, variiert von Land zu Land und steht in Korrelation zu dem jeweils dort herrschenden Wohlstand. Gleich wie und wo: Irgendwann sind die Grenzen der positiven Seite des Geldes für den Einzelnen wie für das Kollektiv erreicht.[55]

Zu diesem Ergebnis kam Ende des 19. Jahrhunderts auch die von der Wiener Schule der Nationalökonomie entwickelte Grenznutzenlehre, die besagt, dass mit zunehmend freier Verfügung über ein Gut der positiv erlebte Nutzen des Gutes abnimmt. Mit anderen Worten: Was immer im Übermaß verfügbar ist, weiß man mit der Zeit nicht mehr zu schätzen. Beispielsweise sind der Genuss und die Vorfreude zwischen dem ersten und dem zweiten Bier, das man trinkt, noch relativ hoch, spätestens mit dem fünften und dem sechsten nimmt die Freude jedoch deutlich ab.

Beim Reichtum ist es ähnlich: Die Freude und den persönlich erlebten Nutzen betreffend, macht es keinen großen Unterschied, ob man nun fünfzig oder sechzig Millionen besitzt. Stattdessen nehmen die Sachzwänge zu. Noch mehr Geld zu haben, löst daher kein Glücksgefühl und keine größere Befriedigung mehr aus. Im Gegenteil: Die Zunahme des Vermögens kann mit der Zunahme von Angst und Besorgnis korrelieren. Dies schließt auch die unbewusste Furcht mit ein, sich vielleicht immer mehr aus der Gesellschaft zurückziehen und vor Neidern schützen zu müssen, um nicht betrogen, bestohlen und ständig um Geld angegangen zu werden. Reichtum führt so zu Ausgrenzung und Isolation. Ab einer bestimmten Größenordnung verkehrt sich der integrative Aspekt von Geldbesitz – das Teilhaben-Können am gesellschaftlichen Leben – ins Gegenteil.

Arm zu sein, nur über wenige finanzielle Mittel zu verfügen, kann einen isolieren, da die Teilnahme am üblichen gesellschaftlichen Leben mit seinen Kosten durch Armut erschwert oder unmöglich wird und Mittellose von der Gesellschaft ausgegrenzt werden. Reich zu sein macht auf andere, aber ähnliche Weise einsam. Denn wer reich ist, beginnt fast zwangsläufig aus Gründen des Selbstschutzes, andere Menschen auszugrenzen: Je größer die Villen, desto höher sind die Zäune und Mauern, die sie umgeben.

---

55 Edgar Dahl: Macht Geld glücklich? In: Spektrum der Wissenschaften 5/2008

Wolfgang Schmidbauer schreibt hierzu sehr treffend: »An Menschen, die sehr viel Geld haben, lassen sich zwei Ängste beobachten: die Angst um ihr Geld und die Angst vor ihrem Geld. Je mehr Geld da ist, desto ängstlicher wird die Grenze zwischen Haben und Nichthaben bewacht … Es wäre unsinnig zu behaupten, dass Armut vor Neurosen schützt, im Gegenteil. Aber ein mittleres, sicheres Einkommen, dessen Erwerb, Umfang und Grenzen ein Kind einigermaßen verstehen kann, scheint für die seelische Gesundheit sehr viel günstiger als großer Reichtum. Es erfordert eine hohe seelische Stabilität der Eltern, um ihre mit ihrem Vermögen angewachsenen Ängste nicht an ihre Kinder weiterzugeben.«[56]

Hätten die Reichen keine Angst, würden sie gar nicht in die Versuchung kommen, sich abzuschotten. Sogar der Vergleich mit anderen Reichen kann überraschenderweise – selbst mit mehreren Millionen im Hintergrund – Armutsgefühle auslösen, auch wenn dies objektiv unsinnig ist.

Verarmungsängste können auch entstehen, wenn hohe Geldeingänge, an die man sich gewöhnt hat, ausfallen, sich die Lebenslage dadurch verschlechtert und die Kosten für auf relativ hohem Niveau übliche Konsumstandards plötzlich schmerzen und nicht ohne Einschnitte unterschritten werden können.

Doch in beiden Fällen gilt, dass die unkontrollierbaren, rational nicht wirklich nachvollziehbaren Ängste nur deshalb auftreten, weil hier jeweils die Ich-Identität von Menschen bedroht wird, die ihren Selbstwert allein aus ihrem Reichtum und den damit verbundenen unbegrenzten Konsummöglichkeiten beziehen.

Dass die Angst, sein Geld zu verlieren, weniger mit Geld als vielmehr mit ungelösten seelischen Konflikten zu tun hat, tritt auch in meinem Gespräch mit dem mehrfachen Millionär Erich P. klar zutage, dessen Leben trotz seines Reichtums von seinen Ängsten gesteuert wird.

*Als ich Erich P. im Interview danach frage, wie er sein Leben sieht, antwortet der alte Herr: »Mein Leben ist ein Eiertanz.« Denn es ginge ständig darum, vor seinen Freunden, die teilweise »links« sind, zu verstecken, dass er reich ist. Er lebt in einer Wohnung, in einem Haus, das »nicht repräsentativ« sei. Nicht nur das Haus, sondern auch sein Leben sähe er »in einem Zustand des ständigen Understatement«. Er trägt Kleidung, die längst nicht mehr modern ist, bestellt sich in Restaurants nur günstige Gerichte und fährt einen zehn Jahre alten Mercedes. Seine Freunde würden selbst diese Karosse verachten: Das sei ja wohl doch die schlimmste »Luxus-Spießer-Karosse«, die es gäbe. Seine Freunde seien stolz darauf, dass sie so bescheiden leben. Einer der beiden Freunde habe zwar ein Haus in der*

56 Wolfgang Schmidbauer: Das kalte Herz, S. 35

*Toskana, ließe aber, wenn er mit Erich im Auto sitzt und von ihm herumchauffiert wird, ständig Bemerkungen über seinen Mercedes fallen. Erich moniert, dass er ständig tiefstapeln muss und sich nie »ehrlich« geben kann. Sorgen, die er äußert, werden von den Freunden abgetan mit dem Hinweis: »Aber finanziell geht's dir doch super!«*

*Erich hat einige Millionen auf seinen Konten. Das Geld hat er aus Sicherheitsgründen auf zehn verschiedenen Banken liegen. Oftmals hat der alte Herr Angst, den Überblick über sein Geld zu verlieren. Auf mit der Hand beschriebenen Din A4 Blättern macht er ständig Aufstellungen über sein Vermögen. Er hat es, aus Angst vor dem Untergang des Euro, in Schweizer Franken, Dollar und norwegischen Kronen angelegt. Vor lauter Sorgen um sein Geld vergisst er zu leben und zu genießen. Das Gefühl der Unsicherheit und die Angst, sein Geld könnte plötzlich wertlos wie bedrucktes Papier werden, bringen ihn fast um den Verstand. Der Gedanke, eines Tages nichts mehr zu besitzen und damit »ungeschützt« zu sein, beschäftigt ihn Tag und Nacht und sorgt für angstvolle Tage und Albträume.*

In der ZEIT vom 06.12.2012 betont auch der schon mehrfach erwähnte Reichtums- und Vermögensforscher Thomas Druyen, dass Angst und Panik mitnichten nur bei Armen vorherrschen, sondern genauso in der Welt der Millionäre regieren: »Darüber kann man lernen: Die Angst, materiell oder beruflich Erreichtes zu verlieren, herrscht in allen Milieus und ist auch bei den Vermögenden stark ausgeprägt. Wenn jemand auf Materielles fixiert ist, kann sie sogar alles überragende Dimensionen annehmen.«[57]

Reich und beneidet zu sein, der selbsterzeugte innere Druck, immer noch reicher werden zu müssen, die ständige Angst, das, was man hat, auch verlieren zu können, sind Aspekte, die allgemein als Luxusprobleme abgetan werden, als das viel zitierte »Jammern auf hohem Niveau«. Dennoch sind auch diese »Luxusprobleme« psychisch wirksam.

Paradoxerweise gibt es viele reiche Menschen, die nicht genießen können, sich ständig mit noch reicheren vergleichen und darüber unzufrieden werden. Reichtum hat seine eigenen Regeln und seine eigene Logik: Je mehr Eigentum man hat, je höher der schon erreichte Lebensstandard ist, desto zentraler wird auch der Wunsch, es zu behalten und zu sichern. Immer häufiger drehen sich dann die Gedanken darum, wie man verhindern kann, seinen Besitz wieder zu verlieren. Die immanente Logik dieses Behalten-Wollens und Nicht-Loslassen-Könnens legt sich auf die Seele des Menschen und belastet sie.

---

57 Zitiert aus dem Artikel von Nadine Oberhuber: Arme Millionäre, ZEIT 06.12.2012

Es scheint fast, als wäre die Sorge um die Sicherung des Eigentums eine grundlegende Begleiterscheinung des Reichtums. Vermutlich ist es ein tiefsitzender Impuls, Eigentum zu erlangen und zu verteidigen, ähnlich dem von Tieren, die ihr Revier erobern und verteidigen.

Zahlreiche Strategien werden zum Minimieren von Verlustrisiken entwickelt und verfolgt: Verteilen des Geldes auf verschiedene Konten bei verschiedenen Banken und unter Umständen sogar auf verschiedene Wohnorte sowie Diversifikation, was die Anlagestrategie betrifft. Gold, Silber und Schmuck werden in Safes gebunkert.

Auch ist eine stete Beschäftigung mit dem eigenen Besitz erforderlich, um bei einer nachhaltigen Wirtschaftskrise auf der sicheren Seite zu sein. Ganze Berufszweige haben sich in den letzten Jahrzehnten darauf spezialisiert, das Geld von vermögenden Menschen »abzusichern«. Bankkaufleute, Steuerberater bzw. -vermeider, Vermögensverwalter und risikofreudige Geldspekulanten verwalten Geld, das nicht ihr eigenes ist. Für viele Reiche ist es mit hohem emotionalem Stress verbunden, diesen Menschen ihr Vertrauen zu schenken, die sie mit unübersichtlich vielen Optionen konfrontieren.

Die wachsende Sorge, seinen Besitz wieder zu verlieren, nimmt durch die andauernde Beschäftigung mit Investments, Börsenkursen, Währungen, Inflation, Aktienkursen, Steuersparmöglichkeiten, Börsenkrach und möglichem Wirtschaftswachstum jedoch nicht ab. Oft sprechen Reiche über ihr Gefühl von diffuser Ohnmacht. Diese Menschen fühlen sich oftmals ihren Bankberatern und deren unzähligen undurchsichtigen Produkten ausgeliefert.

Zu Beginn der Wirtschaftskrise 2008 saß ich mit zwei Verwaltern der größten Vermögen in Deutschland zusammen, denen die unheilvolle Paradoxie aus Angst, Panikreaktion und der zwecklosen Suche nach Sicherheit durch immer neue Anlagestrategien gleichfalls aufgefallen ist. Die allgemeine Tendenz bei den unendlich Reichen geht jetzt zu Anlagen in Grund und Boden. Deshalb ist es derzeit fast unmöglich, in Deutschland zu einem vernünftigen Preis Ackerland und Waldflächen zu bekommen. Diese Menschen haben wie Midas Gold in mehrstelliger Millionenhöhe gehortet und sind jetzt panisch auf der Suche nach einer noch größeren Sicherheit, falls unser ganzes Versorgungssystem zusammenkrachen sollte. Es ist also mehr oder weniger eine Illusion, dass jemand, der »reich ist«, selbstredend auch sorgenfrei lebt.

Ist ein Mensch diesen Angstgefühlen in Sachen Geld hilflos ausgeliefert? Nein, natürlich nicht, wie einige Beispiele zeigen.

Karl Rabeder, ein ehemaliger Millionär aus Tirol, verkaufte seine Firma, seine Häuser, Limousinen und Flugzeuge, um die Summen aus dem Verkauf zu spenden und sich zukünftig seiner Meinung nach sinnvollen und karitativen Aufgaben zu widmen. (Von ihm wird später noch einmal die Rede sein.) Sein Grund: *»Ich hab nur immer mehr Angst verspürt, je mehr ich gehabt habe: Angst, was zu verlieren und mir dann manche Dinge nicht mehr leisten zu können – die ich eh nicht brauche.«*[58] Er erlebte wie viele reiche Menschen seinen Reichtum auch als belastend.

Nicolaus Berggrün, ein quasi obdachloser Milliardär, der nur in den besten Hotels lebt und um die Welt jettet, um möglichst günstige Investitionsmöglichkeiten zu finden, behauptet in einem Interview in der Süddeutschen Zeitung, Besitztümer würden nur einengen. Man würde letztlich an seinen Taten gemessen, nicht an seinem Besitz. Freude hat er am komfortablen Reisen in seinem Privatjet und an seiner Kunstsammlung. Doch anhand der letzten Berichte zur Karstadt-Rettung wird deutlich, dass auch hier zwischen Reden und Tun einmal mehr Welten liegen.

Um nicht der Knecht oder Lehrling des Geldes zu sein, sondern sein Meister, ist es gerade als Reicher meiner Ansicht nach notwendig, seine Verlustängste und die daraus folgenden »Zwänge« zu reduzieren, indem man sich vor Augen hält, dass man Sicherheit, so weit als überhaupt möglich, bereits erreicht hat, und sich stattdessen andere Ziele zu suchen. Doch oft bedarf es erst einer persönlichen, starken Krise, um innerlich zurücktreten zu können und sein Leben anders zu gestalten. Manche Reiche müssen erst krank werden, um ihrem Leben einen neuen Sinn und Inhalt zu geben:

Brett Wilson, Investmentbanker und einer der reichsten Menschen Kanadas, verdiente mit seiner Firma »First Energy Capital« Monat für Monat Millionen. Nachdem er mit 43 Jahren die Diagnose Prostatakrebs im fortgeschrittenen Stadium erhielt, änderte er sein Leben. Auf die Frage, ob Reichtum krank machen würde, antwortete er: »Geld ist oft ein Gegensatz zu Glück und Gesundheit und zu guten menschlichen Beziehungen. Das Streben nach Reichtum kann das Leben so stressig machen, dass man sich fragt, ob es das wert ist. Der Preis für meinen Erfolg war meine Gesundheit, meine Familie, meine Ehe.«[59]

Wie viele Manager kannte Wilson nur das Geschäft: Finanzen, Finanzen und nochmals Finanzen. Heute setzt er seine Prioritäten anders: Seine Kinder, seine Gesundheit kommen zuerst, und er will mehr Muße und Freude am Leben haben. Wie so viele reiche Menschen ordnete Brett Wilson sein Privatleben dem wirtschaftlichen Erfolg unter, begann aber nach der Schock-Diagnose Krebs, sein Leben zu ändern. Ein wichtiger Teil seines neuen Lebens ist sein Engagement für Hilfsprojekte in der Dritten Welt. Er baut zum Beispiel mit seinen Kindern Häuser

58 Interview von Christine Holch, in: Chrismon 2/2010
59 Interview von Bernadette Calonego, in: SZ 18.2.11, S. 28

für Arme im Norden Mexikos. Sein Ziel ist es nun, die Fehler zu korrigieren, die er gemacht hat, und gleichzeitig zu zeigen, wie man in einer Welt, die von Geld, Macht und Leistung besessen ist, Erfolg neu definieren kann, nämlich als Engagement für philanthropische Projekte.[60]

Geldbesitz oder der innere Druck, den Anforderungen eines Erbes gerecht zu werden, können so belastend sein, dass sich manche Menschen auch entscheiden, deswegen eine Psychotherapie zu machen. Matt Galan Abend, ein Psychotherapeut, berichtet von einem Patienten, dem wohl extremsten Fall, den er im Zusammenhang Reichtum-Lebensfreude jemals in der Praxis hatte. Es war ein etwa 40 Jahre alter Mann, der über ein Vermögen von mehreren Milliarden Euro verfügte. »Geld hatte dieser Mann ohne Zweifel mehr als genug, Freude am Leben hatte er dafür – ebenfalls ohne Zweifel – leider gar nicht. Dafür machte er sich aber umso mehr Sorgen über den Erhalt des Vermögens und den Zusammenhalt der Familie, für die er sich verantwortlich fühlte und die doch so große Erwartungen in ihn setzte. Er versuchte immer, dem Bild seines verstorbenen Vaters gerecht zu werden, der dieses Vermögen einmal aufgebaut hatte, und dieses Bild erdrückte ihn nahezu.«[61]

Ein Resümee lässt sich ziehen: Auch der größte Reichtum mehrt die Sicherheitsgefühle nicht. Vielleicht kann man sich als Reicher aus diesem Dilemma nur retten, wenn man sich aus diesem goldenen Käfig, der zu einem inneren geworden ist, befreit. Denn in diesem Gefängnis dominieren Sorge und Not und nicht Sorglosigkeit und Vergnügen. Im Unterschied zu den Armen, die – wie in der Dritten Welt – meistens noch unter Bildungsmangel leiden und sich kaum aus eigenen Kräften aus ihrer Drehmühle befreien können, sollten die Reichen dieser Welt den Weg aus ihrem inneren Dilemma finden. Was bei all den Ängsten hinsichtlich des Verlustes von Besitz oft auf der Strecke bleibt, ist die Solidarität der Reichen mit jenen, die wirklich wenig haben und nur deshalb eingeschränkt sind. In Somalia verhungert gegenwärtig jede Minute ein Kind, und wir machen uns ständig Sorgen um Inflation und Geldwertverluste.

Um das ganze Problem der ungerechten Verteilung von Reichtum auf eine globale Ebene zu heben: Was nützt es uns, wenn wir selbst in Sicherheit sind und die Welt um uns herum im Elend versinkt? Wäre unsere Erde dann noch lebenswert?

## 2. Gier: ein natürliches Gefühl?

Die Welt bietet genug für die Bedürfnisse eines jeden, nicht jedoch für die Gier eines jeden, sagte Mahatma Gandhi.

60 Interview von Bernadette Calonego, in: SZ 18.2.11, S. 28

61 Vgl. dazu Matt Galan Abend: Leben heißt loslassen. Alles, was wir festhalten, hält auch uns fest.

Ist Gier wie die anderen sechs Todsünden: Hochmut, Neid, Zorn, Trägheit, Völlerei (der heutige Konsum) und Wollust eine ganz normale, den Menschen konstituierende Eigenschaft und Kraft, die uns antreibt, und der gemeinsame Nenner aller Leidenschaften? Ich denke nicht: Hat ein Mensch in seiner frühen Kindheit die Befriedigung seiner Grundbedürfnisse – Nahrung und Liebe – erfahren, wird er in seinem weiteren Leben wahrscheinlich nicht gierig sein. Ein Kind, das Liebe und Förderung erfährt und seelisch wie körperlich gut genährt wird, entwickelt Zeit seines Lebens ein gesundes Gefühl dafür, wann es »genug« hat. Natürlich entstehen auch bei Menschen, die dieses gesunde Gefühl haben, immer wieder neue Wünsche und Bedürfnisse. Aber Wünsche und Bedürfnisse sind etwas anderes als Gier.

Es ist unumstritten, dass fast jeder Mensch ständig etwas braucht und begehrt. Doch Gier ist mit dem Gefühl verbunden, nie genug zu bekommen. Gier gleicht einem Fass ohne Boden. Gier ist die Folge einer tief gefühlten, unbewussten Leere, die eigentlich durch nichts wirklich »gefüllt« werden kann. Diese innere Leere ist meistens mit einem anderen Gefühl verbunden, dem Gefühl, nichts wert und nicht wichtig zu sein.

Auch hierfür liegt der Ursprung in der Kindheit, wie wir im Kapitel über den krankhaften Egoismus und Narzissmus schon gehört haben. Wirft man einen Blick in die Geschichte der Kindheit sowie in einschlägige Studien, hört man den Therapeuten und Sozialarbeitern zu, wird man nur bestätigt in dieser Annahme: Die Welt besteht aus vielen ungeliebten Kindern, die als Erwachsene mit ihrem Defizit an Liebe und seelischer Nahrung wie Zuwendung und Anerkennung zurechtzukommen versuchen.

Warum gieren denn so viele Menschen nach Geld, Karriere, Macht und Einfluss? Weil sie vermutlich nie in ihrem Leben erlebt haben, dass sie für irgendjemanden wichtig waren und von irgendjemandem bedingungslos geliebt worden sind. Durch Reichtum, Karriere, Macht und Einfluss glauben sie, an Bedeutung für andere zu gewinnen, wichtig zu sein und ihr Leben unter Kontrolle zu haben.

Pathologisch wird die Gier, wenn sie zu einer krankhaften Abhängigkeit von der Droge »Geld« wird, ohne die das Leben sinnlos und damit unerträglich erscheint. Bei Habgier denkt man wohl am wenigsten an eine menschliche Leidenschaft. Dennoch kennt wohl jeder von uns Menschen, deren einziges Sinnen und Trachten sich darauf richtet, ihren Besitz zu mehren, und die an dem, was sie haben, gierig und süchtig festhalten.

»In der Habgier steckt eine Begierde, Gegenstände oder Menschen für sich zu erwerben und zu behalten. Der Habgierige will sich alles unter den Nagel reißen, Raum und Zeit beanspruchen, Hab und Gut, Güter und Geld, Mobilien und Immobilien; in einem Wort: Reichtum erwerben, sammeln, gewinnen.«[62]

Solche Menschen verdrängen ihre negativen Gefühle wie Angst, Trauer, Schmerz und Schuldgefühle. Sie sind unfähig, diese Gefühle, die sie an schmerzhafte Erfahrungen in ihrer frühen Kindheit erinnern würden, wahrzunehmen. Sie vermeiden den Schmerz, um sich stark fühlen zu können.

Welche Folgen dies für die Einzelnen selbst wie für unsere Gesellschaft hat, schauen wir uns nun anhand eines Films, eines Romans sowie in der Realität an.

### Ein Film

»Es geht nur um die Kohle, mein Junge. Alles andere ist unwichtig«, sagt Michael Douglas als Gordon Gekko in dem Film »Wall Street«. Der preisgekrönte Film von 1987 ist eine radikale Kritik an unserer kapitalistischen Mentalität und spitzt auf erschreckende Weise zu, wie Gier das alles beherrschende Gefühl eines Superreichen ist.

Regisseur Oliver Stone schuf mit der Figur des Finanzhais Gordon Gekko, einem radikalen Börsenspekulanten und Multimillionär, einen vermutlich weit verbreiteten Typ unserer monetären Gegenwart. Ohne einen Funken schlechten Gewissens kauft Gekko Firmen auf, zerschlägt diese und verkauft sie mit großem Gewinn weiter. Ihn treibt nur eines an: seine Gier – und dabei sind ihm die Menschen völlig egal. Denn ihn interessiert nur das schnelle Geld, dafür geht er auch über Leichen. Bud Fox, ein junger, unbedeutender und ehrgeiziger Börsenhändler schafft es, durch penetrantes »Klinkenputzen« und Anbiederung seinem Traum vom großen Geld und damit Gordon Gekko nahe zu kommen und für ihn arbeiten zu dürfen. »Keine Gefühle«, rät ihm Gekko, »wenn du einen Freund brauchst, schaff dir einen Hund an.« Bud Fox verstrickt sich aus Habgier und Geltungssucht in eine abhängige Beziehung zu Gekko und somit in sein Unglück. Er opfert dem Erfolg seine moralischen Überzeugungen, um am Ende zu erkennen, dass er ohne sie doch nicht leben will. Am Anfang des Film träumt der kleine Börsenmakler davon, »dort zu sein, wo die großen Scheine sitzen«. Am Ende muss er erkennen, dass man Gordon Gekko das Gewissen anscheinend bei der Geburt entfernt hat.

Eigentlich ist Gekko nur ein Wichtigtuer, der ständig ins Telefon schreit und extrem unsympathisch und zynisch ist. Für ihn ist »Geldmachen besser als Sex«. Er hält sich nur an die Regeln, die er selbst aufstellt. Der Film führt vor, wie durch Gier eine »Entmenschlichung« stattfindet, so man voraussetzt, dass Menschsein

62 Kutter, Peter: Liebe, Haß, Neid, Eifersucht, S. 92

auch bedeutet, ein Gewissen zu haben, vernünftig zu sein und sich nicht zum Schaden anderer absolut zu setzen, sondern durch das Einhalten von Grenzen als Teil der Gesellschaft zu verstehen.

## Ein Roman

Nicht selten zeigen Romanciers die Wirklichkeit viel schärfer, als sie sich uns darstellt. Ein Beispiel dafür ist Émile Zolas Roman »Das Geld«, erschienen im Jahr 1891. Darin wird auf meisterhafte Art und Weise beschrieben, wie die Gier nach Geld Menschen lenkt. All denen, die keine Lust mehr haben, sich mit der aktuellen Finanzkrise zu beschäftigen und nichts mehr von Commerzbank, Hypo Real Estate, Griechenland und Spanien hören und dennoch ein Paradebeispiel vor Augen geführt bekommen wollen, was Geldgier aus Menschen machen kann, ist dieses Buch sehr zu empfehlen. Zola, 1840 in Paris geboren, gilt als einer der großen französischen Romanciers und Journalisten des 19. Jahrhunderts und als Leitfigur des französischen Naturalismus. Wie schon sein Lehrer Balzac mit seinem Lebenswerk der »Comédie humaine« zeichnet auch er ein schonungsloses Bild der französischen Gesellschaft des 19. Jahrhunderts. Bereits zu seiner Zeit verfügte der Autor über genügend Anschauungsmaterial was das Thema Geldgier betraf. Zola hatte den Skandal um die Finanzierung des Panama-Kanals und den Konkurs der Banque Union Générale selbst miterlebt und stellt in diesem Werk die Intrigen und Machenschaften der damaligen Finanzwelt bloß.

Im Mittelpunkt des Geschehens steht der ehemals sehr reiche und unter einem früheren Konkurs leidende Börsenspekulant Aristide Saccard, der »das Geld um seiner selbst willen liebt, wegen der Macht, die es verleiht«. Er will nun mit allen Mitteln wieder so reich werden, wie er es einstmals war. Die anderen Hauptpersonen sind die verarmten Geschwister Hamelins, die einige Jahre im Nahen Osten zugebracht haben. Während der Bruder dort als Ingenieur lebte und nun wie Saccard davon träumt, mit Hilfe der Universalbank ganz Arabien zu erobern, Schifffahrtskonsortien zu gründen und den ganzen Orient mit einem Eisenbahnnetz zu überziehen und in Silberminen zu investieren, verkörpert seine Schwester Caroline das konservative Gewissen und die mahnende Seite der Vernunft.

Die Geschichte kumuliert in der Gründung der Banque Universelle durch Saccard und seine Mitinvestoren und der Bildung eines Konsortiums, das ein hohes Stammkapital zeichnet und ausweist, welches in der Realität aber nur zu geringen Teilen eingezahlt wird. Saccard treibt die Kurse der Bankaktien durch Bilanzierungstricks und Spekulation in die Höhe, und die Groß- und Kleinanleger verlieren im Spekulationsfieber nahezu den Verstand. Dass die Aktivitäten im

Nahen Osten per se eigentlich wertlos sind, muss kaum erwähnt werden. Saccard gründet Briefkastenfirmen in Rom und Konstantinopel und macht sich eine konservative Zeitung zu eigen, damit die Journalisten positiv über seine Aktivitäten, sprich Luftschlösser und Volten, berichten. Das wiederum steigert den Wert der Aktien und die Gier der Anleger. Geld ist für Saccard viel faszinierender als die Liebe. Frauen interessieren den Pariser Spekulanten nur als Vorzeigeobjekte, je verwöhnter und teurer gekleidet, umso besser.

»Er liebt das Geld nicht wie ein Geizhals, der einen großen Haufen davon haben und in seinem Keller verstecken will … sondern … weil er sehen möchte, wie es ihm in Strömen zufließt, und wegen all der Genüsse, die es ihm verschafft: Luxus, Vergnügen, Macht …« Zola schreibt weiter: »… er würde uns alle verkaufen, Sie, mich, sonst wen, wenn wir einen Marktwert hätten. Und er täte das ganz unbekümmert, der große Mann, der ja wahrhaftig der Dichter der Millionen ist: So verrückt macht ihn das Geld und lässt ihn zum Schurken werden, zum Schurken großen Stils …« Und weiter heißt es: »Ach, das Geld, dieses fäulniserregende, vergiftende Geld, das die Seelen ausdörrte und sie der Güte, der Zärtlichkeit und der Nächstenliebe beraubte! Das Geld alleine war der große Schuldige, der Kuppler aller Grausamkeit und Gemeinheit unter den Menschen …« Sein Sohn charakterisiert ihn als »unverbesserlich, weil er kein moralisches Empfinden hat«; seine Geliebte beschreibt ihn wie folgt: »Nun sah sie Saccard so, wie er war, sah diese verwüstete, in ihrer Zersetzung so dunkle, fragwürdige Seele eines Geldmannes. Es gab für ihn in der Tat keine Bindungen oder Schranken, er folgte seinen Begierden.«

Hervorragend ins Bild gesetzt, kann man als Leser recht bald erahnen, dass die künstlich erzeugte Hausse, die auf Spekulationen beruht, keinen Bestand haben wird und es nichts weiter als eine große Illusion ist zu glauben, dass Reichtum aus dem Nichts entstehen und ohne jegliche Anstrengung erworben werden kann. Die Verlierer sind letztlich die Spekulanten und bürgerlichen Kleinanleger, die, bar aller Vernunft und selbst blind vor Geldgier, ihr hart erarbeitetes Geld der Idee eines märchenhaften Reichtums hinterher werfen und dadurch alles verlieren.

Die Regisseure der künstlichen Hausse landen am Ende im Gefängnis und versinken im Strudel des Untergangs der Banque Universelle oder setzen ihr spekulatives Tun – wie Saccard – an einem neuen Ort in Holland fort, um Sümpfe trockenzulegen, dadurch Land zu gewinnen und eine neue Spekulationswelle auszulösen.

Zolas Roman zeigt uns all die Gefühle und Einstellungen, wie sie auch heute noch unverändert zum Entstehen einer Finanzkrise führen. An vorderster Stelle steht die unstillbare Gier nach immer mehr Reichtum und Gewinn. Und wir sehen gleichfalls: Je größer die Summen sind, um die es dabei geht, desto mehr werden Kontrollmechanismen durch die schiere Geldmenge außer Kraft gesetzt. Besser als Zola kann man kaum beschreiben, dass die ganze scheinbar gültige Logik an den Börsen in ihrer Unlogik liegt.

### Ein Faktum

Ein reales und unübersehbares Beispiel für die Gier, die kapitalistische Sucht nach »immer mehr«, sind die riesigen spanischen Feriensiedlungen, die an fast der gesamten Mittelmeerküste die Natur zerstören und die Umwelt verschandeln. Gleich potemkinschen Dörfern sind sie fast das ganze Jahr unbewohnt.

Ein Naturschützer zeigt, was geschehen ist. Das sind die Tatsachen: Er steht an einem der letzten Flecken an der Mittelmeerküste Spaniens, der noch nicht gänzlich zugebaut ist, und weist mit der Hand auf einen weiteren Hotelneubau, der sich mitten in einem Naturschutzgebiet befindet und wie ein riesiger hohler Zahn den Berg an der Küste hinaufzieht. Er klagt, dass diejenigen, die Geld haben, immer gieriger werden. In Spanien spricht man schon von einem »Zement Tsunami«, der sich an den Küsten ergießt. In allen Formen und Farben stehen dort kitschige Neubaudörfer im Mittelmeerstil. Drei Millionen Wohnungen stehen leer. 800 Golfplätze wurden angelegt, die so viel Wasser verbrauchen wie 16 Millionen Menschen. Der Naturschützer erzählt, dass die spanische Nationalbank ihre Geld- und Goldreserven verkaufen musste und dass er nicht länger einsieht, dass das Geld der kleinen Leute dafür hergenommen wird, die großen geldgierigen Zocker abzusichern.

Und das ist nur ein Beispiel von vielen. Was der spanische Naturschützer zeigt und berichtet, geschieht in allen Ländern dieser Welt und kommt einem weltumspannenden Programm der Zerstörung unseres Planeten zur Profitoptimierung der Global Player gleich.

Die Welt des Luxus stellen sich materiell eingestellte Menschen als Schlaraffenland vor. Aber wer immer alles hat, kann sich kaum auf etwas freuen, wird genussunfähig – und so verurteilt dauerhafter Luxus oftmals auch zum Überdruss. Denn von allem zu viel zu haben heißt: alles gering zu schätzen. Statt paradiesischer Freuden bestimmen Lethargie und Gier die Tage.

Das Selbstwertgefühl geldgieriger Menschen scheint von dem Besitz, den sie angesammelt haben, abzuhängen. In einer pathologisch übersteigerten Form sind diese Menschen fähig, wenn sie wirtschaftlich große Niederlagen erleiden, sich deswegen umzubringen. Sie schätzen sich selbst nicht, ihr Selbstwertgefühl hängt von der Höhe ihres Besitzes ab. Nach einem Verlust des Besitzes ist anscheinend nichts mehr da, was für sie von Wert ist. Wahrscheinlich steht ihr Vermögen für die Sicherheit und Geborgenheit, die sie als Kind nicht erfahren haben.

»Jemand, der leidenschaftlich nach Geld jagt, Juwelen, Münzen oder antike Schätze sammelt und mehr als angemessene Befriedigung im Erwerben, Sammeln, Haben, Besitzen und Behalten hat, der lebt auf Kosten anderer Gefühle.«[63]

Der Psychoanalytiker Carl Gustav Jung, ein Zeitgenosse Sigmund Freuds, vertrat die Auffassung, dass in unserem Leben das als auferlegtes Schicksal erscheint, was wir uns in seinen Entstehungsbedingungen nicht ins Bewusstsein rufen können. Diese durch innerpsychische Abwehr abgetrennten Inhalte und Energien müssen wir in unser Bewusstsein integrieren, um uns ganz und vollständig zu fühlen. Das bedeutet, dass wir uns als Menschen mit den schmerzlichen Inhalten, die uns gierig werden lassen, auseinandersetzen sollten: den seelischen Schmerzen und den Gefühlen der Einsamkeit und des Alleingelassenseins.

Ein Geldfreak lebt seine Leidenschaften aber nicht nur auf Kosten anderer Gefühle, sondern auch zu Lasten möglicher Beziehungen zu Menschen, die ihm nahestehen, denn geglückte Beziehungen beinhalten immer ein Geben und Nehmen und sind gerade dadurch gekennzeichnet, dass man nicht eine Idealperson haben oder formen will, sondern den anderen so akzeptiert, wie er ist.

## 3. Geiz und Reichtum: Verschwistert oder verschwägert?

Der Begriff »Geiz« bezeichnet eine zwanghafte Sparsamkeit, die mit dem Unwillen gepaart ist, zu teilen, zu schenken und zu geben. Geiz ist auf die Erhaltung des Besitzes und dessen Vermehrung bedacht.

In der Bibel gehören Geiz und Habsucht, dort als »avaritia« bezeichnet, zu den sieben Hauptsünden. Der geizige Mensch vermeidet, unabhängig von seiner wirtschaftlichen Lage, die Herausgabe von Gütern und Geld. Auch zu Lasten des eigenen Lebensstandards wählen Geizige für sich selbst oft einen ärmlichen Lebensstil. Sie gönnen nicht nur anderen, sondern auch sich selbst nichts. Schauen wir uns einige Lebensgeschichten an:

*Ingvar Kamprad, Jahrgang 1926, IKEA-Gründer, ist stolz auf sein Image als Geizkragen. »Ich bin knauserig, und ich bin stolz auf den Ruf«, sagte der Multi-Milliardär. So plane er derzeit keine weiteren Spenden, nachdem er eine Kunsthochschule in Lausanne mit 500.000 Schweizer Franken (323.000 Euro) unterstützt hat. Kamprad*

63 Peter Kutter, S. 93

*ist für seine Sparsamkeit bekannt: Er fährt einen 17 Jahre alten Volvo und kauft nach eigenen Angaben gerne Sonderangebote. 1943 legte der Schwede mit der Gründung der Firma IKEA den Grundstein für seinen Reichtum. Heute ist er laut Forbes-Liste mit einem geschätzten Vermögen von 28 Milliarden Dollar (23,5 Milliarden Euro) der viertreichste Mann der Welt.*

Wie man mit sich selbst großzügig, jedoch mit anderen geizig sein kann, wird im folgenden Fall deutlich:

*Elvira M. ist mit einem Händler verheiratet, der Maschinen und Nutzfahrzeuge in den Nahen Osten verkauft und es mittlerweile zu ansehnlichem Reichtum gebracht hat. Das Ehepaar besitzt ein großes Haus mit Schwimmbad, einen Fuhrpark, sie sammelt Schmuck und ihr Mann teure Uhren.*

*Elvira, inzwischen Mitte sechzig, litt jahrelang unter ihrer Kinderlosigkeit, vor allem deswegen, weil sie selbst aus einer sehr kinderreichen bayerischen Familie stammt. Ein Trost sollten ihr ihre vier Nichten sein. Die Nichten, inzwischen erwachsene Frauen, besuchten als junge Mädchen die Tante in der verlockenden Großstadt. Mittlerweile meiden sie aber den Kontakt zu ihr, denn: Je wohlhabender das Ehepaar wurde, desto mehr drehten sich alle Gedanken nur noch um ihre Reichtümer und das Shoppen. Die Tante pflegte ihre Nichten bei ihren Shoppingtouren mitzunehmen und in der bekanntesten Einkaufsstraße Münchens, der Maximilianstraße, für mehrere tausend Euro einzukaufen. Die Mädchen durften ihr dann die Tüten tragen und sich zum Dank ein Parfüm oder ein paar Strümpfe aussuchen.*

*Seit die Schwestern erwachsen sind, weigern sie sich natürlich, mit der Tante einzukaufen, weil sie es »beschämend empfanden, als armer Schlucker dazustehen« . Wenn die inzwischen erwachsenen Nichten auf Besuch kommen, werden, wenn der Alkoholpegel etwas gestiegen ist, die Schmucksammlung der Tante und die Uhrensammlung des Onkels hervorgeholt und den armen Verwandten quasi als Dessert serviert. Die Preziosen werden den mit großen Augen dasitzenden Verwandten präsentiert, aber niemals verschenkt. Die größte Freude macht dem Autohändler-Ehepaar ihr Engagement für den Tierschutz. Tiere gehen ihnen über alles. Für die Hunde wird teuerstes Fleisch beim Feinkosthändler eingekauft.*

*Die Tante ist der Meinung, dass derjenige, der Geld hat, auch das Sagen hat und dementsprechend sein Geld ausgibt, wie er will. Die Verwandten haben ihre Bemühungen um die Gunst der Tante schon lange eingestellt, da das Erbe laut Auskunft des reichen Paares ohnehin an den Tierschutz fallen wird. Die Tante meint einen guten Grund dafür zu haben. Sie ist der Ansicht, dass die Menschen ja alle so schlecht sind und nur das Eine wollen: ihr Geld.*

Ein weiteres Stereotyp eines Geizigen stellt ein reicher Mensch dar, der dadurch »Geld einspart«, dass er andere ausnutzt und für seine Zwecke einspannt:

*Hans K. ist ein Multimillionär, der mit ererbtem Besitz den Grundstein zu seinem Vermögen gesetzt hat und dieses sehr effektiv durch zahlreiche Beteiligungen vermehren konnte. Obwohl sehr viel Geld vorhanden war und die Familie sich auch den Luxus einer eigenen Yacht gönnt, war und blieb K. ein extrem sparsamer Mensch.*

*In seinem Ferienanwesen auf Mallorca wurde ein Gärtner angewiesen, einen großen Teil des Gartens umzustechen und zu einem Gemüsegarten umzufunktionieren. Da der geizige Herr K. vor allem gerne am Hauspersonal sparte, erwartete er von seiner Frau Charlotte, dass sie, nun zuständig für den Garten und sein leibliches Wohl, anfangen würde, diverse Gemüsesorten anzubauen. Sein Ziel war es, jedenfalls was die Versorgung mit Gemüse anbelangt, absolut autark zu sein. Das bedeutete für seine Frau, inzwischen auch nicht mehr die Jüngste, auf ihren Knien Zucchini, Tomaten, Zwiebeln und Knoblauch anzubauen und zu ernten. Und was nicht unmittelbar verbraucht werden konnte, sollte Charlotte einwecken! Verständlich, dass die Gattin des Millionärs nicht gerade glücklich über die Idee ihres Mannes war. Aber da er ein ausgemachter Patriarch war und keinen Widerspruch duldete, fügte sie sich seinen Wünschen. Sie flog seitdem hauptsächlich zu ihrem Ferienhaus auf Mallorca, um dort mindestens den halben Tag in ihrem Garten Unkraut zu zupfen und um Schwerarbeit, wie das Umgraben des 1.000 Quadratmeter großen Gemüsegartens, zu erledigen. Bei Festen und kleinen Empfängen wurden dann stolz die eigenen eingelegten Oliven angeboten. »Und schon wieder haben wir Geld gespart«, pflegte der stolze Ehemann dann zu seiner erschöpften Frau zu sagen.*

Hier führt der Geiz im Sinne einer neurotischen Sparsamkeit dazu, einem anderen Menschen Handlungen aufzuerlegen, die weder nötig sind noch dessen Wunsch entsprechen. Dass dazu natürlich immer zwei gehören, versteht sich von selbst. Nichtsdestotrotz mutet Hans K. seiner Frau, die er angeblich liebt, durch seinen Geiz sehr viel zu.

Geiz kann sich in einer Beziehung aber auch dadurch ausdrücken, dass der eine dem anderen lange nicht so viel wert ist wie sein kostbarer Besitz:

*Johanna G,. 65 Jahre alt, verliebte sich vor drei Jahren in einen Witwer. Er war der Ehemann einer ihrer Freundinnen gewesen. Nach dem Tod seiner Frau wohnte er alleine in einem Schloss in der Nähe von Salzburg. Erst einige Zeit, nachdem sie mit Erich eine Beziehung eingegangen war (ungefähr zwei Jahre nach dem Tod ihrer Freundin), stellte sich heraus, dass Erich sie und die Verstorbene nach völlig unterschiedlichen Maßstäben behandelte.*

*Johanna hatte als ehemalige Lehrerin zwar eine beachtliche Pension, die aber bei weitem nicht ausreichte, um mit Erichs teurem Lebensstil mitzuhalten. Nachdem Erich grundsätzlich auf getrennten Konten und getrenntem Bezahlen bei Restaurantbesuchen bestand, begann er auch noch, Buch über die gemeinsamen Wocheneinkäufe zu führen. Am Ende jedes Monats präsentierte er Johanna eine akribische Abrechnung hinsichtlich der Lebensmitteleinkäufe. Nachdem er mit seinem Taschenrechner wieder einmal vor dem brennenden Kamin saß und eine viel zu hohe Beteiligung an den Heizkosten des Schlosses für die Tage verlangte, an denen Johanna ihn besuchte, trennte sie sich von ihm. Sie war tief gekränkt, ja geradezu angewidert von seinem Verhalten, wie sie mir erzählte.*

In dieser Beziehung war es offensichtlich mit der Liebe nicht weit her. Erichs Geiz war einer der Gründe für seine sehr eingeschränkte Gefühlsbeziehung Johanna gegenüber. Durch seine kleinkarierte Aufrechnung machte er ihr indirekt klar, wie wenig sie ihm »wert« war.

Um Geiz und nicht um »Korrektheit« handelt es sich auch, wenn man es mit dem Geld immer »allzu genau nimmt«:

*Gerlinde H. fuhr mit einem befreundeten Ehepaar, das sie aus ihrer gemeinsamen Wohnanlage in Mallorca seit vielen Jahren kannte, mit dem Wagen zu einem Flamenco-Festival. Natürlich teilte man sich die Benzinkosten. Gerlinde, seit einem Jahr Witwe, war froh mitgenommen zu werden und in Gesellschaft ihrer Freunde zu sein. Nach einem erfüllten Abend wieder zuhause in ihrem Feriendomizil, klingelte es noch einmal an ihrer Türe. Der Ehemann ihrer Freundin drückte ihr einen verschlossenen Umschlag in die Hand, um sich sogleich wieder zu verabschieden. Sie öffnete ihn und fand eine Rechnung über neun Euro – ihren Anteil an der bezahlten Autobahngebühr. »Korrekt ist eben korrekt« – war ein Satz, den ihr Bekannter oft bei Gesprächen von sich gab.*

Hinter dieser Haltung verbirgt sich eine zwanghafte Vorstellung von Geben und Nehmen. Jeder Cent, den jemand in einer Beziehung seiner Einschätzung nach »zu viel« bezahlt, scheint diese aus dem Gleichgewicht zu bringen.

Man gönnt sich ja selbst nichts: Geiz ist auch ein Gefühl, mit dem man sich selbst begrenzt, weil man sich zu äußerster Sparsamkeit und Kargheit zwingt:

*Eine verwitwete Frau bewirtschaftet, obwohl sie schon fast achtzig Jahre alt ist, mit ihrer alleinstehenden Tochter einen stattlichen Bauernhof. Der Bäuerin gehören riesige Grundstücke, Bauland und Bauerwartungsland, die viele Millionen wert sind. Als sie einmal gefragt wird, warum sie sich keine Hilfe ins Haus holt oder eines ihrer Grundstücke verkauft, meint sie, dass sie keinesfalls Steuern zahlen wolle, die ja fällig wären, wenn sie ein Grundstück verkaufen würde. Sie verrichtet Tag für Tag ihre Arbeit, melkt jeden Morgen um fünf die Kühe, die in einem verrotteten Stall stehen und nie die Sonne sehen. Krumm gearbeitet in den vielen Jahren, fährt sie mit ihren zerschlissenen Kleidern und den kaputten Gummistiefel auf dem Traktor, um das Heu für das Vieh nachhause zu bringen.*

Obwohl keinerlei finanzielle Notwendigkeit besteht, lebt die Bäuerin aus Geiz ein Leben der Selbstbeschneidung. Sie gönnt sich keine Lebensfreude, keine Erleichterung. Wahrscheinlich ist ihr seit frühester Kindheit eingebläut worden: Arbeite und spare. Alles andere zählt nicht.

## 4. Neid

Neid, lat. invidia, gilt seit alters als eine der sieben Hauptsünden, und im schneidenden Klang des Wortes Neid schwingt schon ein Hauch von alttestamentarischer Bedrohlichkeit mit, denn er ist eine hinterhältige Macht, die beispielsweise in der biblischen Erzählung von Kain und Abel ein Mordmotiv liefert. Auch im Islam gilt der Neid als eine schlechte Eigenschaft, die zu besiegen ist, da sie zu Unheil und sogar dem Tod führen kann. Es gibt Bittgebete und Schutzverse, um sich mit Gottes Hilfe vor einem Neider zu schützen.

Neid ist eine gesellschaftlich verpönte, aber dennoch weit verbreitete Emotion, die anderen Menschen nahezu jeden Vorteil oder jede Besserstellung verübelt. Es ist ein Gefühl, in dem sich das heftige Verlangen nach etwas »Besserem« mit der Wut und dem seelischem Schmerz über die eigene Minderwertigkeit mischt und zu einem ständigen Sich-Vergleichen mit anderen führt.

Viele Menschen neigen dazu, vor allem danach zu schauen, wie es ihren nächsten Familienmitgliedern, Freunden, Verwandten und Arbeitskollegen geht: besser oder schlechter als mir? Das ist die entscheidende Frage. Dem Vergleichen sind dabei keine inhaltlichen Grenzen gesetzt. Es kann um Besitz, Status oder Privilegien gehen, aber auch darum, dass der andere für vermeintlich klüger, schöner, gesünder, jünger, begehrter gehalten wird. Jemand wird beneidet, weil er mehr hat, mehr kann, weiß oder darf, weil er schönere, klügere Kinder hat oder einen attraktiveren Partner.

Neidvoll nehmen wir an, dass der andere aus diesen Vorteilen mehr Lebensfreude und und Befriedigung zieht, die uns selbst verwehrt bleiben. All diese

Annahmen müssen nicht unbedingt zutreffend sein. Wer neidisch ist, schätzt sich meist selbst als geringwertiger ein als den Beneideten.

Der Frankfurter Sozialpsychologe Rolf Haubl zählt zu den führenden deutschen Experten auf dem Terrain des Neides. Er beschäftigt sich seit Jahren mit diesem verpönten Gefühl. Seinen Vorstellungen zufolge werden Menschen vor allem dann neidisch, wenn sie ihre eigenen Stärken und Schwächen falsch einschätzen und zugleich als Kinder von ihren Eltern entwertet wurden.[64] Haubl unterscheidet zwischen einem negativ feindseligen, letztlich sich selbst schädigenden Neid und einem positiv ehrgeizigen, sich selbst als Person stimulierenden Neid, der auf Veränderungen hindrängt.[65] (Auf die positiven Aspektes des Neides werde ich später noch eingehen.)

Da Neid als ein hässliches Gefühl geächtet ist, gestehen sich viele Menschen ihn nur sehr schwer oder gar nicht ein. Man versteckt ihn lieber vor sich selbst und den anderen. Selten trifft man auf Menschen, die offen zugeben, neidisch zu sein – gilt Neid doch als Stigma der Zukurzgekommenen und ein Vergleich, der für die eigene Psyche eher schlecht ausfällt, kann einen davon Betroffenen durchaus depressiv verstimmen.

In der Regel wird der Neider seine giftigen Blicke vor allem in seiner nächsten Umgebung und auf der gesellschaftlichen Ebene schweifen lassen, auf der er sich selbst befindet. Das neue Auto des Nachbarn, der berufliche Erfolg oder die Bevorzugung eines Kollegen werden in der Regel mehr Neid erregen als die Villa eines fernen, reichen Filmstars.

Ein wenig schöner Beweis für den verhohlenen Neid (oder wird hier einfach empört auf einen sozialen Missstand hingewiesen?): Jahr für Jahr erreichen die Finanzbehörden Tausende von Hinweisen von Nachbarn, die mutmaßliche Steuerhinterzieher anschwärzen möchten, weil sie angeblich über ihre Verhältnisse leben und dies beispielsweise durch ein neues Auto demonstrieren. Da es für derartige Anzeigen keine Belohnung gibt, liegt der Verdacht auf der Hand, dass hier pure Missgunst im Spiel ist.

Neider agieren vielfach anonym, missgönnen, verleumden und denunzieren aus dem Verborgenen heraus. Die zerstörerischste Form des Neides ist die Missgunst. Der Missgünstige bedient sich meist der Methode der Entwertung dessen, was andere geleistet haben. Sein Ziel ist dabei, Großes kleinzumachen und kleinzureden. Was nichts anderes ist verschleierte Aggression. Denn es gibt so gut wie immer »Sachargumente«, um etwas schlechter zu sehen und zu bewerten als ein anderer – und damit »recht zu haben«.

64 Rolf Haubl, Geo 7/2003

65 Rolf Haubl, ebd.

## Neid im Laufe der Geschichte

In früheren Zeiten gab es wahrscheinlich viel weniger neidische Menschen als heute.

Das hat unter anderem damit zu tun, dass die ehemals stark strukturierte und hierarchisierte Gesellschaft vergangener Jahrhunderte mit ihren Regeln und Normen zerfällt. Früher wurde vielen Menschen vorbestimmt, was sie zu tun und zu lassen hatten: durch die Eltern, die Tradition, die Schicht, in der sie groß wurden usw.

Hat jemand seinen Platz in der Hierarchie einer Gemeinschaft und akzeptiert diesen Platz, wird er weitaus weniger neidisch sein als jemand, der durch eigene Anstrengung seinen Weg nach oben finden kann. Früher führten hauptsächlich ererbte Vermögen, Erbhöfe, Ländereien zu Reichtum. Dies wurde von den Armen als gottgegeben hingenommen, sieht man von den in der Geschichte wiederkehrenden Revolten ab. Je mehr unser kapitalistisches Wirtschaftssystem jedoch den Anspruch an jeden Einzelnen von uns richtet, weiter nach oben zu kommen, Karriere zu machen und der Beste zu sein, umso mehr ist dem Neid Tor und Tür geöffnet. Es ist eine Variante des Traums vom Tellerwäscher, der zum Millionär aufsteigt: Man kann heute mit einer guten, innovativen oder einfach nur schlauen Idee Reichtum schaffen, wie die Unternehmer, die Namen und Adressen ihrer Internetseiten für viele Millionen verkaufen.

Joyce Appleby beschreibt in ihrem sehr lesenswerten Buch über die Geschichte des Kapitalismus einen ähnlichen Zusammenhang: »Der Kapitalismus hat, wie die Geschichte seit dem 16. Jahrhundert zeigt, zu anhaltenden Spannungen geführt. Zuvor war extremer Reichtum inmitten einer Gesellschaft der Knappheit zumeist toleriert worden, doch angesichts der mächtigen Kapazitäten des Kapitalismus zur Schaffung von Wohlstand stachen Ungleichheiten der Verteilung wirtschaftlicher und politischer Macht umso stärker hervor, bildeten sie einen umso wichtigeren Anlass zur Kritik.«[66]

Eine Folge davon ist ein Phänomen, das die zwischenmenschlichen Beziehungen beeinflusst: »Die Menschen versuchen ständig, ihr Einkommen auf dem Niveau ihrer Freunde, Bekannten, Nachbarn und Kollegen zu halten. Und wenn diese Karriere machen und mehr verdienen, dann muss man selbst aufpassen und sich anstrengen, um seinen sozialen Status nicht zu verlieren. Eine umfangreiche Studie mit Daten aus den USA zeigt dies deutlich. Je höher das Einkommen der Menschen (der Nachbarn im weitesten Sinn), umso unglücklicher fühlen sich

66 Joyce Appleby, S. 39

dort die Menschen mit geringerem Einkommen, denn das macht sie relativ ärmer. Besonders extreme Formen hat dieser Statuswettbewerb um ein hohes Einkommen unter Topmanagern von Großbetrieben angenommen. Hier ist das Einkommen zum reinen Statussymbol geworden, wo es nur noch darum geht, mehr als andere Topmanager zu verdienen.«[67] Ein Beispiel aus der Realität zeigt die Folgen dieser Art von Sozialneid:

*C. und P., zwei Schwestern, beide Anfang vierzig, leben in einer kleineren idyllischen Stadt in Süddeutschland. Mit nur einem Jahr Altersunterschied waren sie immer ein Herz und eine Seele. Sie teilten sich als Kinder ein Zimmer und unterhielten sich als Teenager nächtelang über ihre Träume und Hoffnungen. Beide sind Akademikerinnen, die eine Chemikerin, die andere Juristin, jeweils mit hervorragenden Abschlüssen. Sie gehörten beide zu den Besten ihres Jahrganges. C., die ein Jahr älter ist, heiratet noch während des Studiums einen jungen Mann aus reichem Haus, der vier Geschwister hat und dessen Eltern große Autohäuser besitzen.*

*Ab diesem Moment wird das Verhältnis zwischen den bis dato unzertrennlichen Schwestern schwierig. Die jüngere, bis dahin Single, wirft sich dem erstbesten Mann, der ihr begegnet, an den Hals, einem mageren Juristen. Ab jetzt wird unentwegt »nachgerüstet«: Da der Mann der älteren Schwester ein Segelboot besitzt, kauft der Ehemann der jüngeren ein Motorboot. Die erste bekommt in Folge zwei Söhne, die zweite legt mit einem Sohn nach. Mittlerweile gehen die drei Kinder der älteren Schwester alle auf ein humanistisches Gymnasium, der Sohn der jüngeren Schwester muss aus Prestigegründen auch diese Schule besuchen, obwohl dies gar nicht seinen Begabungen entspricht. Er wird deshalb mit Nachhilfelehrern durch die Schule gepaukt.*

*Natürlich sind nicht nur die Kinder der beiden Schwestern ein ewiger Quell des Neides und der Eifersucht. Die Häuser werden verglichen, die Kleider und das Aussehen ebenso. Wenn die ältere Schwester auf Familienfesten ein neues Kleid trägt, platzt die jüngere vor Neid und legt mit einem neuen Outfit und schwerem Goldschmuck um den Hals nach.*

*Es sollte noch erwähnt werden, dass sich die Schwestern noch nie direkt über ihre Beziehungsprobleme unterhalten haben. Alles wird nur über ihre Mutter und deren älteren Bruder, der mir diese Geschichte erzählte, kommuniziert. So kann Neid dazu führen, dass eine langjährige Geschwisterliebe zerstört wird. Mittlerweile besteht zwischen den Schwestern keinerlei Kontakt mehr.*

---

67 Mathias Binswanger, S. 55

Sozialpsychologische Untersuchungen an verschiedenen Universitäten haben die These erhärtet, dass uns ein Vergleich mit anderen umso mehr trifft, je ähnlicher uns der Vergleichspartner und seine Ausgangslage sind.

Des Neiders Wunsch, genauso viel oder mehr zu besitzen als der Beneidete, richtet sich in der Regel nicht darauf, ebenso viel und produktiv zu arbeiten oder ebenso viel Verantwortung zu übernehmen, wie dieser, sondern nur ebenso viel zu besitzen oder zur Schau stellen zu können.

Herkömmliche Sozialstrukturen bröckeln und machen einer zunehmenden Orientierungslosigkeit Platz, in der sich Menschen nicht mehr in tradierte Wertordnungen eingliedern können. Je mehr Menschen ihre Biografien selbst konstruieren können und müssen und ihren Glücksanspruch zunehmend aus Vergleichen mit anderen Personen ableiten, desto größer wird das Neidpotential.

Als ich begann, dieses Kapitel zu schreiben, ging mir durch den Kopf, wie paradox es doch ist, dass die ganze Welt vom Reichtum träumt, Reichsein also von den meisten Menschen durchaus positiv gesehen wird, die Reichen andererseits aber unter dem Generalverdacht stehen, ihren Reichtum zu leicht und damit unredlich erworben zu haben.

Anhand der zahlreichen Interviews konnte ich mich nicht des Eindrucks erwehren, dass manche Reiche den Neid zwischen ihren Verwandten und im Besonderen ihren Geschwistern ganz gerne auch erzeugen. So spielte eine reiche Geschäftsfrau ihre verschiedenen Verwandten gegeneinander aus, indem sie beispielsweise einer Schwester erzählte, welch teures Präsent sie der anderen Schwester gemacht hätte. Diese wiederum war frustriert, dass sie noch nie ein so teures Geschenk bekommen hat, und ist traurig über die von ihr so erlebte Ungerechtigkeit.

Ein gewiss negativer Aspekt des Reichtums sind wie schon erwähnt der Neid und die Missgunst der Mitmenschen, ganz gleich, ob diese bewusst erzeugt, mit Verdächtigungen verbunden sind oder verborgen werden.

In Jonathan Franzens Buch »Die Korrekturen« trifft Melissa, eine College-Studentin, folgende Aussage: »Alle wissen, dass Kapital ein schmutziges Wort ist. Und wenn jemand Spaß hat und reich wird: Widerlich! Scheußlich! Und immer ist das gleich der Tod von irgendwas. Und Leute, die glauben, sie sind frei, sind gar nicht wirklich frei. Und Leute, die glauben, sie seien glücklich, sind gar nicht wirklich glücklich.«[68]

Franzen greift einen Aspekt auf, den wir auch in Deutschland ständig vor Augen geführt bekommen. Zu dem Negativ-Image der Reichen tragen meines

68 Jonathan Franzen: Die Korrekturen, S. 546

Erachtens auch stark die Journalisten bei, die bewusst unterschiedslos gegen die Reichen anschreiben. Glauben manche Journalisten eine Revolution herbeirufen zu müssen, indem sie den vielbeschworenen Sozialneid künstlich aufputschen? Glauben sie wirklich, was der französische Schriftsteller Balzac im 18. Jahrhundert als Bonmot geprägt hat: »Hinter jedem großen Vermögen steht ein Verbrechen«?

»Die Vergegenwärtigung des Balzac'schen Satzes hilft den Begehrenden, den Abstand zu den Uneinholbaren zu kompensieren und sich selber moralisch aufzuwerten. Das Gefühl, die dem extremen Reichtum unterstellte unlautere Energie selber nicht zu besitzen, schmeichelt jenen, die der Versuchung gar nicht ausgesetzt sind.«[69]

Wo immer man hinhört, bei Spitzenverdienern und Erfolgreichen, bei Managern und Unternehmern, sie klagen alle über Neid, der ihnen auf Schritt und Tritt begegnet, was von interessierten Medien zusätzlich angeheizt wird. Manchmal könnte man meinen, dass der Gedanke des Anarchisten Pierre Proudhon, wonach »Eigentum Diebstahl« sei, immer noch verbreitet ist, möglicherweise wieder um sich greift. Doch ganz so einfach ist es nicht. Wie immer gibt es nicht nur Schwarz und Weiß.

Natürlich hat nicht jeder Reiche sein Vermögen zu leicht oder gar auf illegalem, unmoralischem Weg verdient, sondern die meisten durch harte Arbeit. Allerdings sind nicht erst seit der letzten Finanzkrise einfach zu viele Bestechungs-, Korruptions- und Lobbyismus-Skandale ruchbar geworden, die bei einer Menge reicher Firmenbesitzer und Manager eine weitverbreitete Selbstbereicherungsmentalität auf Kosten der Allgemeinheit sichtbar gemacht haben. Wie wir gesehen haben, sogar bis hin zur Zerstörung unserer Lebensgrundlagen.

Gerade in Deutschland kann man eine Sozialethik verorten, die bewirkt, dass oft sehr undifferenziert geurteilt wird. Weshalb viele, die reich und erfolgreich sind, eher dazu neigen, ihren Reichtum zu verstecken und sich zurückzuziehen, um dem Neid, dem sie allenthalben begegnen, keine Nahrung zu geben.

Als das Münchner Wirtschaftsmagazin »Forbes« ein Tabu brach und ein Ranking über die reichsten Deutschen veröffentlichte, hagelte es deshalb von Seiten der Spitzenverdiener Beschwerden. Nicht ohne Grund: Denn Reichtum nach außen zu tragen und bekannt zu machen, birgt immer auch eine gewisse Gefahr in sich.

Aus verschiedenen Gründen verbietet es sich von selbst, seinen Reichtum demonstrativ zu zeigen. Darum leben die wirklich Reichen meist sehr diskret, ihre Gesichter kennt man kaum aus den Medien. So haben zum Beispiel die Gründer von Aldi, die Brüder Albrecht, die Öffentlichkeit immer gemieden, es gibt kaum Fotos

---

69 Thomas Druyen: Die Goldkinder. Die Welt des Vermögens, S. 26

von ihnen. Es ist eine Tatsache, dass sich die wirklich Reichen gerne hermetisch gegen ihre Umgebung abschotten, um ihre Intimität und Privatheit zu schützen, es sei denn, sie haben sich für ein Leben im lautstarken Jetset entschieden.

Da diese abgeschotteten Territorien kaum einsehbar sind, kommt es natürlich zu Phantasien, Idealisierungen und Misstrauen. Die Ambivalenz zwischen der Verherrlichung von Reichtum einerseits und der eher verdammenden Beurteilung der Reichen andererseits scheint unvermeidbar zu sein.

In Deutschland ist die Idee der sozialen Gerechtigkeit und Gleichheit stark ausgeprägt. Wer im Leben wenig erfolgreich ist, wird nicht selten seine familiäre Herkunft anführen oder die Gesellschaft dafür schuldig sprechen. Auf der anderen Seite sollen diejenigen, die deutlich mehr oder viel verdienen, auch viel abgeben. Bei uns wird es als Resultat der Gesellschaft und ihrer sozialen Strukturen angesehen, wenn jemand viel verdient, und nicht als persönlicher Lohn für die eigene Leistung.

Das Verheimlichen des Reichtums ist ein Versuch der Vermögenden, sich vor Neid zu schützen. Die Zurschaustellung des Reichtums hingegen ist ein Weg, sich hervorzutun. Für den Neider stellt der von anderen ausgelebte Luxus eine tiefgreifende Provokation dar, konfrontiert er ihn doch mit seinem unerfüllten Wunsch, selbst einmal verschwenderisch und im Überfluss zu leben.

Es ist ein weitverbreiteter Reflex, diejenigen für sehr reich zu halten, die mit ihrem Geld um sich werfen und ihren Besitz – mein Schloss, meine Jacht, meine Hermes-Tasche – demonstrativ vorführen.

Aber wer angibt, macht sich verdächtig. Das Zurschaustellen von Luxus passt nicht in unser Land. Sichtbarer Luxus hat einen negativen Beigeschmack, denn alles, was das übliche Mittelmaß übersteigt, weckt Neid und Unruhe in denen, die mit weniger leben oder gar arm sind. Luxus sprengt die normalen Maßstäbe, wobei es natürlich vom allgemeinen Wohlstand einer Gesellschaft abhängt, was jeweils als Luxus anzusehen ist und was nicht.

Die weitverbreitete Ansicht, diejenigen seien reich, die mit Geld um sich werfen, bringt Angeber, Scheinreiche und Blender dazu, ihrem Publikum, seien es ihre Kunden oder die Öffentlichkeit, einen Reichtum vorzugaukeln, über den sie nicht verfügen. »Scheinreichtum kann sich auf verschiedenen Ebenen äußern: Auf der privaten Ebene als luxuriöser Lebensstil, der nicht vorhandenes Vermögen vortäuschen soll, und auf der unternehmerischen Ebene als übermäßige Investition, die zwar betriebswirtschaftlich gesehen hochgradig irrational ist, aber zumindest theoretisch am Ende möglicherweise zu einem realen Profit führt.«[70]

---

70 Detlef Gürtler: Die Dagoberts – eine Weltgeschichte des Reichtums – von Krösus bis Bill Gates, S. 102

Natürlich leben wir in einer durchkapitalisierten Gesellschaft, in der es für viele nahezu zwingend darum geht, Furore zu machen und Beachtung zu erzeugen. Die Insignien des Reichtums und der Luxusmanie werden daher auch von einer Gruppe Menschen zur Schau gestellt, die man gern als »neu-reich« bezeichnet. Endlich am Ziel ihrer Träume angelangt, zeigen sie, trunken vor Stolz und ohne Rücksicht auf die Gefühle anderer, ihren materiellen Erfolg. Ihre teuren Sportwagen haben besonders grelle Farben, damit sie der Umwelt noch mehr ins Auge stechen. In St. Petersburg fahren die Chauffeure der schweren Limousinen mit ihren verdunkelten Scheiben, ohne abzubremsen, auf Fußgänger zu, die gerade die Straße überqueren.

»Nach Ansicht des Philosophen Peter Sloterdijk befeuert die gelbe Emotion (Gelb ist u.a. die Farbe des Neides, Anm. der Autorin) ein Neidkraftwerk, das die Habgier ins Endlose steigert und so die Wirtschaft in Schwung hält.«[71] Der Wunsch, nicht schlechter als die anderen dazustehen, führt zu einem verschwenderischen Wettlauf um Statussymbole und setzt eine Spirale des Konsumierens in Gang, die sich immer höher schraubt. Jeder orientiert sich an den Bessergestellten in seiner Umgebung weiter nach oben. Das hat nicht nur persönliche, sondern auch volkswirtschaftliche Konsequenzen: Es kommt zu einer Kaskade des Konsumneides. Denn die mittleren und unteren Einkommensschichten sind gezwungen, sich zu verschulden, um den »Anschluss nicht zu verlieren« und ihren Konsum steigern zu können. Diese Problematik führte u.a. auch zur Finanzkrise 2008.

»In vielen Zivilisationen gehört es zum guten Ton, die materiellen und geistigen Güter, die man besitzt, herunterzuspielen. Das nicht zu tun bedeutet, sich dem Neid auszusetzen. In unserer Gesellschaft, die die Gleichheit herausstreicht, neigt man dazu zu meinen, der Neid werde bewusst oder unbewusst von der Prunksucht hervorgerufen. Wird man zum Beispiel bestohlen, dann hat man seine Reichtümer übertrieben zur Schau gestellt.«[72]

In diesem Sinne ruft Neid immer auch gesellschaftliche Konformität hervor: Um ihn nicht zu provozieren und geächtet zu werden, passt man sich an das normale Maß an, was auch immer man im Einzelfall dafür hält.

Neid ist auch über viele Jahrhunderte und Erdteile hinweg ein interkulturelles Thema. Laut Untersuchungen in reichen Industrieländern allerdings mehr als in Schwellen- oder noch ärmeren Ländern.

Über Geld zu sprechen, scheint in Deutschland tabu zu sein. Viel Geld zu verdienen, gilt als unanständig. Während amerikanische Unternehmen in ihren Geschäftsberichten die Einkünfte ihrer Vorstands- und Aufsichtsratsmitglieder

71 Rolf Haubl, Geo 7/2000

72 Marie France Hirigoyen: Die Masken der Niedertracht. S. 175

detailliert auflisten, werden Einkommen in Deutschland wie Staatsgeheimnisse gehütet. Und auch ganz »normale« Angestellte geben ihr Einkommen in der Regel nicht an Kollegen, Freunde und Bekannte weiter.

Amerikaner scheinen Einkommensunterschieden gegenüber toleranter zu sein, da sie denken, dass es potentiell jeder zu Reichtum bringen kann. Persönlicher Erfolg und dessen selbstverständliche Anerkennung scheinen in Amerika ganz selbstverständlich zu sein.[73]

*Professor Alt, ein deutscher Arzt und Wissenschaftler, der über 600 Patente verfügt, meint, dass der Umgang mit Reichtum in Deutschland noch gelernt werden muss. Neid und üble Nachrede bezeichnet er als typische und prägende Merkmale der deutschen Gesellschaft.*

*Alt hat viele Jahre in Deutschland gelebt und seinen Lebensmittelpunkt seit zehn Jahren in den USA. Aus diesem Grund kann er die beiden Länder und die in ihnen geltenden gesellschaftlichen Normen ganz gut vergleichen. Das Leben in den USA bezeichnet er im Gespräch mit mir als in vielerlei Hinsicht einfacher, weil Erfolgreiche und Reiche in den USA ganz unkompliziert gesehen und nicht beneidet werden. Es herrsche dort, wie er sagt, eine ganz andere Einstellung, und es gilt der Standpunkt: »Ja super, lass uns mal schauen, was der so gemacht hat, dass es ihm so gut geht. Vielleicht können wir ja etwas von ihm lernen.« In Deutschland gäbe es dagegen primär Neid. Hier heiße es: »Warum denn der und nicht ich? Das ist doch ein ganz widerlicher Abzocker, das kann doch gar nicht anders sein.«*

*Nahezu alles, was Reichtum anbelangt, würde zunächst einmal unter diesen negativen Aspekten gesehen. Auch seine Kinder könnten dies bestätigen. In Amerika waren alle sehr nett zu ihnen, obwohl sie fremd und neu an der Schule waren. Sein Sohn wurde von seinen Mitschülern von Anfang an so behandelt, als wäre er schon lange in ihrer Klasse. In Deutschland sei das ganz anders. Man würde beäugt, und alle versuchten herauszufinden, wo die Fehler des Neuen sind, grenzten sich ab und akzeptierten den neuen Schüler nicht. Prof. Alt war in seinem Studiengang der beste von 250 Studenten. In Deutschland habe er sich nie getraut, dies irgendwo zu erwähnen. Da würde ja jeder denken, was ist denn das für ein widerlicher Angeber. Als er seinen guten Studienabschluss in den USA einem Bekannten gegenüber erwähnte, meinte dieser: »Ja, warum schreibst du das nicht in deinem Lebenslauf, das ist doch eine tolle Auszeichnung.« Wenn er in Deutschland erwähnen würde, dass er wesentlichen Anteil an der Entwicklung der modernen Medizin hat und 600 Patente hält, würden sich die Deutschen hauptsächlich überlegen, wie sie mit ihm Geschäfte*

73 Dass in der Realität Amerika ein Land mit extrem hohen Klassenunterschieden und hoher sozialer Ungerechtigkeit ist, steht auf einem anderen Blatt.

*machen könnten. In den USA hätte man die Einstellung: »Das ist ein toller Mann, wie können wir ihn integrieren, was können wir von ihm lernen?«*

*In den USA, erzählt Alt weiter, sei das Bewusstsein ausgeprägter, dass man selbst dafür verantwortlich ist, was man erreicht oder nicht erreicht. In Deutschland würden alle auf hohem Niveau jammern und die Gesellschaft und den Staat für alles Mögliche verantwortlich machen. Er formuliert das so: »Wir lebten hier in einer ›Steht-mir-zu-Gesellschaft‹. Wenn du mehr und etwas Außergewöhnliches in ihr machst als der Durchschnittsbürger, kommt sofort die breite Masse und meint, warum der mehr bekäme und was ihr Anteil daran sei. Schließlich sei ja die Ausbildung von Steuergeldern bezahlt.« Das eigentliche Kapital, die eigene Anstrengung und Begabung, die für einen Erfolg entscheidend sind, würden viele nicht sehen oder würdigen.*

*Das spiegele sich auch in der deutschen Steuerpolitik wider, die ein Ausdruck des Sozialneides sei und mit der man krampfhaft versuchen würde, alle gleich zu machen. Das Ergebnis sei unter anderem, dass dadurch Geld ins Ausland abwandern und nicht mehr reinvestiert werden würde. Der Staat hätte ein Bedürfnis nach Kontrolle, Verfügung und Bevormundung, Geld einzunehmen und dann so gleichmäßig wie möglich an alle wieder zurückzuverteilen. Da in den USA die Reichen weniger Steuern zahlen würden, sei ihre Spendenbereitschaft sehr viel höher. Ein Problem sei auch, dass in Deutschland die Menschen, die viel Geld haben, denken, sie könnten aus dieser Tatsache Selbstfindung und Selbstwert beziehen. Das erzeuge natürlich auch bei ihrer Umwelt Ressentiments und Ablehnung. Die Null hinter dem Komma würde zum Götzen und Besitz zum Ersatz für menschliche Beziehungen.*

*Es gäbe Menschen, die glaubten, nur weil sie ein großes Auto hätten, auch ein anderes Sozialverhalten an den Tag legen zu können. Diese »Überlegenheitsattitüde« findet Prof. Alt schlecht. Er meint: Je einfacher die Verhältnisse sind, aus denen Menschen kommen, desto »infektionsgefährdeter« sind sie auch für den Virus, der »Geld und Macht« heißt. Das Wesentliche sei darum, zu lernen, dass Geld nur Mittel zum Zweck sein kann, um letztendlich sich selbst und seiner Umwelt ein besseres Leben zu ermöglichen. Dazu gehöre auch – sehr wichtig –, dass man bereit sei, zu teilen und zu geben.*

*Sein Engagement in Afrika freut ihn. Er hat dort eine Schule, ein Wohnheim für Schüler, eine Klinik und eine Backsteinfabrik bauen lassen, in der hauptsächlich Witwen von an Aids gestorbenen Männern arbeiten. Die Frauen würden auch mit Medikamenten versorgt werden. Früher wären ihnen nur die Prostitution oder das Betteln geblieben. Jetzt würden sie mit Lohn, Medikamenten und Essen versorgt. So sei ein ganzes Dorf aufgeblüht. Er ist der Meinung, dass es eine indirekte Befriedigung sein kann, zu schenken und Freude zu machen. Mit wenig Geld könne man sehr viel erreichen. Daran sähe man schon, dass man damit einen großen, positiven Einfluss ausüben kann.*

*Neulich hing am schwarzen Brett vor einem Labor ein Artikel aus der Zeitschrift »Science« mit dem Inhalt: »Nur wer gibt, ist glücklich.« Unabhängig, ob ein Mensch reich oder arm sei, sein persönliches Glück hinge davon ab, ob er bereit wäre, zu teilen und zu geben.*

In den USA ist der Umgang mit dem Thema Geld bekanntlich deutlich offener, lockerer – und noch immer vom amerikanischen Traum vom sozialen Aufstieg geprägt, auch wenn sich dies in den Zeiten des Turbokapitalismus immer mehr zu ändern scheint.[74] Die Menschen dürfen stolz auf sich sein und offen zeigen, dass sie aufgestiegen sind, auch wenn das Thema Gehalt nicht zu den beliebtesten Small-Talk-Themen gehört.

Man kann dem Neid jedoch auch einen positiven Aspekt abgewinnen: Ohne den Vergleich mit anderen Menschen hätten wir keinen Maßstab, keinen Referenzrahmen für unser eigenes Fortkommen. Die Orientierung am Erfolg anderer Menschen, also positiver Neid, bietet in unserer modernen Zeit einen wichtigen Indikator und kann ein sinnvoller Ratgeber sein. Man kann davon ausgehen, dass dieses sich Messen an anderen, dieses Gegenüberstellen und Vergleichen, ein natürliches menschliches Phänomen ist. Denn jeder Mensch braucht eine Vorstellung davon, wo er in einer Gruppe steht, um sich selbst realistisch einschätzen zu können.

Dabei ist es wichtig, sich mit den eigenen Neidgefühlen auseinanderzusetzen, anstatt sie zu verleugnen und zu unterdrücken. Ein Mensch, der neidisch ist, muss dieses Neidgefühl als Signal begreifen, seine Intentionen und Ideale an seine Möglichkeiten anzupassen. Wenn dies gelingt, lässt sich der feindselige Neid in einen Ehrgeiz umwandeln, der realistische Ziele erreichbar werden lässt.

»Im Spiegel des Neides können wir uns selbst erkennen. Unsere Minderwertigkeit, unsere Sehnsucht und unsere Hoffnungen äußern sich als innerliches

---

74 So arbeitet der frühere Arbeitsminister und amerikanische Politikwissenschaftler Robert Reich im Spiegel-Interview Nr.41/2013 heraus, dass der wirtschaftliche Graben zwischen dem Verdienst des Durchschnittsamerikaners und dem obersten Prozent der Gesellschaft selten größer war als heute. Mit der Folge, dass »die Leute genug haben« und der »American Dream« (»wer es bis zum Millionär schafft, wird bewundert, nicht angefeindet«) für die meisten Amerikanern nicht mehr relevant ist. Reich meint dazu: »Das gilt nur, solange sozialer Aufstieg für alle möglich ist.« Dies sei aber nicht mehr der Fall, weshalb auch dem kursierenden Ammenmärchen, »dass, wenn man den Reichen erlaubt, noch viel reicher zu werden, am Ende alle davon profitieren, weil die Wohlstandsgewinne bis nach unten durchsickern«, nicht länger geglaubt werde.

Begehren. Das, was wir anderen missgönnen, ist Ausdruck des Zweifelns an uns selbst. Wollen wir gerecht sein, gönnen wir jedem das Seine, sind wir neidisch, wünschen wir jedem dasselbe. Es bietet sich die einmalige Chance, über uns selbst hinauszuwachsen, indem wir die Energie, die wir ansonsten fürs Unerreichbare vergeuden, in unsere eigene Selbstverwirklichung investieren.«[75]

Beim Entstehen von Neidgefühlen sind sich Wissenschaftler einig: »Es kommt zunächst darauf an, ob der Unterlegene glaubt, seinen Nachteil aus eigener Kraft noch wettmachen zu können. So ergaben Studien, dass Studenten im ersten Semester einen ungewöhnlich erfolgreichen Kommilitonen aus dem achten Semester kaum für dessen Leistungen beneiden: Mehr als 80 Prozent fühlten sich in einem versteckten Test von einem – fingierten – Zeitungsartikel über die akademischen Großtaten des Mitstudenten eher zu eigenen Anstrengungen motiviert.«[76]

Wer die Situation eines anderen als absolut uneinholbar und gegensätzlich zur eigenen Lage wahrnimmt, muss sich deshalb also noch lange nicht automatisch neidisch fühlen. Neid kann ein Gefühl sein, das Menschen dazu anspornt, sich und ihre Lebensbedingungen zu verbessern. Wenn Neid bewusst wahrgenommen wird und nicht alle anderen zwischenmenschlichen Gefühle wie z.B. Liebe, Zuneigung und Respekt beherrscht, wird er zum Motiv für Veränderung und nicht zu einem Problem.

## 5. Schuld

Schulden, Schuld und Schuldgefühle haben den gleichen Wortstamm und in der Regel die gleiche bedrückende Wirkung: Schuldig fühlen Menschen sich, wenn sie bewusst oder unbewusst davon überzeugt sind, etwas Falsches getan zu haben.

Dabei ist es völlig unerheblich, ob die Schuldgefühle, die aufgrund eines eigenen vermeintlichen Vergehens entstehen, objektiv richtig, damit berechtigt und wirklich angemessen sind. Schuldgefühle sind oft irrational, sitzen tief, quälen ein Leben lang. Sehr viele Menschen haben heute (uneingestanden wie eingestanden) Schuldgefühle. Das hat zum einen gesellschaftliche und zum anderen psychische Gründe:

In einer Gesellschaft, die auf Perfektion, Fehlerlosigkeit und Funktionieren ausgerichtet ist, gibt alles, was diesen Maßstäben nicht entspricht, Anlass für Schuldgefühle. Die Anpassung an diese Maßstäbe ist oft so stark verinnerlicht, dass vielfach gar nicht mehr nachgefragt wird, ob diese Maßstäbe überhaupt richtig sind.

75 Thomas Druyen: Goldkinder, S. 35
76 Jens Schröder, Geo 7/2003, S. 59

Das eigene Versagen, vermeintlich nicht erfüllte Pflichten gegenüber den Eltern, Kindern, Verwandten oder Freunden, Wünsche, die nicht sein dürfen, und selbsteingestandene Fehler sind dann die Auslöser für Schuldgefühle.

In sehr vielen Fällen ist das Schuldgefühl außerdem viel größer und mächtiger, als der Anlass es eigentlich hergibt. Warum?

Sicher hat das Dauerthema »Schuld« mit den Nachwirkungen einer christlichen Erziehung zu tun, in der Kindern schon früh beigebracht wurde, ein Sünder zu sein. Die Erbsünde, die Beichte, die innere Anklage sind Aspekte dieses eingepflanzten Schuldgefühls.

Wie jemand aus einem Schuldgefühl heraus immerzu etwas hergeben und helfen muss, zeigt der folgende Bericht:

*Kerstin empfängt mich in ihrem eleganten und großzügigen Büro über den Dächern von Hamburg. Sie ist eine sehr engagierte und viel beschäftigte Unternehmensberaterin, die schon während des Volkswirtschaftsstudiums ihre eigene Firma gegründet hat. Sie berät die Führungselite deutscher Unternehmen, um sie noch erfolgreicher, effizienter aber auch menschlicher zu machen. Ihr Credo: In dem Moment, in dem man authentisch ist, kommt die Erlösung.*

*All ihr Wissen und ihre Intuition haben ihr aber bei einem ganz bestimmten, eigenen Problem nicht weitergeholfen: Sie muss zwanghaft und »immer aus dem Vollen« spenden, und zwar rückhaltlos. Der Grund dafür ist ihrer Meinung nach ein großes Schuldgefühl, das sie hat. Sie ist bedrückt, dass sie »mehr« hat als die meisten anderen Menschen, auch was ihr gutes Aussehen, ihre Gesundheit und ihre geistigen Fähigkeiten anbelangt. Auch ihr Geschick in wirtschaftlichen Dingen verursacht ihr Schuldgefühle, da sie anderen gegenüber immer im Vorteil war. Schon dadurch, dass sie von ihren Eltern während des Studiums großzügig unterstützt wurde, hatte sie es einfach leichter im Leben als andere.*

*Dieses Problem wurde ihr zum ersten Mal richtig bewusst, als sie im Alter von 26 Jahren mit ihrem ersten Freund in New York war. Dort wurde ihr die Diskrepanz ihres relativen Reichtums, ihres »elaborierten« Lebens und der Armut, mit der sie konfrontiert wurde, bewusst. Ihr Leben bestand aus schicken Kleidern, Essen in schönen Restaurants und – wie sie es empfand – elitären Opernbesuchen. In New York aber war die Diskrepanz zwischen Reichtum und Armut deutlich sichtbar. Überall lagen Bettler auf Lüftungsschächten. Kerstin plünderte ihr Konto, wechselte zwanzigtausend Dollar in Fünf-Dollar-Noten und verteilte die Scheine an all die armen Menschen, die sie sah. Nach einer Woche hatte sie das ganze Geld weggegeben.*

*Auch heute, zwanzig Jahre später, verteilt Kerstin ungefähr 25 Prozent ihres Verdienstes an Bedürftige. Sie ist Mitglied diverser Hilfsorganisationen wie »Greenpeace«,*

*»Ärzte ohne Grenzen« und »Amnesty International«, engagiert sich für Kinder, Tiere und die Umwelt. Sie spendet ununterbrochen Geld und hat für ihre engsten armen Freundinnen und ihren Bruder Daueraufträge eingerichtet. Wenn sie Post mit Hilfeaufrufen bekommt, füllt sie die beiliegenden Überweisungsformulare aus und spendet grundsätzlich 100 Euro. Schon früh lebte sie äußerst umweltbewusst, indem sie grundsätzlich mit dem Zug fuhr, ihr Zimmer nicht heizte. Die Folge war eine chronische Bronchitis. Sie denkt, dass sie eine Verpflichtung vor Gott und der Umwelt hat. Sie hat ein chronisch schlechtes Gewissen, fühlt sich schlecht und muss etwas abgeben, um sich besser zu fühlen. Ihre Hochzeitsreise hat sie mit ihrem Mann nach Sylt geführt, wo sie die Wattstation finanziell unterstützt hat. Viele Menschen kommen zu ihr, um sich Geld zu leihen. Dabei gibt es schon einige »Schrägverhältnisse«. Sie schenkt darum lieber »kleinere Summen« bis zu 10.000 Euro her.*

Was Kerstin macht, ist im Prinzip richtig und wertvoll. Sie engagiert sich für die Umwelt und die Benachteiligten dieser Welt. Ihre Einstellung, dass im Leben Freude und Sinnerfüllung wichtig sind, kann man nur unterstreichen. Das Problem in ihrem Leben sind allein der enorme innerliche Druck und Zwang sowie das hohe Ausmaß, unter dem ihre ganze Spendentätigkeit stattfindet – und ihre enormen Schuldgefühle.

Wenn man etwas tun muss, dies eigentlich aber nicht will, ist man einem innerlichen Zwang ausgeliefert, ohne zu wissen, warum. Bei Familienaufstellungen und in der systemischen Familientherapie stellt sich heraus, dass der Grund für die tief verwurzelten Schuldgefühle oftmals auf einer realen Schuld der Vorfahren beruht. Sei es, dass ein Vorfahre ein überzeugter Nazi war oder dass in der Familie ein Verbrechen oder ein sexueller Missbrauch passiert ist. Auch Kerstins Mutter spendete schon ständig Geld und hatte ein notorisch schlechtes Gewissen, auf der Welt zu sein. Kerstin denkt, dass dies auch eine Ursache für ihr Verhalten sein könnte. Doch erst nachdem Kerstin sich Hilfe bei einer Psychoanalytikerin geholt hat, wird ihr etwas leichter ums Herz. Sie hat inzwischen die innere Freiheit erlangt, nur dem zu geben, dem sie geben will.

Natürlich gibt es nicht nur Menschen, die sich wie Kerstin ihrer Schuldgefühle bewusst sind.

Angesichts der Skrupellosigkeit in der Finanzwelt lässt sich fragen: Warum sind heute so viele Menschen, die Geld und Macht haben, so skrupellos und ohne jedes Schuldgefühl? Warum tragen sie für das, was sie anrichten und sichtlich »falsch« machen, keine Verantwortung?

Wie eng das Schuldenmachen und Schuldgefühle zusammenhängen, wird an folgender Geschichte nur allzu deutlich.

*Elvira und Hans S. sind seit 20 Jahren verheiratet. Sie leben in Mannheim, in einem ruhigen Außenbezirk. Hans, in guter Position bei einem IT-Unternehmen, ist seit seiner Lehrzeit angestellt. Elvira arbeitet als Kindergärtnerin. Ihr mittlerweile erwachsener Sohn ist nach dem Abitur ausgezogen und studiert in einer anderen Stadt. Elvira und Hans legen durchaus Wert auf Wohlstand. Sie lieben schöne Möbel und eine ästhetische und ruhige Umgebung. Doch so einfach ist das Leben offensichtlich doch nicht, wie es auf den ersten Blick scheint. Elvira arbeitet hart für 900 Euro netto und ist oft am Ende ihrer Kräfte. Dazu kommt, dass Elvira und Hans immer noch den Kredit für ihr Hauses abzahlen müssen. Seit Jahren waren sie nicht mehr im Urlaub. Obwohl beide arbeiten, ist das Geld knapp. Hans wirkt immer angespannter. Seine Frau zumindest nimmt dies so wahr, wie sie sagt.*

*Eines Tages kommt es zu einer dramatischen Änderung in ihrem Beziehungsgefüge, ohne dass Elvira es zunächst weiß. Hans ist so bedrückt wegen seiner Schulden, dass er etwas tut, was er vorher noch nie getan hat. Er wendet sich an Elviras Tante Inge aus Hamburg, die ganz gut betucht ist. Er bittet die Tante inständig, ihm finanziell in einer großen Notsituation zu helfen. Sie sei, wie er ihr sagt, seine letzte Rettung. Allerdings betont er im Gespräch mit seiner Tante, dass sie doch bitte mit niemandem aus der Familie – schon gar nicht mit Elvira – darüber reden solle. Hans erklärt ihr, dass er neben der Belastung durch den Kredit für das Haus noch weitere Schulden gemacht habe, die sich auf 65.000 Euro belaufen würden.*

*Der Hintergrund war: Hans hatte für die über den Bau hinausgehenden Hauskosten einen zusätzlichen Kredit aufgenommen. Ebenso für die Anschaffung eines neuen Autos und den Kauf neuer Möbel. Er war nun nicht mehr in der Lage, den Haus-Kredit zurückzuführen. Und so flehte er Tante Inge an, ihm 65.000 Euro zu leihen. Um keinen Preis wollte er jedoch mit seiner Frau über seine Sorgen reden. Denn sie war aufgrund von früheren Begebenheiten der Meinung, dass er mit Geld nicht umgehen könne. Ganz sicher hätte sie ihm Vorwürfe gemacht. Bis jetzt hatten ihm immer seine Eltern ausgeholfen, wenn Sonderzahlungen fällig waren. Elvira wiederum hatte von all diesen Problemen keine Ahnung. Sie war, bis zu diesem Zeitpunkt, nicht einmal über die Höhe seines Gehaltes informiert, das viel geringer war, als sie angenommen hatte.*

*So lebte Elvira seit 20 Jahren in der Illusion eines Lebens in Sicherheit. Ihr Mann ließ ihr diesen Glauben und verschuldete sich für seine Einkommensverhältnisse hoch, nur um ihr diese Illusion nicht nehmen zu müssen.*

Die Situation, in die Hans sich und seine Frau dadurch gebracht hat, war ihm am Ende so unangenehm, dass er lieber die Scham, um Geld zu bitten, ertrug, als seine Frau mit der Lage zu konfrontieren. Die Schulden wie die damit verbundenen Schuldgefühle waren zu erdrückend für ihn. Und um seine Ehe nicht zu gefährden, schwieg er. Und bringt Elviras Tante damit in eine schwierige Situation, denn diese kann dem Wunsch von Hans kaum widersprechen, ohne die Beziehung zu ihrer Nichte zu gefährden.

Das Schuldenmachen im privaten Bereich stellt Beziehungen oft auf eine harte Probe. Wie schon erwähnt, wurde auch ich wiederholt von Bekannten oder Freunden um Geld gebeten. Meine überwiegende Erfahrung war, dass man entweder die Freunde oder das Geld verliert. Die Konsequenz, die ich daraus gezogen habe, ist, dass ich Geld grundsätzlich nur verschenke und nicht mehr verleihe. In meinem Fall ging es nie um kleinere Beträge, sondern immerhin um Summen ab 25.000 Euro. Der Wunsch oder die Bitte von Freunden, ihnen eine dermaßen große Summe zu leihen, löst bei mir den Gedanken aus, dass nicht ich in dieser Freundschaft wichtig bin, sondern dass mich Freunde als eine Art Bankhaus betrachten. Das ist mir aus verständlichen Gründen sehr unangenehm. Damit geht es mir ähnlich wie anderen wohlhabenden Menschen auch: Ich muss davon ausgehen, dass mein Geld das Motiv ist, eine Beziehung zu mir einzugehen oder beizubehalten. Die Qualität der Beziehung verändert sich dadurch, dass man jemandem Geld leiht und dieser Jemand dann Schulden bei einem hat, meist ins Negative.

Indem ich diese Zeilen schreibe, geht es mir nicht darum, Schuldgefühle bei meinen ehemaligen Bittstellern auszulösen, so sie mein Buch jemals lesen werden. Mir ist vielmehr wichtig, für mich zu einer klaren Einstellung gefunden zu haben. Auch als ich selbst noch wenig Geld zur Verfügung hatte, zu Zeiten meines Studiums, habe ich mir nie Geld von einem Menschen geliehen, denn ich wollte nie in der »Schuld« eines anderen Menschen stehe. Lieber hätte ich meine Ausgaben heruntergeschraubt, die damals ohnehin eher niedrig waren. So war es eine absolute Ausnahme für mich als Studentin, essen zu gehen. Meine Urlaube habe ich mit einem Interrailticket mit Reisen durch Europa verbracht, wobei die Nächte in vollgestopften Zügen nicht gerade bequem waren. Aber ich habe mich in meinem Leben noch nie so leicht und frei wie damals gefühlt, eben völlig unbeschwert.

Ich denke, dass das traditionelle Modell von Familienunternehmen, die mit einem möglichst hohen Eigenkapital und wenig Schulden arbeiten, zeitgemäßer ist denn je. Wenn alle in der Wirtschaft Handelnden mit ihrem persönlichen Vermögen haften würden, hätte man die aktuellen Exzesse nie erlebt. Wirtschaftliche Größe alleine stellt nicht nur meiner Meinung nach keinen Wert an sich dar. Der Fehler liegt im Finanzierungssystem: Dadurch, dass die Banken mit der Vergabe von Krediten für wirtschaftliche Projekte Geld aus dem Nichts, d.h. vor Eintritt in die Realwirtschaft und die Welt der Gegenwerte schaffen und dafür Zinsen verlangen, entstehen mehr Schulden, als es Geld gibt. Das bedeutet: Unsere ganze Welt ist überschuldet.

Wir alle wollen an hohen volkswirtschaftlichen Wachstumsraten teilhaben, die letztendlich auch durch die hohe Konsumorientierung der Bevölkerung erreicht werden. Stetiges Wirtschaftswachstum stellt heute einen selbstverständlichen Leitwert dar, der daher nur von den wenigsten in der Wirtschaft tätigen Menschen hinterfragt wird. Eine gesellschaftliche Diskussion über die Legitimation dieser Wertsetzung findet, trotz der vom »Club of Rome« propagierten Grenzen des Wachstums, so gut wie nicht statt.

Die Weltwirtschaftskrise 2008 hat das ängstliche Starren auf wirtschaftliche Kennzahlen sogar noch einmal verstärkt, sinkende Wachstumsraten stellen eine reale Bedrohung unserer Gesellschaft dar. Ein Grund dafür könnte sein, dass die Bewahrung oder die Steigerung eines erreichten Konsumlevels als Steigerung des Selbstwertes erlebt werden. Aber solange es Werbeagenturen schaffen, dumme und unzutreffende Sprüche wie »Reich werden kann jeder« an den Kunden zu bringen, um damit ein Produkt zu bewerben, sehe ich in dieser Hinsicht keinen Hoffnungsschimmer am Horizont aufziehen. Unter konsumkapitalistischen Lebensbedingungen erreichen Verschuldung und Überschuldung weniger auf der Ebene von Privathaushalten, sondern auf Ebene unseres Staates, der europäischen Staaten und der ganzen Welt *geradezu* epidemische Ausmaße. Dank der guten Konjunktur in den vergangenen Monaten ist die Zahl der Bürger, die ihre Kredite nicht mehr bedienen können, zurückgegangen. Laut Spiegel Online vom 03.11.2011 sind 9,38 Prozent der erwachsenen Deutschen überschuldet mit im Schnitt 8.078 Euro.

Wenn man außerdem die Zahlen (zum Beispiel die des Europäischen Rettungsschirms) betrachtet, mit denen wir tagtäglich konfrontiert werden, kann man überhaupt keinen Bezug mehr zur Wirklichkeit des Zahlungsmittels Geld herstellen. Die Höhe dieser Summen ist so gewaltig, dass man sich überhaupt nichts mehr darunter vorstellen kann. Und genau der Umstand, dass man sich unter den Zahlen nichts Konkretes mehr vorstellen kann, erhöht die Anfälligkeit jedes Einzelnen wie auch unserer gesamten Gesellschaft, sich durch Werbung, Medien zu immer mehr Konsum und Schuldenmachen beeinflussen zu lassen.

Ein Zeichen für die zunehmende Ökonomisierung unserer Lebenswelt ist die Tatsache, dass kurzfristige Gewinne und Profite wichtiger sind als Sicherheit.

## 6. Geldmangel als Auslöser für Schamgefühle

Schauen wir nun, wofür und warum sich Menschen im Einzelnen schämen. Schamgefühle werden vor allem mit sexuellen und anderen körperlichen Themen in Verbindung gebracht. Adam und Eva schämten sich ihrer Nacktheit, die sie erst erkannten, als sie aus dem Paradies vertrieben wurden. Schamgefühle treten auf, wenn man sich einer Verfehlung bewusst wird, etwas als peinlich empfindet oder sich unzulänglich fühlt.

Sehr selten wird dagegen im Zusammenhang mit Geld an Scham gedacht. Aber was fühlt man als armer Mensch in einer Welt, in der Geld und Besitz mit Geltung und Anerkennung gleichgesetzt werden? In diesem Fall sind Minderwertigkeitsgefühle verbunden mit Scham vorprogrammiert. Man schämt sich für das, was man nicht hat, statt stolz zu sein auf das, was man ist.

Aus diesem Grund wird über Scham wie über Schuld auch selten gesprochen. Denn wer zugibt, sich zu schämen, gibt damit gleichzeitig auch zu, »nicht genügend« zu sein. In diesem Zusammenhang spielt Geld natürlich eine große Rolle: Wer nicht über genug verfügt, hat etwas falsch gemacht und sich zu schämen. In einer Gesellschaft, in der Reichtum als Zeichen für erfolgreiches Handeln und Leben angesehen wird, setzen die Betroffenen den Geldmangel gleich mit persönlichem Versagen, für das er sich schämt. Das wird auch im folgenden Interview, das ich geführt habe, deutlich:

Anna M., allein erziehende Mutter eines Sohnes, sagt: »*Man schämt sich zuzugeben, dass man für nichts genügend Geld hat, nicht einmal dafür, die Reise ins Schullandheim zu bezahlen. Nepomuk, mein Sohn, muss dann halt ›krank werden‹. Wie soll ich mir die Skier und die ganze Ausrüstung, die noch dazugehört, leisten? Ich mache mir eigentlich nichts aus Geld, abgesehen davon, dass es Möglichkeiten eröffnet, die es ohne Geld nicht gibt. Ich muss immer sparen, immer genau wirtschaften, um am Monatsende noch ein bisschen übrig zu haben. Die Menschen, die ständig behaupten, dass sie wenig Geld brauchen, haben meist ziemlich viel davon, weshalb sie so etwas auch leicht sagen können. Ich finde das allerdings ziemlich verlogen. Sie brauchen vielleicht auch tatsächlich nicht viel, weil sie viele Dinge schon besitzen, für die wir – ich sage bewusst: ›Arme‹ – lange sparen müssen. Sie müssen nicht auf etwas verzichten, was sie dringend brauchen, einfach deshalb, weil sie es schon haben. Jede Nacht liege ich wach und habe Angst, dass wieder irgendeine Rechnung kommt, die ich nicht bezahlen kann. Ich bin es leid, mir ständig Sorgen machen zu müssen. Ich würde mich so freuen, wenn ich einmal frei davon wäre, darüber nachdenken zu müssen, ob ich mir eine richtig warme Wohnung oder den Kauf eines Buches überhaupt leisten kann.*

*Kein Geld zu haben, belastet unendlich. Und ich schäme mich, dass ich meinem Sohn, nach der Trennung von meinem Mann, in einer Welt voller Überfluss nur ein so bescheidenes Leben bieten kann.*«

Anna M. schämt sich nicht nur vor sich selbst, sondern auch vor ihrem Sohn und der Gesellschaft. Und je geringer die Chance ist, die eigene Lage zu verbessern, umso mehr wächst die Gefahr, sich immer noch mehr zu schämen.

Wer versucht, mit wenig Geld oder ohne Geld zu überleben, ist aus unserer Gemeinschaft ebenso ausgeschlossen wie ein Mensch, der in früheren Zeiten von der Kirche exkommuniziert wurde oder an Lepra litt. Er wird als Nutznießer sozialstaatlicher Maßnahmen betrachtet und/oder als Versager. Denn er kann am ewigen Kreislauf von Produktion, Verkauf und Konsum nicht oder kaum teilhaben. Es gehört inzwischen schon große Zivilcourage dazu, sich nicht dem Zwang des Konsumierens unterzuordnen und Geldmangel eben nicht als einen Charakter- oder Verhaltensfehler zu betrachten, dessen man sich schämen muss.

Aber auch reiche Menschen schämen sich – so merkwürdig das klingen mag. Sie schämen sich dafür, sich durch ihren Besitz von der Masse abzuheben. Vermögensforscher wie Thomas Druyen beschreiben, wie schwer es ist, überhaupt an die wirklich Vermögenden heranzukommen, die am liebsten im Verborgenen bleiben. Das Hauptmotiv für diesen Wunsch dürfte wohl das Bedürfnis nach Sicherheit sein. Aber ich vermute, dass auch Scham dahinterstecken könnte. Was sogar, wenn man so will, wiederum ein Zeichen für ein vorhandenes Gewissen wäre. Die Fragen, die hinter der Scham stehen, sind dann: Womit habe ich es überhaupt verdient, so reich zu sein? Darf ich überhaupt über so viel Geld verfügen, wenn es anderen Menschen schlecht geht? Steht mir das wirklich zu?

*Ich unterhalte mich mit dem sehr reichen Herrn F. über seine diversen Häuser und Villen in Kitzbühel, Sankt Moritz, an der Côte d'Azur, in Brasilien und seinen Hauptwohnsitz in Münchens teuerster Wohngegend, im Herzogpark.*

*Auf meine Frage, welche Gefühle er mit seinen Häusern verbindet, antwortet er mir: Am ehesten mit Scham, weil meine Domizile meistens leer stehen und nicht von mir genutzt werden. Stolz, so viele schöne Villen zu besitzen, bin ich schon lange nicht mehr.«*

*Er bedauert es, nicht »überall gleichzeitig sein zu können« und, »ähnlich wie wenn man vier Geliebte hätte, bedauerlicherweise immer auf drei verzichten zu müssen«. Zudem macht es ihm manchmal auch zu schaffen, dass andere Menschen in miserablen Verhältnissen leben müssen, während er so viel hat, dass er seinen Besitz nicht einmal adäquat nutzen kann.*

Das Problem, das hier wie auch bei vielen anderen vermögenden Menschen aufscheint, ist die »Qual der Wahl« und der Umstand, dass sich deren gesamtes

Tun und Denken nur noch um die Nutzung und Verwaltung ihres Vermögens dreht. Womit wir wieder an dem Punkt wären, dass zu viel Besitz und zu viele Möglichkeiten zu haben, reiche Menschen auch verunsichern und nicht unbedingt glücklicher machen kann. So gehört der von mir interviewte Millionär und mehrfache Hausbesitzer definitiv zu den Menschen, die mir auf meine Standardfrage: Hat der Umstand, über viel Geld und damit über eine größere Unabhängigkeit, mehr Freiheit und Luxus zu verfügen, bei Ihnen andererseits dazu geführt, dass Sie gleichzeitig oder zeitversetzt einen zunehmenden Verlust an Lebensqualität verspürt haben, mit einem definitiven Ja geantwortet haben.

Allgemein spannend ist jedoch, wie mit den unterschiedlichen Aspekten der Scham in Bezug auf Geld umgegangen werden kann. Einerseits ist das Schamgefühl als ein wichtiger Indikator des Gewissens wichtig. Wer sich schämt, ist sich eines Mangels oder eines Fehler bewusst und hat dadurch auch die Chance, etwas zu begreifen und zu verändern. Andererseits ist Schamgefühl das Ergebnis einer verinnerlichten Anpassung an allgemein geltende, durchaus zu hinterfragene Maßstäbe. Denn: Muss sich ein Mensch wirklich schämen, wenn er nicht genügend Geld hat? Ist es wirklich wichtig, allen Konsumansprüchen zu genügen? Ist nur der Mensch »wertvoll«, der gut betucht ist? In unserer Gesellschaft wird leider nur allzu häufig so gedacht. Aber auch: Muss man sich schämen, wenn man das Glück hatte, viel Geld zu verdienen oder zu erben?

### *Resümee*

Gefühle: Haben Sie schon einmal versucht, ein Gefühl loszuwerden oder bewusst zu erzeugen? Wenn dies der Fall ist, werden Sie nur zu gut wissen, wie schwer oder gar wie unmöglich dies ist.

Die Gefühle, die Geld auslösen, spielen in Beziehungen eine große Rolle. Gefühle sind immer verbunden mit Bewertungen. Je nachdem, wie wir uns fühlen, bewerten wir Gegebenheiten, Ereignisse, Menschen entweder positiv oder negativ. Ohne Gefühle bleiben wir in der Regel »neutral«. Diese meist unbewusst stattfindenden Bewertungen entstammen unserem gesellschaftsspezifisch beeinflussten Denken und Fühlen und lassen uns in all unseren Beziehungen so handeln, wie wir handeln.

Angst: Ist für viele Menschen heute ein Dauerzustand. Die Angst, zu versagen, zu verarmen, zu scheitern, sitzt oft tief. Ohne Geld bin ich verloren. Die Angst macht klein und mutlos – und ist selten ein Auslöser für Courage. Wer Angst hat, ist auch in Beziehungen nicht frei!

Neid: Der Beneidete wird abgewertet, weil er als »besser als man selbst« empfunden wird. Das ist schwer auszuhalten. Neid ist ein Gefühl, das trennt.

Gier: Ist mit einem Gefühl der Unersättlichkeit verbunden. Auch wenn noch so viel vorhanden ist, ist es doch nie genug. Gier ist das Gefühl, mit dem ein tiefsitzender, unbewusster Mangel ausgedrückt wird. Doch wie will man aus einem Mangelgefühl heraus eine wirklich erfüllte Beziehung zu anderen Menschen aufbauen?

Geiz: Der Geizige gibt entweder für sich selbst oder für andere nichts her, weil ihm Geld mehr wert ist als die Beziehung selbst. Doch wer will in einer Partnerschaft schon weniger wert sein als der vorhandene Besitz?

Scham: Das Gefühl, nicht gut oder nicht gut genug zu sein, impliziert die eigene Abwertung – gerade in Bezug auf Geld: Ich habe nichts, und deshalb schäme ich mich. Wer sich schämt, signalisiert Hilfsbedürftigkeit und sucht Trost. Doch ist dieser, vielleicht gar nicht bewusste Appell wirklich förderlich für Liebe und Freundschaft? Schuld ist mit Gefühlen verbunden, die einen Menschen ein Leben lang beeinträchtigen. Aus Schuldgefühlen heraus tun Menschen oftmals viel Gutes und geben großzügige Spenden, um ihren inneren Frieden zu finden. Aber werden sie dadurch ihre Schuldgefühle los? Aus Schuldgefühlen, das Geld betreffend, können massive Konflikte in Beziehungen entstehen: Ich fühle mich schuldig, kann es nicht zugeben und kompensiere dies durch Aggressivität. Aber vielleicht ist es doch möglich, sich der Gefühle bewusst zu werden, mit Gefühlen umzugehen, Gefühle zu beobachten, um ihnen nicht nur ausgeliefert zu sein.

# III. TEIL

# ÜBER DIE MÖGLICHKEIT, MIT UND OHNE GELD EIN GLÜCKLICHES LEBEN ZU FÜHREN

## 1. Was ist Glück?

Mit dem Glück ist es so eine Sache: Es ist nirgends zu kaufen und schwer zu definieren. Die Gründe für das Glück sind so vielfältig wie die Gründe für das Unglück. Und stimmt es wirklich, dass Reichtum glücklich macht, wie so oft behauptet wird?

Versuchen wir, ohne uns in wissenschaftlichen Deutungen zu verlieren, das Wesentliche des Glücks zu erfassen und zu fragen, wie man mit und ohne Geld glücklich werden kann: »Da gibt es einerseits die langfristig angelegte allgemeine Zufriedenheit mit der eigenen Existenz (baseline happiness), die mit der generellen Einschätzung des Lebens zusammenhängt. Und auf der anderen Seite gibt es das momentan empfundene Glück oder Unglück, welches von den gerade gegebenen Umständen abhängt (affective states).«[77]

Glück ist demnach zweierlei: Einerseits ist es ein Lebensgefühl, das mit einer inneren Akzeptanz des Lebens einhergeht. Andererseits ist Glück ein im Augenblick erlebter positiver Zustand von Freude. Wobei hinzugefügt werden muss, dass die Sorge ums tägliche Überleben positive Gefühle entschieden weniger oft aufkommen lässt, und eine gesicherte Existenz immer die Grundlage für mehr Zufriedenheit, Freude und Glück im Leben darstellt.

Wann empfindet ein Mensch Glück? Sehr einleuchtend hat ein ungarisch-amerikanischer Psychologe diese Frage zu beantworten versucht. Der Glücksforscher Mihaly Csikszentmihalyi ist durch die Welt gereist und hat Menschen in verschiedenen Lebenssituationen und Berufen interviewt. Er wollte von ihnen

77 Mathias Binswanger, S. 20

wissen, wann sie besonders glücklich sind. Das Verblüffende an den erhaltenen Antworten war im Ergebnis, dass die meisten Menschen dann glücklich sind, wenn sie sich einer Tätigkeit ganz hingeben können. Sie sind dann in einem Flow. Sie gehen auf in dem, was sie tun, und erleben die Beschäftigung um ihrer selbst willen als Beglückung. Der Sinn ihres Tuns liegt im Tun selbst.[78] Doch nicht nur ihr Tun im engsten Sinn erzeugt den Flow. Es ist der kreative Akt an und für sich, der den Flow schafft. So kann Sex als Flow empfunden werden. Auch ein Gespräch, eine gemeinsame Erfahrung können mit Flow verbunden sein. Man kann einen Flow beim Betrachten eines Bildes, beim Hören von Musik, beim Spielen eines Instrumentes erleben. Ebenso taucht dieses Gefühl von Seligkeit bei intensiven Sinneswahrnehmungen wie Schmecken, Hören, Sehen, Fühlen, Tasten auf. Und bei einer Arbeit, die einem Freude macht: Gleich, ob man einen Tisch herstellt, an einer Formel arbeitet, unterrichtet, einen Garten bepflanzt. Wichtig ist, dass man, gleichgültig was man tut und denkt, vollkommen verbunden ist mit dem, was man tut und denkt. Das Flow-Erlebnis tritt besonders dann intensiv in Erscheinung, wenn Bedingungen zustande kommen, die den Flow fördern. In Bezug auf die berufliche Tätigkeit bedeutet das, dass sie für den Arbeitenden Sinn hat, einem bestimmten Zweck dient und eine Aufgabe erfüllt, deren Ergebnis für ihn messbar ist.

*Armin R., Diplomkaufmann, war über mehrere Jahre in einer gut bezahlten Geschäftsführerposition. Eines Tages wurde er ohne eigenes Verschulden arbeitslos. Es dauerte mehr als drei Jahre, bis er wieder eine ihm angemessene Stelle fand. In der Zwischenzeit erlebte er viele »dunkle Stunden«. Er fühlte sich immer weniger wert, zweifelte an sich und der Welt. Seine Frau setzt ihn unter Druck: mit Gutzureden, Vorwürfen, Anklagen, ständigen Nachfragen. Armin war eigentlich ein fröhlicher Mensch. Er setzte sich gern für andere ein, liebte die Natur, gutes Essen und interessierte sich für Geschichte. Aber seine Lebensfreude und Interessen halfen ihm nur bedingt, über diese Phase hinwegzukommen. Als er dann endlich eine Stelle bekam, war er überglücklich. »Ich hatte das Gefühl, als ich wieder mit der Arbeit begann, ganz bei mir zu sein. Alles, was ich tat, fiel mir leicht. Ich war wie in einem hellwachen Rauschzustand vor Freude. Ich bin mit meiner Arbeit ganz verbunden.*

Das Glücksgefühl kommt bei Armin durch mehrere Faktoren zustande: durch die Verbundenheit mit seiner Arbeit, die er als sinnvoll erlebt, unter Bedingungen, die ihn von Geldsorgen befreien.

---

78 Vgl. dazu Mihaly Csikszentmihalyi: Flow

Aber Glück wird unterschiedlich erlebt, je nachdem, mit welchem Menschen und mit welchem Charakter wir konfrontiert sind. Es gibt manisch depressive Menschen, die himmelhochjauchzend und zu Tode betrübt sein können, ohne dass es einen äußeren Anlass für ihren Gefühlswechsel gibt. Gemäß ihrer seelischen Konstitution erleben sie Glücksgefühle ganz anders als ein ruhiger, ausgeglichener Mensch, der vielleicht nicht zu überwältigenden Glücksgefühlen neigt und trotzdem auf seine Weise »glücklich« ist. Ein Verliebter wird auf eine andere Art glücklich sein, wenn er seine Liebste wiedersieht, als ein Abiturient, der stolz ist, dass er die Prüfungen gut bestanden hat.

Glücklich sind Menschen, wenn ihnen etwas gelingt. Glücklich sind Menschen, die auf einen Menschen treffen, der sie versteht. Glücklich sind wir, wenn wir uns etwas »gönnen« oder geschenkt bekommen, das wir uns gewünscht haben. Glücklich kann jemand sein, der allein auf einer Wiese steht und am Horizont einen wunderschönen Sonnenuntergang erlebt und hört, wie die Vögel ihr Abendlied singen. Wer ist nicht glücklich, wenn er gelobt wird? Wer freut sich nicht, wenn er in den Spiegel guckt und sagen kann: Oh, heute sehe ich wirklich gut aus! Und wer erinnert sich nicht an die überwältigenden Glücksgefühle der ersten Verliebtheit?

Wir sehen an dieser kurzen Aufzählung, dass Glück nicht nur unterschiedlich erlebt wird, sondern auch die verschiedensten Gründe haben kann. Und dabei habe ich nur einen kleinen Ausschnitt an Glücksgründen genannt. Es gibt noch unzählige andere.

Welche Rolle spielt nun Geld für unser Glück? In meinen zahlreichen Gesprächen mit reichen Menschen durfte ich erfahrene, dass Geld kaum eine Rolle für das Glücksgefühl spielt.

Nicht nur Forscher und Therapeuten, auch unsere eigenen Erfahrungen sagen uns: Ausschlaggebend dafür, dass dieses Gefühl entsteht, ist es, akzeptiert, respektiert, anerkannt und geliebt zu werden. Wie Anerkennung, Respekt oder Liebe sich zeigen und ausgedrückt werden, ist dabei nicht der entscheidende Punkt, Hauptsache ist, sie werden überhaupt erfahren. Es kann eine liebevolle Geste sein, ein lobendes Wort, ein Geschenk, ein Gespräch, eine langanhaltende Freundschaft oder Liebesbeziehung, ein Erfolg – all diese Erlebnisse sind Ausdruck von Anerkennung.

Warum ist Anerkennung für das Glück so wichtig? Ganz einfach deshalb: Jeder Mensch möchte in seiner Einmaligkeit wahrgenommen und verstanden werden. Geschätzt zu werden ist etwas, was man weder kaufen noch bezahlen kann.

Oder wie der Hirnforscher und Neurobiologe Gerald Hüther es einst auf einem Kongress formulierte: »Wir wachsen nur in liebevollen Beziehungen und durch die

Begeisterung.«[79] In positiven Rückmeldungen erkennen wir uns. Das Gefühl der Begeisterung schafft die Spuren im Gehirn, die uns lernfähig machen.

So merkwürdig es klingen mag – auch durch Verzicht können Menschen glücklich sein.

Anselm Grün macht uns auf einen Widerspruch aufmerksam, indem er schreibt: »Nur, was wir ersehnen, ist unser Eigentum. Was wir besitzen, haben wir schon verloren.« Er meint, dass das Glück vor allem im Nichtbesitzen liegt und im Besitzen gefährdet sei.

Der Prinz, der später Buddha hieß, gab – wie wir weiter vorne bereits erfahren haben – alles auf, was er besaß: Seine Familie, seine erhabene Stellung, seinen Reichtum, weil ihn Glanz und Besitz nicht glücklich machten. Der russische Dichter Tolstoi verzichtete auf seine Rolle als Großgrundbesitzer, weil sie ihn nicht mehr erfüllte. »Ja, Dichter haben das Glück beschrieben – indem sie den Glanz beschrieben, den einer aufgab für sein Glück.«[80] Es kann also glücklich machen, sich von überflüssigem Ballast zu befreien.

»Immer, wenn wir glauben, dass wir etwas brauchen, sagen wir indirekt, dass wir schwach und unvollkommen sind. Jedes Mal, wenn wir entdecken, dass wir etwas nicht mehr brauchen, wachsen unser Selbstwertgefühl und unsere Liebesfähigkeit, entsteht paradoxerweise Fülle. Das heißt, alles – von der Mutterbrust angefangen –, was wir im Leben loslassen können, macht uns sicherer, wohlhabender und freier. Wachstum heißt, dass wir Stück um Stück unserer Bedürftigkeit loslassen können und nicht, dass wir ständig etwas Neues bekommen.«[81]

Der schon erwähnte Karl Rabeder wählte ebenfalls den Weg zum Glück durch Verzicht:

*»Vom Millionär zum Glückspilz«. So lautet die Überschrift zu einem Interview, das Kurt Rabeder dem evangelischen Magazin Chrismon gab. Karl Rabeder verdiente Millionen mit Kerzen und Wohnzubehör. Jetzt lebt er von 1.000 Euro im Monat und will anderen Menschen von Nutzen sein. Er trennte sich von seiner Villa in Tirol, dem Herrenhaus in Frankreich, der Luxuslimousine und fünf Segelflugzeugen. Schon ging es ihm besser. Künftig soll sein Besitz in zwei Rucksäcke passen. »Ich war mal reich und werde jetzt, wo ich immer weniger reich bin, glücklich und vermögend. Vermögend ist jemand, der mit seinem Besitz etwas Positives bewirken kann.« Danach verkaufte er auch noch seine Firma an seinen Konkurrenten, weil er aus dem*

79 Dies formulierte Gerald Hüther auf dem Kongress »Weimarer Visionen« in Weimar im Jahr 2009

80 Zitiert nach: Ludwig Marcuse: Philosophie des Glücks, S. 46

81 Eva Maria Zurhorst: Liebe Dich selbst, und es ist egal, wen Du heiratest, S. 73

*Hamsterrad des »Immer mehr-und-mehr« aussteigen wollte. »Ich merke, dass ich mehr Möglichkeiten habe, je weniger Geld ich besitze. Weil im Kopf endlich wieder was zu laufen anfängt: Wozu bin ich auf diesem Planeten? Was will ich wirklich? Zum Beispiel die Arbeit aussetzen und ein halbes Jahr den Jakobsweg gehen.«*

*Nachdem Rabeder seine Firma verkauft hatte, fand er Zeit für sein Hobby, das Fliegen. Er verweilte nun länger an manchen Orten und konnte in Südamerika nicht mehr über die Armut hinwegsehen. »Früher hab ich die auch wahrgenommen, aber gedacht: das ist deren Armut. Jetzt konnte ich nicht mehr ignorieren, dass das auch was mit mir zu tun hat. Und weil ich dort so oft beschenkt worden bin – seien es materielle Geschenke oder tolle Freundschaften -, beschloss ich, was zurückzugeben.«*

*Seitdem engagiert sich Rabeder für Agrarprojekte und Mikrokredite und unterstützt Waisenhäuser in Lateinamerika. »Auch alle Geldreserven werden ein zeitliches Ende haben, und das finde ich schön. Denn jetzt passiert mit dem Geld endlich etwas Sinnvolles, weil ich damit die Organisationsgründung von MyMicroCredit unterstütze.«*[82]

## 2. Armut und Reichtum als Indikator für Glück

Die Wissenschaftler, die sich mit diesem Thema befassen, kommen zu unterschiedlichen Schlüssen. Mathias Binswanger fasst in seinem Buch »Die Tretmühlen des Glücks« die Ergebnisse seiner Forschung folgendermaßen zusammen: Obwohl die Menschen in den entwickelten Ländern immer mehr verdienen, nimmt das Glücksempfinden oder die Zufriedenheit der Menschen ab einem bestimmten Punkt nicht mehr proportional zu. Dieses Phänomen bezeichnet man als Glücksparadoxon. Er fragt: »Wie glücklich sind die Menschen in verschiedenen Ländern? Die bekanntesten Untersuchungen über das Glück stammen von Befragungen, die das durchschnittliche Glücksempfinden der Menschen in verschiedenen Ländern miteinander vergleichen. Eine führende Rolle spielt dabei der so genannte World Values Survey, der Daten zu mittlerweile 82 Ländern enthält.«[83]

Es gibt weitere empirische Untersuchungen, die das durchschnittliche Glücksempfinden und das durchschnittliche Jahreseinkommen der Menschen in zahlreichen Ländern untersuchen und vergleichen. Diese Untersuchungen lassen klar erkennen: So lange ein Land arm ist und wirtschaftlich wächst, steigt das durchschnittliche Glücksempfinden der Bevölkerung im Verhältnis zu einem immer höheren Einkommen sehr schnell an, bis ein Schwellenwert von ungefähr 15.000 Dollar Jahreseinkommen erreicht ist. Mehr Einkommen macht die Menschen

82 Interview von Christine Holch, Chrismon, 2/2010
83 Mathias Binswanger, S. 25 und www.worldvaluesurvey.com

langfristig nicht automatisch glücklicher als im Vergleich zu früheren Zeiten, in denen sie am Ende jedes Monats noch weniger in der Tasche hatten. Ein weiterer Anstieg des Einkommens über diesen Schwellenwert hinaus führt zu keinem weiteren Anstieg des Glücksempfindens.

Ein Grund dafür mag sein, dass in den armen Ländern der Erde zuerst die grundlegenden Bedürfnisse der Menschen nach Nahrung und Wohnen befriedigt werden müssen. Wenn diese elementaren Bedürfnisse befriedigt sind, spielt Geld offensichtlich nicht mehr die entscheidende Rolle, um noch glücklicher zu werden.

Weitere Untersuchungen zeigen, dass nur sehr große Armut das Glücksgefühl der Menschen beeinträchtigt. Wenn jedoch die materiellen Grundbedürfnisse erfüllt sind, sind meist andere soziale Faktoren wie Freundschaft, Liebe, Anerkennung im Beruf die entscheidenden Faktoren für mehr Glück.[84]

Bis jetzt galt die Hypothese, dass Geld nur bis zu einem bestimmten Grad glücklich machen würde. Ist erst einmal eine bestimmte, genau definierte Einkommenschwelle erreicht, wächst das Glücksgefühl trotz weiterem Wirtschaftswachstum nicht mehr an, sondern verfliegt. Eine neue, wenn auch umstrittene Studie[85], die von den amerikanischen Wirtschaftswissenschaftlern der US-Universität in Pennsylvania Betsey Stevenson und Justin Wolfers erstellt wurde, besagt jedoch, dass Geld auch den kontinuierlich glücklich mache, der schon viel davon hat und immer noch mehr hinzugewinnt. Es gibt nach dieser Studie also keinen Sättigungsgrad, von dem an finanzieller Zugewinn die Menschen nicht mehr glücklich machen würde. So sind die Menschen in den USA mit einem durchschnittlichen Einkommen von 30.000 Dollar viel glücklicher als die Menschen in der Ukraine oder in Peru, wo das Durchschnittseinkommen unter 5.000 Dollar liegt.

Die Reichen eines Landes sind demnach, zumindest in den USA, immer glücklicher als ihre ärmeren Landsleute. Der Prozentsatz von Menschen, die sich als »sehr glücklich« bezeichnen, steigt von Einkommensklasse zu Einkommensklasse kontinuierlich an.

Doch nicht nur der Geldgewinn, sondern auch die Einschätzung des eigenen Eigentums spielt in Bezug auf das Glücksempfinden eine Rolle: Besitz kann einen »in Besitz nehmen«, unter anderem deswegen, weil man dessen »Wert« grundsätzlich überbewertet. Der Ökonom Richard Thaler von der Universität Chicago hat diesem irrationalen Verhalten bereits vor rund 30 Jahren einen Namen gegeben: »Endowment« oder »Besitztumseffekt«.

Wäre dies eine Erklärung für die vielfach beschriebene grenzenlose Geldgier von ohnehin schon Reichen? Ohne dass ich hier voreilige Schlüsse ziehen will,

84 Siegfried Brockert: Positive Psychologie, S. 46 f.

85 Mathias Binswanger: Die Suche nach dem Beweis, in DIE ZEIT 20.10.2011 Nr. 43

scheint es mir generell dennoch so zu sein, dass reiche Menschen in der Regel glücklicher sind als arme, der Glückszuwachs durch zunehmenden Wohlstand aber durchaus seine Grenzen hat.

Ein Gut, das wir unser Eigen nennen, halten wir für wertvoller als ein identisches oder vergleichbares Gut, das nicht zu unserem Eigentum zählt. Wer etwas besitzt, überschätzt den Wert dieses Besitzes mindestens um den Faktor zwei – zumindest aus der Sicht potentieller Käufer. 2008 ist es dem Psychologen Brian Knutson von der Stanford University gelungen, diesen Effekt im Gehirn zu lokalisieren. Die Probanden bekamen jeder 60 Dollar Spielgeld und durften sich davon zwei elektronische Geräte kaufen. Anschließend sollten sie mit ihrem neu erworbenen Besitz untereinander handeln. Wer einen MP3-Player hatte, wollte den für sage und schreibe 70 Dollar verkaufen, mehr, als er selbst dafür bezahlt hatte. Um das gleiche Gerät vom Mitspieler zu kaufen, waren die anderen Probanden aber nur bereit, 35 Dollar zu zahlen.

Nun könnte dieses Ergebnis auch der menschlichen Gier geschuldet sein. Doch scheinen Menschen generell viel extremer auf Verluste zu reagieren als auf Gewinne. An eine Gehaltssteigerung von zehn Prozent hat man sich schnell gewöhnt, eine dementsprechende Kürzung wird einem viele Jahre negativ in Erinnerung bleiben.

Der oben erwähnte »Besitztumseffekt« ist von verschiedenen forschenden Psychologen an amerikanischen Universitäten mehrfach nachgewiesen worden (zum Beispiel von David Kahnemann, Princeton University).

Auch an der Universität von Tel Aviv konnte die Psychologin Ayelet Fishbach nachweisen, dass der Besitztumseffekt von der Stimmungslage eines Menschen abhängt. Wenn Menschen positiv gestimmt sind, fällt dieser Effekt schwächer aus. Je mehr ein Mensch fürchtet, seinen Besitz zu verlieren, desto höher fielen seine Entschädigungsforderungen aus. So scheint der Mythos »Reichtum macht glücklich« durchaus wahr zu sein, in Gänze gesehen, stimmt er jedoch nicht, je nachdem wie und wo wir hinschauen.

## 3. Wohlstand und der Sinn des Lebens

Wohlhabend zu sein, kann auch eine gelassene Großzügigkeit sich selbst gegenüber einschließen.

Menschen mit einem überschaubaren und regelmäßigen Einkommen leben in einer behaglich temperierten Wohnung, fahren einen komfortablen Wagen, können es sich leisten, schöne Reisen zu unternehmen. Sie müssen nicht nachdenken, ob sie sich spontan Zeitschriften oder ein Buch kaufen. Können sich wohlschmeckende Essen in guten Restaurants und schöne Kleidung leisten und die Behandlung bei der Kosmetikerin bezahlen. Sie leben definitiv ruhiger und entspannter als Menschen mit Geldsorgen, die nicht wissen, wie sie die nächste Miete bezahlen sollen.

Wohlstand stellt damit die Basis dar, die ein gutes Leben ermöglicht, aber nicht garantiert. Denn Wohlstand erzeugt noch lange keinen Sinn, der für ein erfülltes, glückliches Leben unabdingbar ist. Diese Ansicht vertritt auch die Pädagogin und Psychologin Ilse E. Plattner, die meint, dass im Zusammenhang mit Lebensqualität oft außer Acht gelassen wird, dass ein hoher Lebensstandard nicht automatisch bedeutet, dass man deswegen zufrieden ist. Zumal dieser Standard meist mit starker beruflicher Einspannung, Erfolgs- und Leistungsdruck und wenig Zeit für anderes einhergeht.

»Aus psychologischer Sicht gehören zur Lebensqualität die Abwesenheit von Stress, ein seelisches und körperliches Wohlbefinden sowie der Spaß und die Freude am Leben. Selbstvertrauen und ein positives Selbstwertgefühl unterstützen die Lebenszufriedenheit. Voraussetzung dazu ist allerdings die Fähigkeit, das Leben den eigenen Bedürfnissen entsprechend zu leben. Lebensqualität so verstanden, könnte ›erfolgreich leben‹ auch etwas anderes heißen als Ansehen, Macht, Reichtum und Wohlstand. Erfolg könnte bedeuten, dass man sich rundum wohl fühlt. Wenn es einem beispielsweise gelingt, sich mit dem, was man bereits hat, zufrieden zu geben; oder sich sein Leben so einzurichten, dass man nur noch wenige Stunden am Tag arbeitet und nicht mehr ständig die Rolle des Karrieremenschen spielen muss, sondern mit einem guten Gefühl zu der Person stehen kann, die man ist. Ein erfolgreiches Leben könnte auch heißen, Chancen vorbeiziehen und sich von ihnen nicht mehr unter Druck setzen zu lassen und dem Vorrang zu geben, woran man Freude hat.«[86]

Tatsächlich wissen wir anhand von Untersuchungen, Statistiken und Berichten, dass es sehr viele Menschen gibt, die relativ bis sehr gut »gesettelt« leben und dennoch keineswegs glücklich oder mit ihrem Leben zufrieden sind. Irgendetwas scheint darin zu fehlen. So bemängeln sie trotz steigenden Einkommens, wegen ihres kräftezehrenden und zeitintensiven Jobs kaum noch zu Beschäftigungen zu kommen, die ihnen wichtig sind und Spaß machen.

Und damit sind wir wieder beim Ausgangspunkt dieses Kapitels und der Frage nach den Dingen angelangt, die uns glücklich machen – und der Feststellung, dass diese primär nichts mit Wohlstand zu tun haben.

Die vielen Annehmlichkeiten und Möglichkeiten, die zunehmender Besitz ermöglicht, sind nur dann ein langfristiger Garant für Wohlbefinden und Glück, wenn jenseits von Erfolgsstreben und Karriereleben noch andere Lebensqualitäten hinzukommen, die ein als sinnvoll empfundenes Leben ermöglichen.

---

86 Ilse E. Plattner: Sei faul und guter Dinge – vom Sinn und Unsinn des Erfolgsstrebens, S. 104

Nun sind Sinn und Glück bekanntermaßen zweierlei. Sinn hat »etwas«, wenn es mit einem Zweck und einem Ziel verbunden ist, das Menschen für gut befinden. Glück hingegen ist mit einem Zustand der Freude verbunden, der wieder vergeht. Sinn und Glück hängen jedoch insofern miteinander zusammen, als jemand, der davon überzeugt ist, etwas Sinnvolles zu tun, sehr viel mehr Glücksgefühle erleben wird als jemand, der alles als »sinnlos« empfindet. Man kann sogar noch weiter gehen: Wer sein Leben und Tun als sinnvoll ansieht, kann viel eher ein zeitweiliges Scheitern und Misslingen akzeptieren als jemand, der keinen Sinn darin sieht.

Geld spielt dabei durchaus eine entscheidende Rolle, denn selbst wenn es keine grundlegende Bedingung für Sinnerfahrung und Glücksgefühle ist, ermöglicht sein Vorhandensein doch prinzipiell eine größere individuelle Bewegungsfreiheit und gewährleistet damit auch automatisch mehr Sicherheit, weniger Streit, Gewalt und Großzügigkeit im persönlichen Umgang miteinander. Voraussetzung dafür ist allerdings, dass es sinnvoll eingesetzt wird. Und darum ist vor allem die Frage spannend, durch welche Aktivitäten jemand, der viel Vermögen hat, Sinnvolles tut und dabei glücklich wird. Sehen wir uns daher die Lebensgeschichte einer Frau aus reichem Hause an, die sich mit und ohne Besitz bewusst für ein sinnvolles Leben entschieden hat:

*Adele ist eine schlanke, attraktive und engagierte Ärztin, die bald ihren siebzigsten Geburtstag feiern wird. Eine ihrer immer wiederkehrenden Kindheitserinnerungen ist, wie im großen düsteren Haus ihrer Eltern elegante Damen mit Kaschmirtwinsets und Perlenketten am Kaminfeuer sitzen, Tee trinken und über ihre wohlgeratenen Kinder plaudern. Die dazu gehörenden Männer trinken Cognac aus großen Schwenkern, debattieren über ihre Geschäfte und reden über die Jagd. Man lebt in Landhäusern mit dicken Orient-Teppichen und Jagdtrophäen an den holzgetäfelten Wänden.*

*Adele wurde in eine reiche Familie hineingeboren. Sie meint: »Man war jemand, weil man Geld hatte.« Als sie auf die Welt kam, machten weder die Eltern noch die drei älteren Brüder ein großes Aufhebens um den Nachzögling Adele.*

*Adeles Vater war es gelungen, aus dem Unternehmen, das seine Frau geerbt hatte, ein noch größeres zu machen und noch mehr Vermögen aufzubauen. »Er konnte Stroh zu Gold spinnen«, erzählt Adele, der man innerhalb der Familie vielleicht auch deshalb so wenig Beachtung schenkte, weil ein Mädchen, das in den Fünfzigerjahren in einem Unternehmer-Haushalt aufwuchs, nicht so wichtig war. Sie würde mit Sicherheit nicht damit beauftragt werden, das Familienunternehmen fortzuführen. Wichtig waren für die Eltern die Brüder, die ihr Unternehmen in die Zukunft führen sollten. »In mich wurde am wenigsten investiert«, betont sie, immer noch mit einem gewissen Kummer in der Stimme.*

*Eine weitere ihrer frühesten Erinnerungen ist es, alleine in ihrem Gitterbettchen zu liegen. »Wer dieses Gefühl der Einsamkeit aushält, kommt später gut mit sich alleine zurecht«, meint sie nachdenklich.*

*Nach der Mittleren Reife wird sie auf ein Mädchenpensionat bei Genf geschickt, um ihre Manieren zu perfektionieren und sie für den Heiratsmarkt vorzubereiten. Als sie neunzehn wird, haben ihre Eltern schon einen geeigneten Kandidaten aus einem »passenden Elternhaus« für sie ausgesucht, passend im Sinne der väterlichen Fusionspläne. Für ihren Vater ist bei der Wahl des Heiratskandidaten allein die Fusion der beiden Familienunternehmen entscheidend. Für die unerfahrene junge Adele ist dagegen wichtig, dass sie diesen attraktiv und sympathisch findet. Doch nie wäre ihr in den Sinn gekommen, sich gegen das Diktat ihrer Eltern aufzulehnen. So heiratet sie mit zwanzig und bekommt in rascher Folge nacheinander drei Söhne und zwei Töchter. Die Kinder, die Natur und ihre Pferde bestimmen ihr beschauliches Leben. Mit Ende dreißig bricht ihre Welt jedoch völlig unerwartet zusammen: Ihr Mann verlässt sie wegen einer anderen Frau. Für Adele ein Schock.*

*Doch statt zu verzweifeln, stürzt sie sich ins Leben, in ein Leben voller Engagement und Konsequenz. Sie besucht die Abendschule und macht gleichzeitig mit ihren ältesten Söhnen, einem Zwillingspaar, das Abitur. Danach entscheidet sie sich für ein Medizinstudium, das sie auch durchzieht – gegen den Willen der reichen Verwandtschaft, die der Meinung ist, dass Adele sich besser um ihre Kinder kümmern solle, auch wenn diese zu diesem Zeitpunkt schon fast erwachsen waren. Nach ihrem Medizinstudium spezialisiert sich Adele auf chinesische Medizin und alternative Heilmethoden. Schon immer war sie gläubig gewesen, doch nun entdeckt sie zudem ihre spirituellen Neigungen. Sie verbringt Jahre in China, um sich weiterzubilden. Im Urwald von Brasilien macht sie eine Ausbildung zur Schamanin.*

*Ende der Siebzigerjahre kommt sie in Kontakt mit Menschen, die sich für den Umweltschutz engagieren. Sie befreundet sich mit Mitgliedern des Club of Rome, der ein Ende des Ressourcen verzehrenden Wirtschaftswachstums verlangt.*

*Adele engagiert sich für den Alternativen Nobelpreis, der zukunftsweisende Visionen auszeichnet. Sie engagiert sich politisch und sammelt Spenden für Greenpeace.*

*Adele hat in finanzieller Hinsicht oftmals verzichtet und ist bei vielen Menschen damit auf Unverständnis gestoßen. Während ihrer Scheidung entschied sie sich dafür, den für sie qualvollen Prozess lieber abzukürzen und auf eine hohe Unterhaltszahlung zu verzichten. Mit einer einmaligen Zahlung ihres Mannes kauft sie sich eine schöne Wohnung. Für ihren Lebensunterhalt kommt sie selbst auf. Auf meine Frage, woher sie diese Fähigkeit zur Friedfertigkeit habe, erklärt sie: Ihr Vater wäre ständig in ir-*

*gendwelche Gerichtsprozesse verwickelt gewesen, die er gegen seine Kompagnons und Geschäftsführer führte. Er wollte immer noch mehr Macht und Einfluss. Weshalb er ihrer Meinung nach letztendlich auch schwer erkrankte. Er hatte mehrere Herzanfälle und bekam einen Schlaganfall, an dem er schließlich starb.*

*Sie lehnt die Lebenseinstellung ihres Vaters, die mit Macht und Gier verbunden ist, ab. Als ihre Eltern kurz nacheinander starben, erben ihre Brüder 90 Prozent des Vermögens. Adele verzichtet wieder, denn für sie ist es »ein Unding, gegen die eigene Familie zu klagen«. Ihr ging es ums Prinzip: Um Geld streitet man sich nicht.*

*Trotz des Verzichtes auf ein Vermögen ist die Ärztin eine wohlhabende Frau, und zwar in zweierlei Hinsicht. Sie wohnt in einer sehr schönen Wohnung und betont auch, dass es ihr gut tut, finanziell abgesichert in einem schönen Eigentum zu wohnen und sich mit schönen Dingen und Kunst umgeben zu können. Andererseits ist sie reich, weil sie sich aus eigener Kraft ein eigenes, sinnerfülltes Leben aufgebaut hat und von ihren Kindern, Enkeln, Freunden und Kollegen geschätzt und geliebt wird. Ein Leben, das ihr gewiss nicht in die Wiege gelegt wurde. Es wäre viel leichter für sie gewesen, sich auf dem ihr zustehenden Erbe auszuruhen. Doch sie hat sich für das Abenteuer entschieden, festgefahrene Konventionen und vorgegebene Trampelpfade zu verlassen und ein sinnvolles Leben zu führen.*

Ich kenne kaum einen anderen Menschen, der einen solch ausgeprägten Familiensinn hat wie die erfolgreiche ältere Ärztin. Ihre zehn Enkelkinder, die überall auf der Welt verstreut leben, werden von ihr auch via Skype und Internet aufmerksam mit Rat und Tat durchs Leben begleitet.

## 4. Glück durch Geben und Fördern

Für viele Menschen ist es ein gutes Gefühl, jemandem zu helfen. Geld spielt dabei eine wichtige Rolle. Viele Reiche haben Stiftungen gegründet, setzen sich für soziale Projekte ein, fördern die Wissenschaft, die Kunst, die Künstler. Die großen Stiftungen von Firmen wie Bertelsmann, VW und anderen sowie Privat-Stiftungen wie die von Bill Gates geben ein beredtes Beispiel davon, wie mit Geld sehr viel Sinnvolles getan werden kann.

Stiftungsgründungen haben im Laufe der letzten Jahrzehnte in Deutschland zugenommen. Privater Reichtum, der durch die Wohlstandsgesellschaft der Nachkriegszeit entstanden ist, findet hier sein sinnvolles Ziel.

In den USA ist philanthropisches Engagement traditionell stark verankert. Der sehr wohlhabende Investor Warren Buffet hatte bereits 2006 erklärt, dass er 99 Prozent seines Vermögens der Stiftung von Bill und Melinda Gates spenden würde.

Im Jahr 2010 beschlossen insgesamt 40 Milliardäre in den USA, auf eine Initiative von Warren Buffet und Bill Gates hin, mindestens die Hälfte ihres Vermögens für einen guten Zweck zu spenden. Die Kampagne mit dem Namen »The Giving Pledge« – das Spendenversprechen – sollte zunächst auf die USA konzentriert sein und später auf die ganze Welt ausgeweitet werden. Die Liste der Unterstützer der Kampagne liest sich wie das Who's Who der amerikanischen Wirtschaftselite. Zu den Spendern gehören neben Buffet und Gates der Medienmogul Ted Turner, Oracle-Mitbegründer Larry Ellison, Bankier David Rockefeller, Hotelerbe Barron Hilton, »Star Wars«-Regisseur George Lucas und der ehemalige New Yorker Bürgermeister Michael Bloomberg. Mit dem schnellen Erfolg dieser bis dahin beispiellosen Spendenkampagne entstand eine Sogwirkung, die weitere Superreiche in den Vereinigten Staaten und möglicherweise auch in anderen Ländern dazu animiert oder verpflichtet hat, mit ihrem Vermögen karitative Projekte zu unterstützen. Laut dem Magazin »Forbes«, das jedes Jahr die Liste der reichsten Menschen der Welt veröffentlicht, haben von den in den USA lebenden mehr als 400 Milliardären sich immerhin 40 bereiterklärt, die Kampagne von Warren Buffet zu unterstützen. Alle Unterstützer mussten versprechen, mehr als fünfzig Prozent ihres Vermögens zu ihren Lebzeiten oder nach ihrem Tod für einen wohltätigen Zweck zu spenden, den sie allerdings selbst bestimmen können. Dabei handelt es sich um keinen juristischen Vertrag, den sie unterschrieben haben, sondern um ein moralisches Versprechen.

Filmemacher Lucas kündigte an, einen Großteil seines Vermögens für bessere Bildung zu spenden. Rockefeller begründete sein Spendenversprechen damit, dass diejenigen, die vom amerikanischen Wirtschaftssystem am meisten profitiert haben, damit auch eine besondere Verantwortung haben, der Allgemeinheit etwas zurückzugeben.

Ob diese großzügigen Geber der Giving-Pledge-Kampagne glücklich sind und dieses Gefühl in Verbindung mit ihrer Bereitschaft, zu spenden, erleben, wissen wir jedoch nicht.

Dass das Sozialsystem in den USA viel weniger ausgebaut ist als in Europa, ist jedenfalls ein Grund dafür, dass Stiftungen und Großspenden dort viel verbreiteter sind als bei uns und eine lange Tradition haben. Denn die sozialen Systeme sind auf diese philanthropischen Spenden regelrecht angewiesen.

Doch auch in Deutschland hat die Spendenbereitschaft zugenommen: Ein bekannter deutscher Unternehmer und Industrieller sagt dazu:

*»Wir haben eine Stiftung gegründet, mit der wir uns um die Förderung der Kindererziehung kümmern, wissenschaftliche Projekte fördern und zudem bildende*

*Künstler unterstützen. Wir sind der Meinung, dass es wenig Sinn hat, Geld zu horten. Für was? Geld muss sinnvoll ausgegeben werden. Und daher haben wir uns entschieden, einen Teil unseres Vermögens für solche Zwecke zur Verfügung zu stellen. Wir freuen uns über die Ergebnisse und sehen, dass wir, wenn auch in kleinem Rahmen, damit zu einer Veränderung und Verbesserung beitragen können.«*

Reichtum wird immer dann zu einem konstruktiven Faktor in Beziehungen, wenn Menschen sich für andere, die in großer Not sind, engagieren. Ein Beispiel, an dem überdeutlich wird, wie Mitgefühl und Spendenbereitschaft sich für Menschen in höchster Not auswirken, ist mein Gespräch mit Claudia Lamprecht, der Geschäftsführerin von »Horizont«, einem Verein, den die engagierte Schauspielerin Jutta Speidel gegründet hat.

»Horizont« betreibt im Münchner Norden ein geschütztes Haus, in dem obdachlose Frauen mit ihren Kindern unterkommen und von einem kompetenten sozialpädagogischen Fachteam gefördert werden. Mit 77 Müttern und ihren Kindern ist das Haus, das nur für 65 Menschen konzipiert ist, momentan komplett überfüllt.

*»Wer hier ankommt, hat kein Selbstwertgefühl von Null, sondern von Minus 20«, meint Frau Lamprecht, denn der Verlust des Partners geht häufig auch mit dem Verlust der Wohnung, des Arbeitsplatzes und der Zuversicht einher. Oftmals stehen die nach Hilfe suchenden Frauen mit nichts als ein paar Plastiktüten mit ihren Habseligkeiten in den Händen bei Nacht und Nebel vor der Türe. Die Frauen, die vorher meist in der Bahnhofsmission gestrandet sind, werden hierher, zum geschützten Horizonthaus, gebracht. Hier können die Mütter mit ihren Kindern endlich angstfrei zur Ruhe kommen. »Der finanziellen Armut der Frauen folgt oftmals auch eine Gefühlserstarrung, sich selbst und den eigenen Kindern gegenüber«, stellt Frau Lamprecht fest. »Wenn die Frauen selbst nichts bekommen, können sie auch nichts an ihre Kinder weitergeben, außer ihrer eigenen Angst und Verzweiflung. Die betroffenen Frauen können in der Regel ihre Kinder weder mit Geld, Einkommen noch Zuwendung versorgen. Wer selbst nicht geliebt wurde und wird, kann auch keine Liebe weitergeben«, sagt Frau Lamprecht weiter.*

*Was fühlen nun die Ärmsten der Armen, die hier gelandet sind? Vielleicht: Wo ich nicht bin, dort ist das Glück? Die Gefühle des Versagens und der Scham, hier gelandet zu sein, müssen erst einmal durch die liebevolle Hilfe der Betreuer und Betreuerinnen überwunden werden. Das ist ein Prozess, der oftmals über ein Jahr dauert. Danach sind die Frauen meist wieder fähig, eine Arbeit anzunehmen und sich in ein selbständiges und selbstbestimmtes Leben zu begeben. Schlimme, oft menschenunwürdige Umstände machen es auch den Kindern dieser Frauen schwer, Fuß zu fassen und eine würdige Zukunft für sich selbst zu planen. Meist definieren diese Kinder ihren »Wert« nur über den Konsum. Sie glauben, dass ein Paar Turnschuhe, ein Handy sie zufrieden machen würden. »Horizont« geht hier andere Wege. Das sozialpädagogisch geschulte Fachteam geht auf die Bedürfnisse der betroffenen Kinder ein und unterstützt sie ganz individuell dabei, ihre Probleme zu bewältigen und ihr Selbstwertgefühl zu stärken.*

Hier macht finanzielle Unterstützung nicht direkt, sondern indirekt glücklich. Wer mittels des Geldes konkrete Hilfe, emotionale Zuwendung und seelische Unterstützung erfährt, erlebt vielleicht zum ersten Mal Glück. Am »Horizont«-Projekt ist vor allem eines interessant und wichtig: Wieder Verantwortung für sein Leben zu übernehmen, stellt auch einen ersten Schritt zu mehr emotionalem Reichtum dar. Der Doppelsinn des Wortes »Zuwendung« wird hier evident: Zuwendungen sind einerseits emotionaler Art, andererseits auch finanzielle Geschenke, die die Voraussetzung dafür schaffen, ein neues, besseres Leben beginnen zu können.

»Horizont e.V.« macht zudem deutlich, dass die Idee, Hilfsbedürftige, egal ob in Deutschland oder Afrika, nur mit materiellen Zuwendungen zu versorgen, nicht genügt. Erst wenn die Betroffenen eine Lebensperspektive bekommen, die sie ihre Passivität überwinden lässt und in ein aktiv gestaltetes Leben zurückführt, ist die bestmögliche Hilfe geleistet – die Hilfe zur Selbsthilfe.[87]

Dieser Umstand lässt sich durch ein weiteres Beispiel noch untermauern – Hilfe für Afrika, helfen aus Überzeugung:

*Was bringt eine engagierte Ärztin, Spezialistin für Autoimmunkrankheiten, die jeden Tag ihren spannenden aber auch anstrengenden Dienst im Krankenhaus verrichtet, dazu, sich in ihrer karg bemessenen Freizeit fast ausschließlich dem Schicksal von armen afrikanischen Menschen zu widmen? »Helfen macht glücklich und zufrieden«, meint Dr. Blanche Piper. Sie und ihre zwei Brüder haben ihre Kindheit und Jugend in Kamerun verbracht, in einem der ärmsten afrikanischen Länder, in dem ihr Vater viele Jahre lang gearbeitet hat, um im Rahmen der Entwicklungshilfe landwirtschaftliche Schulen aufzubauen. Dort besuchten sie auch gemeinsam mit ihren schwarzen Freunden die Dorfschule. Die Eindrücke ihrer Kindheit, die Farben der Landschaft, die Menschen, die trotz ihrer Armut fröhlich waren, haben einen tiefen Eindruck bei der Ärztin und ihren Brüdern, die beide Diplomlandwirte sind, hinterlassen. Die drei weißen Kinder haben das dortige Leben gesehen, gehört und*

87 Kontakt: Horizont e.V. www.horizont-ev.org, info@horizont-ev.org. Hypovereinsbank München, Konto 356012000 BLZ 70020270

*miterlebt: Trommeln, die stundenlang durch die dunkle Nacht tönten, Musik, Stammestänze und -kämpfe, das Schlachten der Ziegen, das Miteinander, Geburt und Tod.*

*Um zu helfen, haben Blanche und ihr Bruder, Dr. Arne Thies, vor einiger Zeit einen gemeinnützigen Verein mit dem Namen BONAGERA gegründet. BONAGERA sammelt Spenden für folgenden Zweck:*

*Jahr für Jahr sterben Hunderttausende Kinder in Afrika an verseuchtem Trinkwasser, und Frauen werden auf dem Weg zu den Flüssen oftmals Opfer von Gewaltverbrechen. Deshalb ist es von großer Wichtigkeit, das tief im Boden vorhandene Grundwasser durch Pumpen anzuzapfen, um so für sauberes Trinkwasser zu sorgen.*

*Junge afrikanische Männer werden in einer Jahrtausende alten südamerikanischen Technik ausgebildet, mit der man auch in trockenen Gegenden tiefe Brunnen bauen kann, um sauberes Trinkwasser zu fördern. Frauengruppen in den Dörfern leisten ihren Beitrag dazu, um die Pumpe zu finanzieren und das saubere Wasser ihrer Quelle fördern und verkaufen zu dürfen.*

Dr. Thies betont, dass besonders dieser Gedanke: Hilfe zur Selbsthilfe – auch finanziell gesehen – von großer Wichtigkeit ist. Es nütze nichts, Hilfsgüter über den armen Menschen auszuschütten, ohne ihr nachhaltiges Engagement zu verlangen. Meist amortisieren sich die Pumpen finanziell innerhalb eines Jahres, und die Besitzerinnen der Wasserquellen hätten dann zwei Fliegen mit einer Klappe geschlagen. Zum einen ist die Gesundheit ihrer Familien gewährleistet, und zum anderen wird ein Einkommen aus dem Verkauf des Wassers erzielt. Dabei handelt es sich zwar nur um geringe Beträge, die aber dennoch einen gewissen Wohlstand erzeugen: Hilfe zur Selbsthilfe eben.[88]

## 5. Vom Glück zu geben und zu schenken

Geben und Fördern ist immer mit Großzügigkeit verbunden. Und mit Glücksgefühlen – sowohl für den Gebenden als auch für den Empfangenden. Das war das eindeutige Ergebnis aller Interviews und Gespräche, die ich geführt habe.

Großzügigkeit entspricht einem menschlichen Grundbedürfnis wie auch einer Grundeigenschaft, behauptet der Wissenschaftsjournalist Tor Norretranders in seinem Buch »Homo generosus. Warum wir Schönes lieben und Gutes tun«.[89]

»Wir sind großzügig, weil Großzügigkeit das kostbarste Signal von allen ist: Ich habe überschüssige Energie, ich habe Kraft, den Tag und den Weg, der vor uns

---

88 BONAGERA e.V., Geschäftsführer Dr. Blanche Piper, Dr. Arne E. Thies, www.bonagera.org, info@ bonagera.org, Gemeinschaftsbank e. G. München Konto 821113440 BLZ 43060967

89 Siehe dazu Tor Nørretranders: Homo generosus. Warum wir Schönes lieben und Gutes tun

liegt, zu bewältigen, deshalb kann ich anderen etwas abgeben. Ich besitze mehr als nur das Notwendigste, um den Überlebenskampf zu überstehen, also kann ich Energie dafür einsetzen, der Gemeinschaft und den Schwachen in einer Gruppe etwas mehr zu geben. Das macht mich begehrenswert für andere. Engagement bringt Erfolg, Großzügigkeit bringt Freude. Leistung schafft Liebe.«

Es gibt kaum eine Eigenschaft, die Menschen mehr aneinander schätzen als die Großzügigkeit. Das gilt nicht nur in Familien- und Liebesbeziehungen, sondern auch bei Bekannten, Geschäftspartnern, Freunden, Kollegen.

Wer großzügig ist, denkt an den anderen und gibt gerne her. Natürlich ist auch hier die Frage zu stellen, welche Gefühle dabei eine Rolle spielen – und zwar auf der Seite des Gebenden wie auf der Seite des Nehmenden.

Großzügiges Geben ist meist verbunden mit einem Gefühl der Freude und des Stolzes: Schau her, das gebe ich dir von ganzem Herzen. Ich lasse dich teilhaben, ich hänge nicht an meinem Besitz, sondern gebe gern. Der Gebende lässt etwas los, er klebt nicht daran.

Wenn er dann zudem noch sieht, dass es der Nehmende gern und dankbar annimmt, verstärkt sich das gute Gefühl, etwas Sinnvolles getan zu haben.

Das Entgegennehmen ist ebenfalls meist mit Glücksgefühlen verknüpft. Zum Beispiel mit einem positiven Selbstwertgefühl: Der Großzügige macht mir gegenüber deutlich, dass ich es ihm wert bin, mir etwas zu geben. Er akzeptiert und versteht mich als Mensch. Ich werde von ihm als solcher gesehen und wahrgenommen, und gleichzeitig begreife ich, dass er weiß, was ich mir wünsche und brauche.

Die Gefühle, die mit dieser Art von Großzügigkeit einhergehen, entsprechen in gewisser Weise auch unserem christlichen Wertekanon: Nicht am Geld haften, sondern mit denen teilen, die weniger haben, mildtätig und großherzig sein. Eine ganz andere Geschichte ist es dagegen, wenn man anderen nur unter den Augen einer möglichst großen Öffentlichkeit gibt, um dadurch Anerkennung und Lob zu gewinnen und das eigene Selbstwertgefühl aufzubauen.

In diese Richtung bewegt sich auch Norretranders, der Großzügigkeit durchaus auch zweckbestimmt sieht. Der Großzügige erfährt Anerkennung und Achtung. Er hat die Hoffnung, dass ihm in Folge seiner Großzügigkeit vielleicht gleichfalls geholfen wird, nach dem Motto: Helfe ich dir, so hilfst du mir. Die Großzügigkeit ist dabei eine Art von Zukunftssicherung im übertragenen Sinn. Was aber keineswegs bedeutet, dass sie immer und unabdingbar mit der Erwartung einer Gegenleistung einhergehen muss. Dennoch spielt dieser Aspekt der Generosität eine Rolle. Der Freigebige bekommt durch seine Großzügigkeit etwas zurück, was er sich nicht kaufen und ihm niemand »geben« kann: die Erfahrung der eigenen Kraft, der Größe, der Liebe und Anerkennung – eine Glückserfahrung.

Menschen sind aber auch noch aus einem anderen Grund großherzig. Sie können sich sehr gut in andere Menschen hineinversetzen. Entweder weil sie selbst schon Schmerz und Mangel erlebt haben und wissen, wie sich das anfühlt und was es bedeutet, einen hilfsbereiten Freund zu haben. Oder/und weil sie durch ihre Eltern Liebe und Mitgefühl erlebt haben und selbst zu diesen Empfindungen fähig sind. Dazu eine Passage aus einem Interview mit einer wohlhabenden Frau, die sich zu der in unserer Konsumgesellschaft zunehmend bestehenden Kluft zwischen Armen und Reichen folgendermaßen äußert:

*»Ich kann es einfach nicht aushalten, wenn es anderen Menschen schlecht geht, und glaube dann, immer gleich helfen zu müssen ... Ich denke außerdem, dass es aus den bereits angeführten Gründen immer wichtiger wird, dass Reiche einen Sonderbeitrag leisten – und zwar freiwillig –, damit all die Probleme, die wir schon haben und noch bekommen werden, schneller und besser gelöst werden können als bisher. Ohne die Unterstützung der reichen Menschen sähe das Leben von vielen schlechter aus.«*

An einem anderen Beispiel wird deutlich, wie spontane Großzügigkeit auf jemanden, der verzweifelt ist, wirken kann:

*Ewald L., ein Geschäftsmann in den besten Jahren, kommt in eine schwere gesundheitliche Krise. Er muss operiert werden, hat lange Krankenhausaufenthalte hinter sich zu bringen. Ihm wird gekündigt, ohne dass seine Krankheit der direkte Auslöser dafür war. Die Firma, für die L. arbeitete, ging pleite. Zudem hat er zum ersten Mal in seinem Leben einen Rechtsstreit, in den er durch einen Kollegen verwickelt wurde. Ewald ist verzweifelt. Sein Freund Paul besucht ihn im Krankenhaus. Ewald hat Paul von seinen Nöten selten etwas erzählt. Es ist nicht seine Art, zu klagen und einen Freund mit seinen Sorgen zu belasten. Doch als Paul ihn nun fragt, wie es ihm geht, fängt Paul fast an zu weinen. »Ich kann nicht mehr, ich weiß nicht mehr weiter.«*

*Paul hört sich ruhig alles an. Dann sagt er: »Wir gehen jetzt mal der Reihe nach durch, was genau zu tun ist, damit sich deine Lage bessert. Doch zunächst zum Prozess und deiner Finanzlage. Wie hoch sind die Kosten für den Anwalt? Welche Summe brauchst du, um keine Schulden bei der Bank zu machen?« Ewald nennt, fast verschämt, eine Zahl.*

*Und Paul antwortet: »Wäre es dir eine Hilfe, wenn ich dir 9.000 Euro überweise?«*

*Ewald traut seinen Ohren nicht. Nach einigem Hin und Her kann Paul Ewald davon überzeugen, dass es völlig in Ordnung ist, wenn er ihm das Geld überweist. Er sagt zu Ewald: »Und wenn du es nicht zurückzahlen kannst, ist es für mich kein*

*Problem. Ich habe gerade einen großen Gewinn gemacht – und es ist mir eine Freude, dir zu helfen. Du würdest das Gleiche doch auch für mich tun.« Ewald nickt, weiß nicht, was er vor lauter Dankbarkeit sagen soll. Er nimmt Paul in den Arm und ist sehr berührt. Nachdem Paul fortgegangen ist, schläft er das erste Mal seit langen wieder durch, ohne von Albträumen gequält zu werden. Er schöpft neue Hoffnung und ist seit langer Zeit wieder glücklich.*

*Ewald hat nach seiner Krise das Geld an Paul zurückgezahlt, unverzinst. Es wäre Paul jedoch nie in den Sinn gekommen, Zinsen dafür zu verlangen.*

Es war für Ewald eine Schlüsselerfahrung, dass ein großzügiger Mensch ohne großes Aufhebens für ihn da war. Das hat ihn in seinem Vertrauen bestärkt, mit seinen Problemen nicht allein zu sein. Es hat ihn auch ermutigt, selbst anderen Menschen zu helfen.

## 6. Wie wir mit und ohne Geld glücklich leben können

Seit Menschengedenken ist die Frage »Wie kann ich glücklich sein?« immer wieder gestellt worden. Es liegt offensichtlich in der Natur der Sache, dass viele Menschen durch die Jahrhunderte hindurch nicht glücklich waren und dem Wesen des Glücks aus diesem Grund stets von neuem auf den Grund gingen und nach Antworten gesucht haben.

Glück bedeutet, wie ich schon am Anfang dieses Kapitels geschrieben habe, Lebensbejahung und die Fähigkeit, wunderbare Augenblicke zu erleben.

Wie gelingt es uns heute, das Leben zu bejahen und offen zu bleiben, Glücksmomente zu finden und zu erneuern? Natürlich ist es illusorisch, immer nur glücklich sein zu wollen. Einerseits, weil dies unmöglich ist und das Leben unvermeidlich auch mit Unannehmlichkeiten, Leid, Schmerz und Verlusten einhergeht – der Kehrseite des Glücks. Andererseits, weil sich kein Mensch wirklich weiterentwickeln würde, wäre er nicht mit den Herausforderungen dieser Kehrseite konfrontiert.

Hier geht es um die Herausforderung, die das Geld mit sich bringt: Was können wir tun, um mit Geld Gutes zu schaffen und glücklich zu sein? Diese Frage ist mit keinem Anspruch verbunden, sondern beruht auf der Tatsache, dass wir die Erfahrung von Glück ebenso brauchen wie die Erfahrung von Unglück, um sinnvoll zu leben.

Wer noch nie im Leben wirklich glücklich war, noch nie zum Leben »Ja« sagen konnte und Momente der Freude erlebt hat, wird auch Probleme damit haben, dankbar zu sein. Das erinnerte oder im Moment erlebte Glücksgefühl befreit von Angst, Kummer, Leid. Es schenkt uns die Erfahrung, sich aufgehoben zu fühlen, eins mit sich selbst und dem Leben zu sein. Diese Erfahrungen geben uns die Kraft, auch schwierige Situationen zu überstehen. Und insofern ist die Frage nach dem Glück keineswegs müßig, sondern dazu angetan, uns in unserem Lebensmut zu stärken.

Wie gehen wir mit Geld um, um nicht unglücklich zu sein oder zu werden? Wie gelingt es uns, die vielen negativen Gefühle zu erkennen und zu vermeiden, wie ich sie im II. Teil meines Buches beschrieben habe? Dazu eine kleine Sammlung von Ideen, Gedanken und Anregungen:

Märchen erzählen sehr oft davon, wie Protagonisten am Ende eines oft steinigen Entwicklungsweges glücklich werden. Auch das bekannte Märchen vom »Hans im Glück« ist ein Beispiel dafür. Nachdem Hans sieben Jahre gedient hat, will er nach Hause zu seiner Mutter zurückkehren. Da er gute Arbeit geleistet hat, wird er von seinem Meister mit einem großen Goldklumpen fürstlich belohnt und macht sich glücklich auf den Weg. Die anfängliche Freude verfliegt schnell, da die kostbare Last ihn schwer zu drücken beginnt. Hans tauscht das Gold gegen ein Pferd, dann gibt er das Pferd für eine Kuh her. Die Kuh tauscht er gegen ein Schwein ein. Das Schwein wird in eine Gans getauscht. Am Schluss bleibt ein Schleifstein übrig, den Hans ins Wasser fallen lässt. Hans, ganz befreit von Ballast, ist nun glücklich.

»Hans machte also die Erfahrung, die jeder Mensch eines Tages von neuem macht: Man *besitzt* das Glück weder im Gold noch im Schwein und noch im Stein. Vieles kann einen glücklich machen, aber kein Gut macht einen glücklich in jeder Beziehung … Das ist also die große Erfahrung des Hans gewesen: Auf die Frage ›Was ist Glück?‹ ist der Hinweis auf ein bestimmtes Gut nie eine Antwort.«[90]

Der große russische Dichter Iwan Turgenjew (1818–1883), selbst aus reichem Hause, schlägt nicht den Verzicht, sondern wie schon viele Philosophen vor ihm eine bestimmte innere Einstellung vor, um glücklich zu werden. Er schreibt: »Seit ich nicht mehr mich selbst suche, führe ich das glücklichste Leben, das es geben kann.« Moderner ausgedrückt, empfiehlt Turgenjew also, von übertriebenem Selbstbezug und übertriebener Selbstverwirklichung abzusehen.

Daraus wäre der Schluss zu ziehen, dass die ewige Menschheitsfrage, wer bin ich und wozu lebe ich, vielleicht nicht zum Glücklichsein führt. Man könnte es auch so sagen: Wer sich so annimmt, wie er ist, und sich dabei auch ins Verhältnis zu seinen Mitmenschen setzt, wird glücklicher als der, der immerzu nur auf sich blickt und etwas in sich finden will, was es vielleicht gar nicht gibt.

Albert Camus (1913–1960), der französische Schriftsteller des Existentialismus, selbst über weite Strecken seines Lebens nicht mit Wohlstand gesegnet, sieht im

90 Ludwig Marcuse: Die Philosophie des Glücks, S. 45

Reichtum eine Möglichkeit, von der in diesem Buch bislang nur im Zusammenhang mit Ilse Plattners Definition von Lebensqualität die Rede war. Er schreibt in »Der glückliche Tod«: »Reich sein oder werden, bedeutet Zeit haben, um glücklich zu sein, wenn man würdig ist, es zu sein.«

Wer sich keine finanziellen Sorgen machen muss, hat Zeit. Er muss nicht angestrengt und angstvoll jedem Auftrag hinterherrennen. Er kann auch mal einen Flop akzeptieren, ohne nervös zu werden. Er hat die Chance, sich mit sinnvollen Dingen zu befassen, die ihm Freude machen, ohne immerzu ans Geldverdienen denken zu müssen.

Nicolas Berggrün, der schon einmal erwähnte milliardenschwere Investor, erweitert in einem Interview in der Süddeutschen Zeitung den Begriff des Reichtums: »Reichtum bedeutet, dass man mehr von etwas hat. Dieses ›etwas‹ kann Zeit sein, aber auch Wissen. Geld misst diesen Reichtum, ist aber nicht das Wesentliche. Das Wesentliche am Reichtum sind Möglichkeiten … Es kommt darauf an, was man mit diesen Möglichkeiten macht.«[91]

Aus dieser Definition von Reichtum ließe sich der gute Rat ziehen: Wer Geld hat, sollte über die vielen Möglichkeiten nachdenken, sinnvoll damit umzugehen.

Dabei bietet sich natürlich auch an, Vorschläge aus der christlichen Tradition in Betracht zu ziehen.

»Was ich ersehne, ist in meinem Herzen«, schreibt der Katholik Anselm Grün. »Es gehört mir ganz und kann mir nicht geraubt werden. Kein gieriger Mensch, kein Hochwasser und kein Feuer kann das, was ich ersehne, zerstören. Es bleibt in meinem Herzen. Es ist mein wahres, mein wirkliches Eigentum.«[92] Anselm Grün verwaltet als Theologe und Mönch die Benediktinerabtei Münsterschwarzach und ist als geistlicher Berater und Kursleiter für Meditation tätig. Seine Bücher haben inzwischen Millionenauflagen erreicht. Zum Thema »Zeit und Zeitverschwendung« meint er: »Wer sich bewusst die Zeit nimmt, einfach nur da zu sein, der wird erfahren, wie viel Zeit er gewinnt. Die Zeit gehört ihm. Früher gehörte zu jedem Bauernhof eine Bank vor dem Haus. Da saßen oft die Großeltern und schauten einfach zu. Oder sie saßen am Abend auf dieser Bank und nahmen einfach nur wahr, wie der Tag sich neigte, wie alles still wurde. Sie taten nichts. Aber es ging von ihrem Dasein ein großer Friede aus. Man spürte, wie sie die Zeit genießen konnten. Sie arbeiteten viel. Aber sie hatten auch die Fähigkeit, einfach nur da zu sein. Die Zeit hat für sie eine andere Qualität bekommen. Sie war kein Tyrann mehr, sondern eine Einladung zur Dankbarkeit, eine Einladung zum reinen Dasein. Solche Augenblicke, in denen ich absichtslos einfach nur da sitze und den

91 Nicolas Berggrün, in SZ, 13.12.2010

92 Anselm Grün, S. 80

Gedanken nachhänge, die in mir auftauchen, sind oft sehr fruchtbare Momente. Da kommen mir neue Ideen. Wenn ich ein Problem in solches ›Nichts-Tun‹ mitnehme, dann löst es sich. Es relativiert sich zumindest. Und oft genug finde ich gerade in solchen Augenblicken eine Lösung, auf die ich durch angestrengtes Nachdenken nicht gekommen bin.«[93]

In dieser Anleitung zum Glücklichwerden spielt Geld nicht die mindeste Rolle. Gelassenheit und Zeithaben sowie die innere Gewissheit, dass es im Herzen eines jeden Menschen eine Sehnsucht gibt, sind nach Grün die Voraussetzung dafür, glücklich zu sein. Und es ist anzunehmen, dass er mit Sehnsucht die Sehnsucht nach Gott meint.

Abgesehen von den Lehren und Empfehlungen eines Märchens, zweier Dichter, eines reichen Unternehmers und eines Theologen lässt sich auch anhand von wissenschaftlichen Untersuchungen ein Weg zum Glück schlussfolgern.

»Zufriedenheit zählt mehr als Geld.« So merkt es Roland Mischke in einem Zeitungsartikel an, in dem er vom Phänomen des »Downshifting« erzählt, das zuerst in den USA bekannt wurde, mittlerweile aber auch für Deutschland gilt. Laut einer Studie des »Center for a New American Dream« würden 48 Prozent der Arbeitnehmer in den USA die Geschwindigkeit, mit der sie ihre Karriere verfolgen, lieber etwas herunterschrauben. Sie möchten ihre Arbeitszeiten verringern, auf eine Beförderung verzichten, um mehr Zeit für sich, ihre Familie und soziale Kontakte zu haben.« Erstaunlicherweise seien es vor allem jüngere Leute in den 30ern, die den Karriereknick hinnehmen, nach einem Sabbatical nicht mehr zurückkehren und dem Leistungsdruck entfliehen. Downshifting heißt in diesem Sinne nicht nur, eine Arbeit mit Erfüllung zu verrichten, sondern vor allem mehr Privatleben mit mehr sozialen Kontakten, mehr Zeit und Raum zu haben. Denn genau dadurch stellt sich die Zufriedenheit ein, die sich die Menschen zutiefst wünschen, wie Psychologen immer wieder betonen. So belegt die lernpsychologische Forschung, dass es bei beruflichem Erfolg immer mehr um die richtige »Work-Life-Balance« geht. Downshifter schauen nicht mehr mit Tunnelblick auf ihr eigenes, oftmals isoliert-egoistisches Weiterkommen, sondern sind zunehmend mehr in soziale Strukturen integriert, die ihnen die Fähigkeiten vermitteln, die zu ökonomischer Verantwortung und selbstbewusstem Handeln führen. Das wirkt sich wiederum positiv auf die Arbeitssituation aus. Der Autor betont, dass inzwischen 69 Prozent der deutschen Berufstätigen Arbeit und Familie besser miteinander verbinden möchten.[94]

93 Anselm Grün, Das kleine Buch vom wahren Glück, S. 64

94 Roland Mischke, in: Welt am Sonntag, 18.12.2011

### *Resümee*

Wir haben das Recht, glücklich sein zu wollen. Und Reichtum und Vermögen sind keineswegs die alleinige Voraussetzung dafür, dass wir glücklich oder unglücklich sind.

Die beiden Grundformen des Glücks, die Lebensbejahung und die schönen wie vergänglichen Glücksmomente, sind unter anderem Voraussetzung dafür, dass wir mutig, selbstbestimmt und sinnvoll leben. An vielen Fallbeispielen wurde deutlich, wie Menschen durch den Glauben an sich glückliche Entscheidungen treffen, sinnvoll mit Geld umgehen oder sich von ihrem Besitz unabhängig machen.

In unserem menschlichen Leben ist das eine einzigartig und unwiederbringlich: unsere Lebenszeit. Wenn wir geboren werden, ist sie wie ein großer Krug, der sich zuerst unendlich langsam, später kaum merklich und dann immer schneller und schneller leert. Denn je älter wir werden, desto kürzer wird die Zeitspanne, die wir noch zu leben haben. Das heißt, das Wertvollste, was wir haben – unsere Lebenszeit –, ist etwas, das sich mit keinem Geld der Welt kaufen lässt.

Natürlich ist Eigentum an sich »nicht schlecht«. Wir alle brauchen ein Heim, Schutz, Nahrung, Freunde, Liebe, Geborgenheit. Und um das zu erreichen, brauchen wir Geld.

Die Weisheit, richtig damit umzugehen, liegt jedoch in einer bewussten Einstellung zum Leben.

Vielleicht muss man, um glücklich zu werden, ja erst einen Schritt von sich und seinen Bedürfnissen zurücktreten. Das Sich-Vergessen geschieht dann, wenn man sich auf etwas einlässt und mit diesem verbindet: mit einer befriedigenden Arbeit, mit Gott, mit einem anderen Menschen, den man liebt.

Wer sich außerdem erlaubt, dem Bedürfnis nach Ruhe und mehr Tiefgang im Leben nachzugehen, und sich mehr Zeit gönnt, wird feststellen, wie sehr das Innehalten zu mehr Glücksmomenten führt.

Geld lässt sich auch als eine positive Energie nutzen, mit der wir etwas bewegen, gestalten oder helfen können. Wie Großzügigkeit und Hilfsbereitschaft glücklich machen können, sowohl den Gebenden als auch den Empfänger, habe ich ja an vielen Beispielen gezeigt. Das, worauf es letztlich im Leben ankommt, ist mit keinem noch so großen Vermögen zu erreichen: ein sinnvolles Leben. Sinn entsteht in Beziehungen und einer positiven Einstellung. Gerade die Dinge von großem Wert sind nicht zu kaufen: Liebe, Freundschaft, Gesundheit, Solidarität.[95]

---

95 Vgl. dazu Barbara Strohschein: Wenn wir nicht wissen, warum und wohin. Gedanken zur alten, neuen Sinnfrage. In: connection 2/2012

Darum ist es auch so wichtig, sich nicht zum Sklaven seines Reichtums zu machen, d.h., nicht seinen Besitztümern, seiner Firma, seinen Immobilien hinterherzulaufen und sie zu mehren. Sondern im Gegenteil, mit seinem Vermögen und Eigentum sich selbst und anderen Menschen zu einem guten Zweck zu dienen.

Das Gute, das ein Mensch in seinem Leben bewirkt, stellt seinen eigentlichen Reichtum dar. Die wahre Lebenskunst reicher Menschen könnte daher sein, Zahlen in ein gutes Leben zu verwandeln und aus Sachwerten einen menschlichen Gewinn zu ziehen.

Sie beginnt mit der Erkenntnis, sich nicht für alles im Geschäftsleben immer verantwortlich zu machen und den Glauben aufzugeben, dass mit Geld alles zu erreichen ist.

Es gibt in unserm Leben keine Sicherheit. Wir können ab der Stunde unserer Geburt jederzeit sterben. Was zählt, sind nur die Liebe, die alles verbindet, und der Augenblick.

Auf die Frage, die ich in diesem Buch gestellt habe: Auf was kommt es an – GELD oder LEBEN?, lautet meine Antwort daher eindeutig: sinnvoll leben und seinen Reichtum in Liebe und Großzügigkeit einsetzen.

# NACHWORT

Über viele Seiten hinweg haben wir nun erfahren, was Geld mit uns und unseren Gefühlen macht.

Ich habe zu diesem Thema zahlreiche Gespräche geführt und viel gelesen und dabei festgestellt: Bis auf wenige Ausnahmen scheinen die negativen Aspekte, die mit Geld einhergehen, zu überwiegen. Sogar sehr reiche Menschen, die eigentlich sorglos leben könnten, erfahren ihren Reichtum als Belastung. Viele werden zum Sklaven ihrer Sachzwänge und ihres Besitzes, um den sich ihr ganzes Leben dreht, und vergessen oder verdrängen darüber andere Bedürfnisse, die sie haben. Unternehmer sorgen sich um ihre Firmen und die damit zusammenhängenden Arbeitsplätze, Manager, weil sie die ihnen vorgegebenen Ziele nicht erfüllen können. Viele andere sorgen sich wiederum wegen weiterer Finanzkrisen, die wahrscheinlich auf uns zukommen werden.

Auf der anderen Seite stehen weniger begüterte oder gar arme Menschen mit geringem Einkommen und Geldsorgen, aber auch Familien und Mittelständler, die unter der allesamt immer größer werdenden Kluft zwischen Arm und Reich und zusätzlich unter den Auswirkungen der Finanz- und Schuldenkrise leiden.

Nur sehr wenige meiner Interviewpartner, vor allem diejenigen, die ihr Selbstverständnis und ihren Lebenssinn mit Aufgaben verbinden, die primär nichts mit Geld- und Prestigegewinn zu tun haben, konnten mit dem Themenkomplex Wirtschaft-Beruf-Reichtum einen positiven Aspekt verbinden. Für sie ist Geld nur ein Mittel zum Zweck, anderen und sich Gutes zu tun, und nicht Sinn und Zweck des Lebens an und für sich.

Gerade deshalb ist es wichtig, sich immer wieder von neuem bewusst zu machen, wie unsere Wirtschaft und der Kreislauf des Geldes funktionieren und sich auf jeden Einzelnen von uns auswirken. Es ist ein spannendes Thema, zu dem wirklich jeder etwas zu sagen hat, denn Geld durchzieht unser gesamtes Leben und prägt unsere Gefühle und Beziehungen.

Eines ist dabei aber ganz sicher. Die Versprechungen der gut geölten Werbeindustrie, dass der Kauf ihrer jeweils angepriesenen Produkte glücklich macht, stimmen nicht. Denn das Konsumieren, das kurzfristig durchaus Freude und Zufriedenheit auslösen kann, kann auf Dauer Anerkennung, Zuneigung und Liebe nicht ersetzen. Was folgt ist Frustration, die wie bei einer Sucht erneutes Konsumieren nach sich zieht. Eine endlose Konsumspirale, die immer mehr Raum gewinnt, wird dadurch bei jedem Einzelnen von uns, in den Familien, in der Gesellschaft, ja, in der ganzen Welt in Gang gesetzt. Und das, obwohl wir wissen, dass unser Wohlstand und unser unüberschaubares Warenangebot sich darauf gründen, dass wir andere Menschen für ihre Arbeit schlecht bezahlen und sie wie die Ressourcen unserer Erde aus unmenschlicher, nein, aus rein menschlicher Profitgier ausbeuten.

Anstatt uns Sorgen über zukünftige Wirtschaftskrisen zu machen, sollten wir unser Augenmerk daher eher auf unser Wirtschaftssystem als solches richten, das auf ewiges Wachstum ausgelegt ist und die Welt letztendlich zerstören wird.

Denn es bestehen System-Zusammenhänge zwischen der Maßlosigkeit in uns nach immer mehr und der steigenden Effizienz, mit der wir die Welt zerstören.

Ich bin schon viele Male in China gewesen und habe das alte China noch an der Übergangsschwelle zum modernen China gesehen. Vor zwanzig Jahren, als die alten Wohnhäuser plattgewalzt wurden und riesigen Wolkenkratzern Platz machen mussten, war die Luft noch klar. Heute ist der Smog in den Großstädten teilweise schon so schlimm, dass ihre Bewohner monatelang in einem Nebel aus Abgasen leben müssen.

Momentan gibt es in China 13 Millionen Autos. Im Jahr 2050 werden es nach Hochrechnungen zwischen 470 und 550 Millionen sein. Dann werden die Menschen ohne Schutzmasken nicht mehr atmen können. Wenn man aus China Richtung Nordwesten fliegt, endet der undurchdringliche Smogteppich in der Luft bereits heute erst über der Wüste Gobi. Also halten wir inne und freuen uns über das, was dieser Tage noch nichts, morgen aber vielleicht schon etwas kosten wird: die Luft zum Atmen.

Sie werden sich vielleicht fragen, was Sie als Einzelner an diesem System ändern können: Nun, außer in ihrem kleinen privaten Umkreis wohl nicht viel. Die Welt wird sich durch Moralisieren nicht retten lassen, Druck und Bewegung kommen allein durch die Anstrengungen vieler, durch große gemeinschaftliche Vereinigungen zustande. Aber jeder Einzelne von uns ist ein Teil dieser Gemeinschaft.

Wo immer sich also eine große Krise zeigt, wächst auch die Chance auf eine positive Lösung.

Tatsächlich gibt es immer mehr Konsumverweigerer, junge Leute, Familien und ältere Bürger, Schriftsteller, Journalisten und Wissenschaftler, die den Ernst der Lage begriffen haben. Blockiert werden ihre gerechtfertigten Anliegen allerdings oftmals von Politikern, die die Lösung bedeutender und letztendlich immer wirtschaftlicher Probleme lieber künftigen Generationen aufbürden, weil sie sich eher der Industrie, diversen Lobbyverbänden und natürlich ihrem eigenen Vorteil verpflichtet sehen als dem gesunden Menschenverstand und dem Gebot der Stunde.

Was die Welt am nötigsten braucht, ist tatsächlich eine neue Werteorientierung. Der Wunsch danach ist bei vielen Menschen vorhanden. Es geht ihnen dabei um nichts weniger als um ein einfaches, friedliches Leben zum Wohle aller. Treten wir daher alle einen kleinen Schritt aus uns heraus und fragen uns: Was macht mich wirklich zufrieden?

Natürlich ist das andauernde Abwägen für einen kritischen Konsumenten anstrengender als das wahllose Konsumieren und Anhäufen von Statussymbolen, aber dafür gewinnt er auch ein völlig neues Gefühl von Freiheit. Er befreit sich vom Zwang, konsumieren zu müssen. Er befreit sich von der fürchterlichen Gehirnwäsche, die das kommerzielle Angebot nicht mehr vom eigenen Wunsch unterscheidbar macht. Er befreit sich ein Stück weit von diesem turbokapitalistischen zynischen System, das jedem seiner Opfer, jedem Ausgebrannten und Erschöpften sofort eine Yogamatte bereitstellt, die bekanntermaßen gleichfalls Geld kostet und deren Herstellung Ressourcen wie Rohöl vernichtet.

In unserer jetzigen Welt lautet die Lebensfrage also nicht wie bei Shakespeares Hamlet: Sein oder Nichtsein? Sondern: Sein oder Schein? Wobei unsere Gefühle und Beziehungen oftmals so entäußert und oberflächlich wie unser Konsumleben sind.

Die Frage: »Geld oder Leben?« kann ich für mich ganz klar beantworten. Entscheiden auch Sie sich für das Leben in all seinen Facetten.

# Literatur


*Abend, Matt Galan:* Leben heißt loslassen. Alles, was wir festhalten, hält auch uns fest, Petersberg 2007

*Amery, Carl:* Global Exit. Die Kirche und der globale Markt, München 2002

*Appleby, Joyce:* Die unbarmherzige Revolution. Eine Geschichte des Kapitalismus, Hamburg 2011

*Beck, Andreas/Enkelmann, Wolf Dieter:* Wahnsinnig reich. Das Buch über Geld, die Krise und die moderne Gesellschaft, Augsburg 2010

*Beck, Ulrich:* Weltrisikogesellschaft. Auf der Suche nach der verlorenen Sicherheit, Frankfurt a.M. 2007

Die Bibel – Einheitsübersetzung mit Kommentar

*Bien, Günther:* Die aktuelle Bedeutung der ökonomischen Theorie des Aristoteles, in: Sozialphilosophische Grundlagen ökonomischen Handelns, Frankfurt a.M. 1990

*Binswanger, Matthias:* Die Tretmühlen des Glücks, Freiburg 2006

*Binswanger, Hans Christoph:* Geld und Magie. Eine ökonomische Deutung von Goethes Faust, Edition Weitbrecht, 1985

*Bode, Sabine:* Die vergessene Generation. Die Kriegskinder brechen ihr Schweigen, München 2011

*Bornemann, Ernest:* Psychoanalyse des Geldes, Frankfurt 1973

*Brockert, Siegfried:* Positive Psychologie, Stuttgart 200

*Classen, Carl Joachim:* Aristippos. Hermes 86, Hamburg 1958

*Coelho, Paul:* Der Sieger bleibt allein, Zürich 2009

*Csikszentmihaly, M.:* Flow. Das Geheimnis des Glücks, Stuttgart 1992

*Deutschmann, Christoph:* Die Verheißung des absoluten Reichtums. Zur religiösen Natur des Kapitalismus, Frankfurt a. M. 2001

*DeLillo, Don:* Cosmopolis, Köln 2003

*Drewermann, Eugen:* Von der Macht des Geldes – oder Märchen zur Ökonomie, Düsseldorf 2007

*Druyen, Thomas:* Goldkinder. Die Welt des Vermögens, Hamburg 2007

*Ellis, Bret Easton:* American Psycho, Köln 1991

*Evans, Peter:* Ari. The Life and Times of Aristotle Onassis, New York 1986

*Fehr, Ernst/Schmidt, Klaus:* Behavorial Economics. A Theory of Fairness, Competition and Cooperation, in: Quaterly Journal of Economics 114/3, S. 423–437

*Forrester, Viviane:* Der Terror der Ökonomie, Wien 1997

*Gomperz, Theodor:* Griechische Denker, 4. Aufl., Frankfurt am Main 1996

*Grün, Anselm:* Das kleine Buch vom wahren Glück, Freiburg 2004

*Gürtler, Detlef:* Die Dagoberts – eine Weltgeschichte des Reichtums. Von Krösus bis Bill Gates, Frankfurt 2004

*Haesler, Aldo:* Das Geld macht uns einsam, DIE ZEIT Nr. 34, 18. August 2011

*Hammerl, Elfriede:* Kleingeldaffäre, Wien 2011

*Haubl, Rolf:* Neidisch sind immer nur die anderen. Über die Unfähigkeit, zufrieden zu sein, München 2004

*Heinsohn, Gunnar/Steiger, Otto:* Eigentum, Zins und Geld. Ungelöste Rätsel der Wirtschaftswissenschaften, Marburg 2006

*Heitsch, Ernst/Müller, Carl Werner u.a. (Hrsg.):* Platon: Werke. Übersetzung und Kommentar, Vandenhoeck & Ruprecht, Göttingen ab 1993 (ohne griechische Texte; verschiedene Übersetzer; bisher 14 Bände erschienen)

*Hirigoyen, Marie France:* Die Masken der Niedertracht, Paris 1998

*Hirschhausen, Eckart von:* Glück kommt selten allein, Hamburg 2009

*Illouz, Eva:* Gefühle in Zeiten des Kapitalismus, Frankfurt am Main 2006

*Diess.:* Die Errettung der modernen Seele, Frankfurt am Main 2009

*Kemper, Peter/Sonnenschein, Ulrich (Hrsg.):* Sucht und Sehnsucht. Rauschrisiken in der Erlebnisgesellschaft, Stuttgart 2000

*Kutter, Peter:* Liebe, Haß, Neid, Eifersucht. Eine Psychoanalyse der Leidenschaften, Göttingen1998

*Liessmann, Konrad Paul (Hrsg):* Philosophicum Lech-Geld. Was die Welt im Innersten zusammenhält, Wien 2009

*Lietaer, Bernhard A.:* Mysterium Geld, New York 2000 (keine Ortsangabe beim Verlag, Original New York)

*Marcuse, Ludwig:* Philosophie des Glücks, Zürich 1972

*Derss.:* Philosophie des Unglücks, Zürich 1981

*Mary, Michael:* Die Glückslüge – vom Glauben an die Machbarkeit des Lebens, Bergisch Gladbach 2003

*Mauss, Marcel:* Die Gabe. Soziologie und Anthropologie, Frankfurt am Main 1990

*Nørretranders, Tor:* Homo generosus. Warum wir Schönes lieben und Gutes tun, Reinbek bei Hamburg 2004

*Platter, Ilse E.:* Sei faul und guter Dinge – vom Sinn und Unsinn des Erfolgsstrebens, München 2000

*Precht, Richard David:* Wir sind Kapitalisten unserer selbst geworden, Süddeutsche Zeitung 4. Oktober 2013

*Rattner, Josef/Danzer, Gerhard:* Philosophie im 17. Jahrhundert: Die Entdeckung von Vernunft und Natur im Geistesleben Europas, Würzburg 2005

*Reich, Robert:* Die Leute haben genug, Spiegel-Interview Nr.41/2013

*Rüsen, Tom:* Krisen und Krisenmanagement in Familienunternehmen. Schwachstellen erkennen, Lösungen erarbeiten, Existenzbedrohung meistern. New York, Heidelberg 2008

*Schmidbauer, Wolfgang:* Die Ohnmacht des Helden. Unser täglicher Narzissmus, Reinbeck bei Hamburg 1981

*Derss.:* Das kalte Herz, Hamburg 2011

*Simmel, Georg:* Philosophie des Geldes, Frankfurt am Main 1989 (Originalausgabe 1901)

*Schmidt, Susanne:* Markt ohne Moral, München 2010

*Strohschein, Barbara:* Integrität als Qualität in Politik und Wirtschaft. Warum es um mehr geht, als nur Regeln zu befolgen. Integrity as an Entrepreneurial and Political Quality. Why it is about more than just following rules, in: Institut für Strategie-, Politik-, Sicherheits- und Wirtschaftsberatung (ISPSW), Issue 180, April 2012

*Dies.:* Die Reise ins Reich der Spiegel. Vom Ich zum Wir. Ein Erfahrungsbericht, mit Jakob von Westhafen, Berlin 2012

*Dies.:* Sei wählerisch! Die Kunst der richtigen Entscheidung, in: connection 3/12, März 2012

*Dies.:* Wenn wir nicht wissen, warum und wohin. Gedanken zur alten, neuen Sinnfrage, in: connection 2/12, Februar 2012

*Dies.:* Der Faktor Mensch in der Arbeitswelt. Normierung contra Wertschätzung, in: Glocalist Nr. 317, Oktober 2011

*Dies.:* Befreiung aus dem Denkgefängnis. Mit gelebter Wertschätzung von Mensch und Natur, in: Forum Nachhaltigkeit. Das Entscheider-Magazin 4/2010

*Dies.:* Die integere Führungspersönlichkeit. Verzichtbares Ideal oder Erfolgsmodell?, in: Glocalist Nr. 274/2010

*Dies.:* Über die Kunst, die Welt zu verändern. Glanz und Elend der Vordenker und Weltverbesserer, in: Glocalist Review. Ausgabe 258, Februar 2010

*Dies.:* Und Ödipus wird nicht mehr weinen. Moderne Konflikte im Spiegel griechischer Mythen, in: Connection Juni 2009

*Dies.:* Nicht nur Leonardo da Vinci. Gedanken über das schöpferische Vermögen des Menschen, in: Connection September 2009

*Dies.:* Welche Orientierung steuert die Globalisierung? Menschenbilder und Leitbilder und ihre Wirkung. Vorschlag zu einer Zeitdiagnose, in: Glocalist Review August 2009

*Dies.:* Neue Menschenbilder – neue Werte? In: »Demokratischer Staat und soziale Demokratie.« Perspektiven ds. Zeitschrift für Gesellschaftsanalyse und Reformpolitik, Berlin 2006/2007

*Urban, Peter (Hrsg):* Wie soll man leben? Anton Cechov liest Marc Aurel, Zürich 1997

*Viehöfer, Ullrich:* Die Einflussreichen. Henkel, Otto und Co – wer in Deutschland Geld und Macht hat, Frankfurt 2006

*Vogl, Josef:* Das Gespenst des Kapitals, Zürich 2010/2011

*Wimbauer, Christine:* Geld und Liebe. Zur symbolischen Bedeutung von Geld in Paarbeziehungen, Frankfurt 2003

*Weber, Max:* Die protestantische Ethik und der Geist des Kapitalismus, München 1979 (1904/5, 1929)

*Ustorf, Anne-Ev:* Wir Kinder der Kriegskinder. Die Generation im Schatten des Zweiten Weltkrieges, Herder 2010

*Zola, Emile:* Das Geld, Frankfurt a.M. 1995, erschien in der Erstausgabe 1891

*Zurhorst, Eva Maria:* Liebe Dich selbst und es ist egal, wen Du heiratest, München 2009

*Zweig, Stefan:* Die Welt von Gestern. Erinnerungen eines Europäers, Frankfurt a.M. 2012

# Danksagung

*Ich danke Dr. Barbara Strohschein für ihre Mitarbeit und ihren Rat. Sie hat mir den Mut gegeben, dieses schwierige und auch Tabu behaftete Thema anzugehen, und mich durch ihre umfassende Bildung und ihre tiefe Menschlichkeit immer wieder inspiriert.*

*Dank auch an Dr. Heike Fischer für ihr Lektorat und die damit verbundene kreative Zusammenarbeit.*

# Über die Autorinnen

*Dr. Gisela Kaiser* lebt in München und ist Unternehmerin. Sie hat Philosophie, Psychologie und Politologie studiert und ihr Studium mit einer Promotion zum Doktor der Philosophie abgeschlossen. Außerdem hat sie einen postgradualen Abschluss in Betriebswirtschaft. Sie coacht Reiche und ihre Familien und berät Firmen in Bezug auf Zukunftsforschung.

Sie ist verheiratet mit dem Psychoanalytiker Stephan Kaiser und hat zwei erwachsene Kinder.

*Dr. Barbara Strohschein* lebt in Berlin und ist Wissenschaftlerin, Autorin und Coach.

Sie studierte Philosophie und Soziologie, Psychologie und Ästhetische Erziehung. Nach dem Staatsexamen war sie als wissenschaftliche Assistentin in der Bildungsforschung tätig und promovierte. Sie veröffentlicht Bücher, Essays und Gedichte, schreibt für den Rundfunk, verfasst Theaterstücke und war für das Fernsehen tätig. In ihrer philosophischen Praxis für Werte, cor amati, berät sie Führungspersönlichkeiten und führt Workshops für Teams durch. In ihrem »Berliner Institut für angewandte Humanwissenschaft« ist sie im Bereich Forschung tätig.